# CATALOGUE

DES

# ÉCRITS, GRAVURES ET DESSINS

CONDAMNÉS.

Imprimerie de Pillet fils aîné, rue des Grands-Augustins, 5.

# CATALOGUE

DES

# ÉCRITS, GRAVURES ET DESSINS

CONDAMNÉS

**Depuis 1814 jusqu'au 1er janvier 1850.**

SUIVI DE LA LISTE

## DES INDIVIDUS

CONDAMNÉS POUR DÉLITS DE PRESSE.

PARIS
CHEZ PILLET FILS AINÉ, ÉDITEUR,
Rue des Grands-Augustins, 5.

1850

# AVIS

## DE L'ÉDITEUR.

De longues et fort minutieuses recherches ont été nécessaires pour dresser ce Catalogue. Elles ont été faites aux sources les plus authentiques. L'Editeur est donc en droit de penser que ce relevé sera particulièrement utile aux magistrats de l'ordre judiciaire ainsi qu'aux autorités administratives. Il croit aussi qu'il ne sera pas moins indispensable aux libraires et aux imprimeurs, car ils y trouveront des indications qu'ils n'auraient ni le temps ni souvent la possibilité de se procurer ailleurs.

Quatre parties composent l'énumération des écrits, condamnés dont le total constitue un chiffre de 604.

PREMIÈRE PARTIE. — Ecrits et gravures politiques condamnés depuis 1814 jusqu'à la révolution de 1830. . . . . . . . . . . . . . 173

DEUXIÈME PARTIE. — Ecrits et gravures politiques condamnés depuis la révolution de 1830 jusqu'à celle de février 1848. . . 172

TROISIÈME PARTIE. — Ecrits politiques condamnés depuis la révolution de février 1848 jusqu'au 1er janvier 1850. . . . . . 27

QUATRIÈME PARTIE. — Ecrits, gravures, lithographies et dessins immoraux, licencieux, obscènes, condamnés depuis 1814 jusqu'au 1er janvier 1850. . . . . . . . . 232

Total égal. . . . . . . 604

A ce Catalogue ainsi divisé est, comme complément, annexée la liste des individus condamnés pour délits de presse pendant cette période de trente-six ans. Elle signale trois cent trente-cinq noms avec les motifs et les dates de chaque condamnation.

Les mêmes indications figurent pour les écrits condamnés. On y a placé les noms des auteurs, des éditeurs et quelquefois des imprimeurs.

Toute condamnation, soit d'individu, soit d'écrit, qui, aux termes de l'article 26 de la loi du 26 mai 1819 a été rendue publique, est mentionnée par l'indication du numéro du *Moniteur* où elle a été publiée. Lorsque la publication n'a pas eu lieu, les mots : POINT D'INSERTION AU MONITEUR, placés entre parenthèses et en caractères romains, signalent ces omissions que le zèle des magistrats ne parvient pas toujours à prévenir.

Des renvois d'articles à articles facilitent enfin, dans ce Catalogue, la recherche des condamnations des écrits et des individus.

Ainsi, en prenant, par exemple, à la troisième partie (page 80) l'article NATIONAL (le) DE L'OUEST, journal publié à Nantes : gérant, Mangin ; on lit que le numéro du 19 mars 1849 a été condamné à la destruction par arrêt de la cour d'assises de la Loire-Inférieure, du 2 juillet 1848. Or, s'il importe de connaître la condamnation du gérant, le renvoi exprimé par ces mots : Voyez *Mangin*, indique qu'il faut consulter cet article à la liste alphabétique des individus condamnés. Le lecteur y lira que, par le même arrêt, ce gérant a été condamné à un an de prison et à 3,000 fr. d'amende.

L'Editeur a donc apporté tous ses soins pour donner à ce Catalogue la plus grande clarté possible, tout en lui conservant les proportions d'un manuel destiné à être souvent consulté. Il a la ferme conviction qu'il ne peut pas être plus complet et qu'il remplira une lacune dont on se plaignait généralement.

# CATALOGUE

## DES ÉCRITS, GRAVURES ET DESSINS

CONDAMNÉS

## Depuis 1814 jusqu'au 1er janvier 1850.

# PREMIÈRE PARTIE.

## Ecrits et gravures politiques condamnés

Depuis 1814 jusqu'à la révolution de juillet 1830.

ACCENTS (les) DE LA LIBERTÉ AU TOMBEAU DE NAPOLÉON, par un étudiant; in-8° d'une demi-feuille.

Écrit déclaré séditieux. — Destruction ordonnée par arrêt de la Cour d'assises de la Seine, du 10 novembre 1821. — (Point d'insertion au Moniteur.)

ALBUM (l'), journal publié à Paris, par Magalon.

Outrages envers des ministres de la religion, à raison de leur qualité; outrages envers plusieurs officiers généraux; excitation à la haine et au mépris du gouvernement du roi, délits commis par l'insertion, dans ce journal, de divers articles. — Destruction ordonnée par arrêt de la Cour royale de Paris, 1re chambre et chambre correctionnelle réunies, du 15 mars 1823. — (*Moniteur du 2 avril* 1823.)

Voy. *Scènes de bourse*, *Extrait de l'Almanach royal pour 1830*, *Tribulations de l'Homme de Dieu*, et *Magalon*.

Le même journal, n° du 20 juin 1829. — Allusions outrageantes pour la personne du roi et la dignité royale. — Destruction ordonnée par arrêt de la Cour royale de Paris, du 4 mars 1830. — (Point d'insertion au Moniteur.)

Voy. *le Mouton enragé*, *Fontan* et *Magalon*.

Le même journal, n° du 25 juin 1829. — Offenses envers la religion et un ministre du roi. — Destruction ordonnée par arrêt de la Cour royale de Paris, du 18 août 1829. — (Point d'insertion au Moniteur.)

Voy. *l'Ane béni et pendu* ; *Galotti*, *Magalon* et *Fontan*.

ALGER ET LES ÉLECTIONS, article publié dans le journal l'*Aviso de la Méditerranée*.

Diffamation envers le général Bourmont. — Destruction ordonnée par jugement du tribunal correctionnel de Toulon, du 3 juin 1830. — (Point d'insertion au Moniteur.)

Voy. *l'Aviso de la Méditerranée*, et *Marquesy*.

AMNISTIE ACCORDÉE PAR L'ORDONNANCE DU 13 NOVEMBRE 1816 AUX MILITAIRES QUI ONT SUIVI LE ROI A GAND.

Ecrit imprimé par Patris et déclaré séditieux. — Destruction ordonnée par jugement du tribunal correctionnel de la Seine, du 13 mars 1817. (Point d'insertion au Moniteur.)

AMOUR (l') ET LA GUERRE, ou Thélène, par Ducange, 4 v. in-12.

Outrages aux bonnes mœurs. — Destruction ordonnée par jugement du tribunal correctionnel de la Seine, du 29 janv. 1824. — (*Moniteur du 7 novembre* 1826.)

Voy. *Ducange*.

ANE (l') BÉNI ET PENDU, article publié dans le journal l'*Album* (n° du 25 juin 1829).

Irrévérence et dérision pour l'une des cérémonies les plus solennelles de la religion de l'Etat. — Destruction ordonnée par arrêt de la Cour royale de Paris, du 18 août 1829. — (Point d'insertion au Moniteur.)

Voy. l'*Album*, *Fontan* et *Magalon*.

ANGE (l') GARDIEN, chanson de Béranger, publiée par Baudouin l'aîné, libraire à Paris.

Offense à la personne du roi ; outrages à la religion de l'Etat. — Destruction ordonnée par arrêt de la Cour royale de Paris, du 10 février 1829. (Pas d'insertion au Moniteur.)

Voy. *Baudouin* l'aîné.

ANNOTATEUR (l') BOULONNAIS, journal publié à Boulogne.

Excitation à la haine et au mépris du gouvernement du roi,

délit commis par l'insertion d'un article dans ce journal. — Destruction ordonnée par arrêt de la Cour royale de Douai du 11 mai 1830. — (Point d'insertion au Moniteur.)

Voy. *Association du Pas-de-Calais.*

APERÇUS HISTORIQUES, par Billoley.

Provocation à la désobéissance aux lois. — Destruction ordonnée par arrêt de la Cour d'assises de la Seine, du 28 juin 1820. — (*Moniteur du* 15 *août* 1820.)

Voy. *Billoley.*

APOLOGIE DE LA CONDUITE DES PRÊTRES FRANÇAIS CONFESSEURS DE LA FOI, DEPUIS VINGT-CINQ ANS, par l'abbé Fleury (Jacques).

Écrit contenant une provocation tendant à répandre des alarmes sur l'inviolabilité des propriétés dites *nationales.* — Destruction ordonnée par jugement du tribunal correctionnel de la Seine, du 16 novembre 1816. — (Point d'insertion au Moniteur.)

APOSTOLIQUE (l'), journal publié par Mercier.

Excitation à la haine et au mépris du gouvernement du roi; délit commis par l'insertion d'un article dans ce journal. — Destruction ordonnée par jugement du tribunal correctionnel de la Seine, du 28 août 1829. — (Point d'insertion au Moniteur.)

APOTHÉOSE DE BONAPARTE.

Gravure séditieuse. — Destruction ordonnée par arrêt de la Cour royale de Paris, du 26 août 1823. — (Point d'insertion au Moniteur.)

APOTHÉOSE DES QUATRE CONDAMNÉS DE LA ROCHELLE.

Gravure séditieuse avec cette inscription : *Pro patriâ.* — Destruction ordonnée par arrêt de la Cour royale de Paris, du 26 août 1823. — (Point d'insertion au Moniteur.)

ARISTARQUE (l'), journal publié à Paris.

Attaque formelle contre l'autorité constitutionnelle du roi et des chambres; provocation à la désobéissance aux lois et à la destruction du gouvernement; délits commis par l'insertion de deux articles dans les nos des 5 et 9 mars 1820 de ce journal. — Destruction ordonnée par arrêts de la Cour d'assises de la Seine, des 12 et 14 juin 1820. (*Moniteur des* 1er *et* 15 *août* 1820.)

Voy. *Questions à l'ordre du jour, Réflexions d'un patriote,* et *Bousquet-Deschamps.*

**ASSOCIATION BRETONNE.**

Écrit publié dans les journaux le *Commerce* et le *Courrier Français* (nos des 4 et 12 septembre 1829). — Excitation à la haine et au mépris du gouvernement du roi. — Destruction ordonnée par jugement du tribunal correctionnel de la Seine, du 27 novembre 1829, et par arrêts de la Cour royale de Paris, des 11 mars et 1er avril 1830. — (Point d'insertion au Moniteur.)

Voy. *le Commerce*, *le Courrier Français*, *Bert* et *Chatelain*.

**ASSOCIATION DU PAS-DE-CALAIS.**

Écrit publié dans le journal l'*Annotateur Boulonnais*. — Excitation à la haine et au mépris du gouvernement du roi. — Destruction ordonnée par arrêt de la cour royale de Douai, du 11 mai 1830. — (Point d'insertion au Moniteur.)

Voy. *l'Annotateur boulonnais*.

**ATTENTION**, brochure par Bousquet-Deschamps. — Corréard, libraire-éditeur.

Provocation à un attentat contre la personne du roi. — Destruction ordonnée par arrêt de la Cour d'assises du 23 juin 1820. — (*Moniteur des* 15 *et* 20 *août* 1820.)

Voy. *Bousquet-Deschamps* et *Corréard*.

**AUX CHAMBRES : RÉVÉLATIONS SUR L'ASSASSINAT DU DUC DE BERRY**, etc., par le colonel baron de Saint-Clair.

Diffamations contre les ducs Decazes, de Maillé, les comtes d'Escars et Lion, et le vicomte Paultre de la Mothe. — Destruction ordonnée par jugement du tribunal correctionnel de la Seine, du 14 avril 1830. — (Point d'insertion au Moniteur.)

Voy. *Saint-Clair*.

**AVIS AUX CITOYENS SUR LES ÉVÉNEMENTS DU 5 JUIN**, par Bousquet-Deschamps.

Attaque contre le gouvernement du roi. — Destruction ordonnée par arrêt de la Cour d'assises de la Seine, du 14 juillet 1820. — (Point d'insertion au Moniteur.)

Voy. *Bousquet-Deschamps*.

**AVISO** (l') **DE LA MÉDITERRANÉE**, journal publié à Toulon, par Marquesy, avocat.

Dérision envers la religion de l'Etat, délit commis par la reproduction, dans ce journal, d'un article du *Courrier Français*. — Destruction ordonnée par arrêt de la Cour royale d'Aix, confirmatif d'un jugement du tribunal correctionnel de Toulon du 3 décembre 1829. — (Point d'insertion au Moniteur.)

Le même journal. — Diffamation envers le général Bourmont ; délit commis par l'insertion d'un article. — Destruction ordonnée par jugement du tribunal correctionnel de Toulon, du 3 juin 1830. — (Point d'insertion au Moniteur.)

Voy. *Alger et les Elections.*

BIBLIOTHÈQUE HISTORIQUE, par Chevalier et Raynaud. — 1er vol., 2e, 4e et 5e cahiers ; 2e vol., 1er, 3e et 6e cahiers.

Attaques contre le gouvernement du roi. — Destruction ordonnée par arrêt de la Cour royale de Paris, du 14 décembre 1818. — (Point d'insertion au Moniteur.)

Le même recueil. — *Supplément*, publié par Chevalier.

Attaques contre le gouvernement du roi. — Destruction ordonnée par jugement du tribunal correctionnel de la Seine, du 7 janvier 1819. — (Point d'insertion au Moniteur.)

BIOGRAPHIE DES CONTEMPORAINS. — 1er volume. — Articles d'*Argenson* et *Baden*.

Excitation à la haine et au mépris du gouvernement du roi. — Destruction des deux articles ordonnée par jugement du tribunal correct. de la Seine, du 22 avril 1823. — (Point d'insertion au Moniteur.)

Le même ouvrage. — Articles : *Boyer-Fonfrède*, par Jay ; *Frères Faucher*, par Jouy.

1° Outrage à la morale publique ; 2° Excitation à la haine et au mépris du gouvernement du roi. — Destruction des deux articles, ordonnée par arrêt de la Cour royale de Paris, 1re chambre civile et chambre correctionnelle réunies, du 10 avril 1823. — (*Moniteur des* 2 *mai* 1823 et 26 *mars* 1825.)

Voy. *Jay* et *Jouy*.

BIOGRAPHIE, OU GALERIE HISTORIQUE DES CONTEMPORAINS, par Barthélemy (Pierre).

Diffamation par la publication d'un article portant atteinte à l'honneur et à la considération du sieur Agar, comte de Mosbourg, et contenant des faits dont la fausseté a été démontrée par des pièces authentiques. — Destruction de l'article ordonnée par arrêt de la cour royale de Paris, du 17 avril 1823, confirmatif d'un jugement du tribunal correctionnel de la Seine, du 22 mars 1823. — (*Moniteur du* 26 *mars* 1825.)

Voy. *Barthélemy*.

BIOGRAPHIE DES COMMISSAIRES DE POLICE, etc., par Guyon.

Destruction ordonnée par arrêt de la Cour royale de Paris, du 12 décembre 1826. (Point d'insertion au Moniteur.)

**BIOGRAPHIE DES DAMES DE LA COUR ET DU FAUBOURG SAINT-GERMAIN**, par Pitou.
Destruction ordonnée par arrêt de la Cour royale de Paris, du 21 novembre 1826. — (Point d'insertion au Moniteur.)

**BIOGRAPHIE DES DÉPUTÉS DE LA CHAMBRE SEPTENNALE**, par Massy de Tyronne et Dentu.
Destruction ordonnée par arrêt de la Cour royale de Paris, du 26 février 1827. — (Point d'insertion au Moniteur.)

**BIOGRAPHIE DES IMPRIMEURS ET LIBRAIRES**, par Imbert.
Destruction ordonnée par arrêt de la Cour royale de Paris, du 28 avril 1827. — (Point d'insertion au Moniteur.)

**BIOGRAPHIE DES MÉDECINS**, par Morel.
Destruction ordonnée par jugement du tribunal correctionnel de la Seine, du 17 octobre 1826. — (Point d'insertion au Moniteur.)

**BIOGRAPHIE DES PRÉFETS**, par de Lamothe-Langon.
Destruction ordonnée, du consentement de l'auteur, par arrêt de la Cour royale de Paris, du 21 avril 1827. — (Point d'insertion au Moniteur.)

**BIOGRAPHIE MODERNE, OU GALERIE HISTORIQUE, CIVILE, MILITAIRE, POLITIQUE,** *judiciaire et littéraire*, publiée par Emery et imprimée par la veuve Jeunehomme. — Article : ***Déloyauté.***
Destruction ordonnée par jugement du tribunal correctionnel de la Seine, du 20 août 1817. — (Point d'insertion au Moniteur.)

**BIOGRAPHIE** (Petite) **DES DÉPUTÉS**, par Raban.
Destruction ordonnée par arrêt de la Cour royale de Paris, du 6 mars 1827. — (Point d'insertion au Moniteur.)

**BIOGRAPHIE** (Petite) **DES GENS DE LETTRES.** — Ledoux, libraire éditeur. — Article : *Armand Gouffé*, par Taillard.
Diffamation par la publication de cet article envers le sieur A. Gouffé. — Destruction ordonnée par jugement du tribunal correctionnel de la Seine, du 22 août 1826. — (*Moniteur du 7 novembre* 1826.)
Voy. *Ledoux* et *Taillard.*

**BIOGRAPHIE** (Petite) **DES PAIRS**, par Raban, 1 vol. in-32.
Destruction ordonnée par arrêt de la Cour royale de Paris, du 12 décembre 1826. — (Point d'insertion au Moniteur.)

**BIOGRAPHIE PITTORESQUE** (Nouvelle) **DES DÉPUTÉS DE LA CHAMBRE SEPTENNALE**, par Lagarde.
Destruction ordonnée par arrêt de la Cour royale de Paris, du 28 novembre 1826. — (Point d'insertion au Moniteur.)

**BIOGRAPHIE PITTORESQUE DES PAIRS DE FRANCE**, par Montgalve.
Destruction ordonnée par arrêt de la Cour royale de Paris, du 28 novembre 1826. — (Point d'insertion au Moniteur.)

**BONAPARTIANA** (le) de 1815, publié par Vauquelin, libraire à Paris.
Destruction ordonnée par jugement du tribunal correctionnel de Paris, du 20 mars 1816. — (Point d'insertion au Moniteur.)

**BULLETIN POLITIQUE**, article publié par Coste, dans les *Tablettes universelles* (46e livraison).
Excitation à la haine et au mépris du gouvernement du roi. — Destruction ordonnée par arrêts de la Cour royale de Paris, 1re chambre et chambre correctionnelle réunies, des 29 janvier et 6 mai 1824, confirmatifs d'un jugement du tribunal correctionnel de la Seine, du 24 décembre 1823. — (*Moniteur du 26 mars* 1825.)
Voy. *Tablettes universelles*, *Coste* et *Chantpie*.

**CANTATE EN DOUZE CHANTS SUR L'APPUI DES BRAVES**, par Perrint; Armand Pillet, imprimeur.
Provocation non suivie d'effet à commettre le délit prévu par l'article 8 de la loi du 25 mars 1822. — Destruction ordonnée par arrêt de la cour royale de Paris, du 22 mars 1823. — (*Moniteur du 26 mars* 1825.)
Voy. *Perrint* et *Pillet* (Armand).

**CARNOT**, par Rioust.
Destruction ordonnée par arrêt de la Cour royale de Paris, du 30 avril 1817. — (Point d'insertion au Moniteur.)

**CARICATURES** (les), article publié dans le journal *le Grondeur*.
Injures envers des ministres du culte et efforts tendant à troubler la paix publique. — Destruction ordonnée par jugement du tribunal correctionnel de la Seine, du 14 juillet 1829. — (Point d'insertion au Moniteur.)
Voy. *le Grondeur*.

**CE QU'IL FAUT FAIRE OU CE QUI NOUS MENACE**, écrit séditieux.
Destruction ordonnée par arrêt de la Cour d'assises de la Seine, du 10 novembre 1821. — (Point d'insertion au Moniteur.)

**CENSEUR (le) EUROPÉEN**, recueil périodique publié par Comte et Dunoyer.

Offenses envers la personne du roi, délit commis par l'insertion d'un écrit dans le 3e volume de ce recueil. — Destruction ordonnée par arrêt de la Cour royale de Paris, du 7 octobre 1817. — (Point d'insertion au Moniteur.)

Le même recueil. — Provocation à la désobéissance à la loi sur la liberté individuelle, délit commis par l'insertion d'un article intitulé : *Souscription nationale.* — Destruction ordonnée par arrêt de la Cour d'assises de la Seine, du 1er juillet 1820. — (Point d'insertion au Moniteur.)

Voy. *Manuscrit de Sainte-Hélène* et *Souscription nationale.*

**CHAMBRE DES DÉPUTÉS.** — Gravure représentant la séance du 4 mars 1823.

Destruction ordonnée par arrêt de la Cour d'assises de la Seine, du 26 août 1823. — (Point d'insertion au Moniteur.)

**CHANSON SUR LA GIRAFE.**

Outrages envers la personne du roi. — Destruction ordonnée par arrêt de la Cour royale de Paris, du 22 avril 1828. — (Point d'insertion au Moniteur.)

**CHANSON PATRIOTIQUE**, par Poulet fils.

Provocation à la désobéissance aux lois et à la guerre civile. — Destruction ordonnée par arrêt de la Cour d'assises de la Seine, du 12 juin 1820. — (*Moniteur du 1er août* 1820.)

Voy. *Poulet* fils.

**CHANSONS DE BÉRANGER.** — 1er volume (*Supplément*).

Attaques formelles contre l'inviolabilité de la personne du roi, contre son autorité constitutionnelle et contre l'ordre de successibilité au trône. Délits commis par la publication des chansons intitulées : 1° *C'est le roi, le roi*; 2° *le Cri de la France;* et 3° *Peuple français.* — Destruction ordonnée par arrêt de la Cour d'assises de la Seine, du 31 mars 1822. — (*Moniteur des* 11 *avril* 1822 *et* 26 *mars* 1825.)

Voy. *Therry.*

**CHIFFON**, chanson de Pradel.

Provocation au port public d'un signe extérieur de ralliement non autorisé, délit prévu par l'art. 3 de la loi du 17 mai 1819. — Destruction ordonnée par arrêts de la Cour royale de Paris, des 11 juillet et 16 novembre 1822. — (*Moniteur des* 26 *juillet* 1822 *et* 26 *mars* 1825.)

Voy. *Pradel* et *Rousseau.*

CITATEUR (le), roman, par Pigault-Lebrun (traduction espagnole).

Destruction ordonnée par arrêt de la Cour royale de Paris, du 26 février 1827. — (Point d'insertion au Moniteur.)

COMMENTAIRE EN RACCOURCI SUR LE MANDEMENT DE L'ÉVÊQUE DE MOULINS POUR LE CARÊME DE 1830. — Brochure autographiée sans nom d'auteur ni d'imprimeur.

Diffamation et outrages envers l'évêque de Moulins. — Destruction ordonnée par jugement du tribunal correctionnel de Moulins, du 28 mai 1830. — (Point d'insertion au Moniteur.)

Voy. *Lemoine*.

COMMERCE (le), journal publié par Bert, à Paris.

Excitation à la haine et au mépris du gouvernement du roi, délit commis par l'insertion d'un article dans les nos des 4 et 12 septembre 1829. — Destruction ordonnée par arrêts de la Cour royale de Paris, des 2 mars et 1er avril 1830. — (Point d'insertion au Moniteur.)

Voy. *Association Bretonne*, *Bert* et *Delapelouze*.

CONCORDAT (le) EXPLIQUÉ AU ROI, par Vinson.

Destruction ordonnée par arrêt de la Cour royale de Paris, du 28 novembre 1816. — (Point d'insertion au Moniteur.)

CORRESPONDANCE ADMINISTRATIVE ET POLITIQUE, 2e partie, par Fiévée.

Destruction ordonnée par arrêt de la cour royale de Paris, du 29 juin 1818. — (Point d'insertion au Moniteur.)

CORSAIRE (le), journal publié par Viennot, à Paris.

Article contenant diffamation. — Destruction ordonnée par jugement du tribunal correctionnel de Paris, du 4 juillet 1829. — (Point d'insertion au Moniteur.)

Voy. *Sottise des deux parts*.

COTERIES (les), satire en vers, par Lagarde.

Destruction ordonnée par arrêt de la Cour royale de Paris du 21 novembre 1826. — (Point d'insertion au Moniteur.)

COURRIER DES CHAMBRES (Session de 1847). — 4e cahier, par M. de Saint-Aulaire.

Excitation au mépris de l'autorité et de la personne du roi, et calomnies envers un ministre. — Destruction ordonnée par arrêt de la Cour royale de Paris, du 3 avril 1818. — (Point d'insertion au Moniteur.)

**COURRIER** (le) **FRANÇAIS**, journal publié à Paris. — Gérant, Delapelouze.

Nos des 4 et 12 septembre 1829. — Article contenant excitation à la haine et au mépris du gouvernement du roi. — Destruction ordonnée par arrêts de la cour royale de Paris, des 11 mars et 1er avril 1830. — (Point d'insertion au Moniteur.)

Voy. *Association bretonne*, *Bert* et *Delapelouze*.

Le même journal. — Gérant, Chatelain.

N° du 19 janvier 1830. — Article contenant des outrages envers un fonctionnaire public. — Destruction ordonnée par jugement du tribunal correctionnel de la Seine, du 10 février 1830. — (Point d'insertion au Moniteur.)

Voy. *Philantropie de M. Mangin*, et *Chatelain*.

Le même journal. — Gérant, Chatelain.

N° du 11 février 1830. Article contenant diffamation envers des magistrats. — Destruction ordonnée par jugement du tribunal correctionnel de la Seine, du 25 février 1830. — (Point d'insertion au Moniteur.)

Voy. *Le public sera bien surpris*.

**CRI** (le) **DE LA NATION**, par Crevel.

Ecrit séditieux. — Destruction ordonnée par arrêt de la Cour royale de Paris, du 2 mai 1818. — (Point d'insertion au Moniteur.)

**CRI** (le) **DES PEUPLES**, par Crevel. — 3e édition; *supplément* au *Cri de la nation*.

Ecrit séditieux. — Destruction ordonnée par arrêt de la Cour royale de Paris, du 2 mai 1818. — (Point d'insertion au Moniteur.)

**CRISE** (sur la) **ACTUELLE**. — Lettre à S. A. R. Mgr le duc d'Orléans, par Cauchois-Lemaire. — Mise en vente par Ponthieu.

Attaque contre l'autorité du roi, et provocation à un changement de gouvernement. — Destruction ordonnée par arrêt de la Cour royale de Paris, du 14 février 1828. — (*Moniteur du 18 janvier* 1829.)

Voy. *Cauchois-Lemaire* et *Ponthieu*.

**CROYANCES DIVERSES**, article publié dans le journal *le Nain*.

Outrages à la morale publique et religieuse. — Destruction ordonnée par arrêt de la Cour royale de Paris, du 23 juin 1825. — (*Moniteur du* 30 *novembre* 1825.)

Voy. *le Nain*, et *Soulé*.

DESPOTISME (le) EN ÉTAT DE SIÉGE, OU LA ROYAUTÉ SANS PRESTIGE, par de Beaufort. — Écrit publié en août 1820.

Offenses envers la personne du roi et outrages à la morale publique et religieuse. Destruction ordonnée par arrêt de la Cour d'assises de la Seine, du 7 novembre 1820. — (Point d'insertion au Moniteur.)

DES PEUPLES ET DES GOUVERNEMENTS, *pensées extraites de Raynal*, ouvrage édité par Barrault-Roullon.

Outrages envers la religion de l'Etat; attaques contre la dignité royale, l'ordre de successibilité au trône, les droits que le roi tient de sa naissance, et son autorité constitutionnelle. — Destruction ordonnée par arrêt de la Cour royale de Paris, 1re chambre civile et chambre correctionnelle réunies, en date du 12 juin 1823, confirmatif d'un jugement du tribunal correctionnel de la Seine, du 28 décembre 1822. — (*Moniteur du 26 mars* 1825.)

Voy. *Barrault-Roullon*.

DICTIONNAIRE (Petit) MINISTÉRIEL, par Magalon.

Destruction ordonnée par arrêts de la Cour royale de Paris, des 5 et 12 décembre 1823. — (Point d'insertion au Moniteur.)

DISCOURS PRONONCÉ PAR SA MAJESTÉ le 15 MARS 1815, *avec un préambule*; écrit de 4 pages publié sous une fausse date (31 juillet 1816) dans le but de faire croire à la rentrée de l'Empereur sur le territoire français. — Destruction ordonnée par jugement du tribunal correctionnel de la Seine, du 19 novembre 1816. — (Point d'insertion au Moniteur.)

Voy. *Chassaignon*.

DUEL (le), OU L'HOMME A LA LONGUE BARBE, par Eliçagaray.

Brochure injurieuse et diffamatoire envers la famille Larochejacquelein. — Destruction ordonnée par arrêt de la Cour royale de Paris, du 27 juin 1829, confirmatif du jugement du tribunal correctionnel de la Seine, en date du 2 avril précédent. — (Point d'insertion au Moniteur.)

ÉCHO DE PARIS, journal bi-hebdomadaire, publié par Sombret.

Outrage à la morale publique et religieuse, délit commis par l'insertion dans ce journal d'un article intitulé : *la Suite d'un bal masqué*. — Destruction ordonnée par jugement du tribunal correctionnel de la Seine, du 3 avril 1829. — (Point d'insertion au Moniteur.)

**ÉLECTEURS LIBÉRAUX**, par Sens; brochure imprimée à Lyon, par Mistral.

Diffamations envers l'autorité administrative. — Destruction ordonnée par arrêt de la Cour royale de Lyon, du 23 décembre 1822. — (Point d'insertion au Moniteur.)

**ÉLECTEURS (AUX) DE LOCHES ET CHINON** : *Qui nommerons-nous?*

Excitation à la haine contre une classe de personnes, savoir : les nobles. — Destruction ordonnée par arrêt de la Cour royale d'Orléans, du 7 août 1822. — (*Moniteur du* 28 *septembre* 1822.)

Voy. *Drouin-Desvarennes.*

**ENGLISH SOCIETY IN BRUSSELS DESCRIBED**, par Wilson.

Diffamation envers les sieurs Guillaume Hopkins Northry, Robert Cuningham, Ernest Baron Schmiederen, Thomas Carwick et Newton Dikenson. — Destruction ordonnée par arrêt de la cour royale de Douai, du 22 novembre 1826. — (*Moniteur du* 16 *mai* 1827.)

Voy. *Wilson.*

**ÉPITRE A M. L-N. LEMERCIER**, par Lesguillon.

Outrage à la religion de l'État, attaques contre la dignité royale. — Destruction ordonnée par jugement du tribunal correctionnel de Paris, du 1er juillet 1824. — (*Moniteur du* 7 *novembre* 1826.)

Voy. *Lesguillon.*

**ÉTRENNES D'UN MENDIANT A M. MANGIN**, par Roussy; épitre sur la maison de refuge, in-8° d'une demi-feuille. — Imprimerie de Guiraudet, à Paris.

Outrages au préfet de police à l'occasion de l'exercice de ses fonctions. — Destruction ordonnée par jugement du tribunal correctionnel de Paris, du 27 janvier 1830. — (Point d'insertion au Moniteur.)

Voy. *Guiraudet* et *Roussy.*

**ÉTAT DE LA LIBERTÉ EN FRANCE**, par Scheffer. — Imprimerie de Gillé, à Paris.

Ecrit séditieux. — Destruction ordonnée par arrêt de la Cour royale de Paris, du 30 mars 1818. — (Point d'insertion au Moniteur.)

**ÉVANGILE (l')**, *partie morale et historique;* — Touquet, éditeur.

Destruction ordonnée par arrêt de la Cour royale de Paris, du 26 décembre 1826. — (Point d'insertion au Moniteur.)

**EXPOSÉ D'UN SYSTÈME DE FINANCES POUR ÉTEINDRE LA DETTE PUBLIQUE.**

Provocation à la haine des citoyens les uns envers les autres. — Destruction ordonnée par jugement du tribunal correctionnel de la Seine, du 12 mars 1816. — (Point d'insertion au Moniteur.)

**EXTRAIT DE L'ALMANACH ROYAL POUR 1830**, par Magalon. — Article publié dans l'*Album*.

Excitation à la haine et au mépris du gouvernement du roi. — Destruction ordonnée par arrêt de la Cour royale de Paris, du 15 mars 1823. — (*Moniteur du 2 avril* 1823.)

Voy. l'*Album* et *Magalon*.

**EXTRAIT DU MONITEUR**, par Auguis, Ferra et Froullé.

Libelle diffamatoire. — Destruction ordonnée par arrêt de la Cour royale de Paris, du 28 décembre 1814. — (Point d'insertion au Moniteur.)

**FAMILLE IMPÉRIALE**, avec cette inscription : *Pour le père et le fils*, etc. (1).

Gravure séditieuse. — Destruction ordonnée par arrêt de la cour d'assises de la Seine, du 22 juin 1820. — (*Moniteur du* 15 *août* 1820.)

Voy. *Dauty*.

**FEMME** (la) **JÉSUITE, HISTOIRE VÉRITABLE**, par une victime du jésuitisme.

Destruction ordonnée par arrêt de la Cour royale de Paris, du 21 avril 1827. — (Point d'insertion au Moniteur.)

**FILS** (le) **DE L'HOMME, OU SOUVENIRS DE VIENNE**, poëme par Barthélemy.

Attaque contre la dignité royale. — Destruction ordonnée par arrêt de la Cour royale de Paris, du 7 janvier 1830. — (Point d'insertion au Moniteur.)

**FIGARO** (le), journal publié à Paris. — Gérant, Bohain.

N° du 9 août 1829. — Offense envers la personne du roi, à l'occasion de la nomination de nouveaux ministres ; délit commis par l'insertion d'un article où il était dit qu'*au lieu d'illumination à une solennité prochaine, toutes les maisons de la France devaient être tendues de noir.* — Destruction ordonnée

(1) Cette gravure offrait, dans un transparent, l'effigie de l'empereur, celles de l'impératrice Marie-Louise et du duc de Reichstadt.

par jugement du tribunal correctionnel de Paris, du 28 août 1829. — (Point d'insertion au Moniteur.)
Voy. *Bohain.*

**FURET** (le). — Ecrit sans noms d'auteur ni d'imprimeur.
Pamphlet séditieux. — Destruction ordonnée par arrêt de la cour royale de Paris, du 2 avril 1818. — (Point d'insertion au Moniteur.)

**FOI** (la) **ET LE PAPE ALEXANDRE VI.** — Ecrit publié dans le journal *le Grondeur.*
Outrages à la morale publique et à la religion de l'Etat. — Destruction ordonnée par jugement du tribunal correctionnel de Paris, du 24 juillet 1829. — (Point d'insertion au Moniteur.)
Voy. *le Grondeur.*

**GALOTTI ET M. PORTALIS,** article publié dans l'*Album*, par Magalon.
N° du 25 juin 1829. — Outrages et injures envers M. Portalis, ministre, à l'occasion de ses fonctions. — Destruction ordonnée par arrêt de la cour royale de Paris, du 18 août 1829. — (Point d'insertion au Moniteur.)
Voy. l'*Album*, *Magalon.*

**GENDARME** (le) **ORTHODOXE**, article publié dans le journal *le Grondeur.*
Offenses envers les ministres de la religion de l'Etat. — Destruction ordonnée par jugement du tribunal correctionnel de la Seine, du 24 juillet 1829. — (Point d'insertion au Moniteur.)

**GRAND MESSAGER BOITEUX DES ÉLECTEURS DE FRANCE, OU LE COURRIER DE LA VILLE ET DE LA CAMPAGNE, POUR L'AN 1824**, par M. Sch..., avocat; in-4° de 48 pages. — A Belfort, chez J.-P. Clerc, imprimeur-libraire.
Excitation à la haine et au mépris du gouvernement du roi; outrage à la morale publique; diffamation envers plusieurs députés. — Destruction ordonnée par arrêt de la cour royale de Colmar, du 17 novembre 1823. — (Point d'insertion au Moniteur.)
Voy. *Clerc.*

**GRONDEUR** (le), feuille périodique, rédigée et publiée par Binès, Chabot et Pollet.
Outrages à la morale publique et à la religion de l'Etat, etc., délits résultant des articles intitulés : 1° *Les Caricatures*; 2° *le Gendarme Orthodoxe*; 3° *la Foi et le pape Alexandre VI*;

4° *une Tête coupée.* — Destruction ordonnée par jugement du tribunal correctionnel de Paris, du 24 juillet 1829. — (Point d'insertion au Moniteur.)

HISTOIRE DE BONAPARTE, *depuis sa naissance jusqu'à sa dernière abdication, contenant le détail des faits mémorables qui ont illustré les Français sous son règne*, par Collot, avec cette épigraphe : *Impartialité.* — Vauquelin, libraire-éditeur.

Ecrit séditieux. — Destruction ordonnée par arrêt de la Cour royale de Paris, du 20 février 1816. — (Point d'insertion au Moniteur.)

HISTOIRE DES CENT JOURS, OU DERNIER RÈGNE DE L'EMPEREUR NAPOLÉON. — *Lettres écrites de Paris, depuis le 8 avril jusqu'au 20 juillet* 1815, traduites de l'anglais de Hobhouse, par Regnault-Warin.

Offense envers la personne du roi et des membres de la famille royale. — Destruction ordonnée par arrêt de la cour d'assises de la Seine, du 25 novembre 1819. — (*Moniteur du* 23 *juin* 1820.)

Voy. *Domère* et *Regnault-Warin.*

HISTOIRE DES MISSIONNAIRES, brochure.

Outrages à la morale publique et religieuse. — Destruction ordonnée par arrêt de la cour d'assises du Var, du 18 août 1820. — (*Moniteur du 7 septembre* 1820.)

Voy. *Belluc.*

HISTOIRE DE LA PREMIÈRE QUINZAINE DE JUIN 1820, par Bousquet-Deschamps.

Provocation à la désobéissance aux lois et à la rébellion, etc. — Destruction ordonnée par arrêt de la cour d'assises de la Seine, du 26 juillet 1820. — (Point d'insertion au Moniteur.)

HISTOIRE VÉRITABLE DE TCHEN-CHEOULI, *mandarin lettré*, par Barginet. — Imprimerie de Goetschy, à Paris; chez Nadau, libraire.

Excitation à la haine et au mépris du gouvernement du roi; offenses envers les princes et une princesse de la famille royale; attaque contre les droits que le roi tient de sa naissance, et ceux en vertu duquel il a donné la Charte. — Destruction ordonnée par arrêt de la Cour royale de Paris, 1re chambre civile et chambre correctionnelle réunies, en date du 19 août 1822,

confirmatif d'un jugement du tribunal correctionnel de la Seine, du 4 juin 1822. — (*Moniteur du* 26 *mars* 1825.)
Voy. *Nadau.*

**HOMME** (l') **GRIS**, petite chronique, par Ferret. — Lhuillier, libraire-éditeur. — 6e, 7e et 8e nos du 1er volume.
Ecrits séditieux. — Destruction de ces nos, ordonnée par arrêt de la Cour royale de Paris, du 27 juillet 1818. — (Point d'insertion au Moniteur.)

3e, 4e, 5e et 6e nos du 2e volume, ayant cette épigraphe : *Il s'en présentera, gardez-vous d'en douter*, par Creton.
Ecrits séditieux. — Destruction ordonnée par arrêt de la Cour royale de Paris, du 19 août 1822. — (Point d'insertion au Moniteur.)

**HUIT ANNÉES DU RÈGNE DE NAPOLÉON**, 4 vol., chez Feret, libraire à Bordeaux.
Offenses envers le roi. — Destruction ordonnée par arrêt de la cour d'assises de la Gironde, du 2 septembre 1822. — (*Moniteur du* 28 *février* 1823.)
Voy. *Feret.*

**IL N'EST PAS MORT**, par un ami de la patrie.
Brochure, dont la destruction a été ordonnée par arrêt de la cour d'assises de la Seine, du 15 novembre 1821. — (Point d'insertion au Moniteur.)

**INFINIMENT** (les) **PETITS**, ou *la Gérontocratie*, chanson de Béranger, publiée par Baudouin l'aîné, libraire à Paris.
Offenses envers la personne du roi, outrages à la religion de l'Etat. — Destruction ordonnée par arrêt de la Cour royale de Paris, du 10 février 1829. — (Point d'insertion au Moniteur.)
Voy. *Baudouin* l'aîné.

**INTRIGUE** (de l') **DANS LES TRIBUNAUX** (2e édition), par Pinet, avocat.
Outrages à la morale publique, injures envers les cours et tribunaux. — Destruction ordonnée par jugement du tribunal correctionnel de la Seine, du 15 juillet 1824. — (*Moniteur du* 15 *novembre* 1826.)
Voy. *Pinet.*

**JEU** (le petit) **DE SOCIÉTÉ**.
Gravure séditieuse. — Destruction ordonnée par jugement

du tribunal correctionnel de la Seine, du 18 mai 1819.—(Point d'insertion au Moniteur.)

JOURNAL DE LA COTE-D'OR.

Suspension de publication pour tendance, prononcée pour un mois, par jugement du tribunal correctionnel de Dijon, du 16 août 1823. — (Point d'insertion au Moniteur.)

LETTRE A M. CARRÈRE, par Benjamin Constant.

Destruction ordonnée par jugement du tribunal correctionnel de la Seine, du 28 novembre 1822. — (Point d'insertion au Moniteur.)

LETTRE A M. DECAZE, MINISTRE DE LA POLICE GÉNÉRALE, par Chevalier.

Destruction ordonnée par arrêt de la Cour royale de Paris, du 17 juin 1817. — (Point d'insertion au Moniteur.)

LETTRE A M. D'HERMOPOLIS, par Lamennais, publiée dans le journal le *Drapeau blanc* (n° du 22 août 1823).

Destruction ordonnée par arrêt de la Cour royale de Paris, du 11 décembre 1823. Cet arrêt a ordonné l'insertion des motifs et du dispositif de la condamnation, dans le *Drapeau blanc*, dans le délai d'un mois. — (Point d'insertion au Moniteur.)

LETTRE AU PROCUREUR-GÉNÉRAL DE LA COUR ROYALE DE POITIERS, par Benjamin Constant; écrit d'une feuille et demie, in-8°.

Outrages contre des magistrats. — Destruction ordonnée par arrêt de la Cour royale de Paris, du 6 février 1823. — (Point d'insertion au Moniteur.)

LETTRE DE M. LEBEL A MM. LES CONSEILLERS DE PRÉFECTURE DU DÉPARTEMENT DE LA SEINE ; écrit d'une demi-feuille, in-8°.

Diffamation. — Destruction ordonnée par jugement du tribunal correctionnel, du 29 juin 1822.—(Point d'insertion au Moniteur.)

LETTRE DE SATAN AUX FRANCS-MAÇONS.

Destruction ordonnée par jugement du tribunal correctionnel de la Seine, du 22 février 1826. — (Point d'insertion au Moniteur.)

LETTRES A M. GRÉGOIRE, *ancien évêque de Blois.*

Destruction ordonnée par arrêt de la Cour d'assises de la

Seine, du 29 décembre 1820.—(Point d'insertion au Moniteur.)

LETTRES NORMANDES. — *Service funèbre du 21 janvier.*
Provocation à la désobéissance à la loi portant que ce jour sera férié.—Destruction ordonnée par arrêt de la Cour d'assises de la Seine, du 17 mars 1820. — (Point d'insertion au Moniteur.)

LETTRES (nouvelles) PROVINCIALES, par d'Herbigny.
Brochure contenant outrage à la religion de l'État et attaque à la dignité royale. — Destruction ordonnée par arrêt de la Cour royale de Paris, du 20 juin 1826. — (*Moniteur du 7 novembre* 1826.)
Voy. d'*Herbigny*.

LETTRES SUR LES ÉLECTIONS DE LA NIÈVRE.
Destruction ordonnée par arrêt de la Cour royale de Bourges, du 20 juin 1823. — (Point d'insertion au Moniteur.)

LETTRES SUR QUELQUES PARTICULARITÉS DE L'HISTOIRE PENDANT L'INTERRÈGNE DES BOURBONS, par Barruel de Beauvert.—3 vol. in-8°, imprimés par d'Egron, à Paris.
Diffamation envers le sieur Bummaet, rôtisseur à Paris. Ce particulier était représenté dans l'ouvrage comme ayant été, en 1792, l'un des assassins de la princesse de Lamballe, etc. — Destruction ordonnée par jugement du tribunal correctionnel de la Seine, du 6 août 1816. —(Point d'insertion au Moniteur.)

MANDEMENT DE MM. LES VICAIRES GÉNÉRAUX DE PARIS, chanson manuscrite, saisie sur le sieur Dericquehem.
Outrages aux mœurs, à l'honneur de diverses personnes et au respect dû au roi et à la religion. — Destruction ordonnée par jugement du tribunal correctionnel de la Seine, du 22 mai 1817. —(Point d'insertion au Moniteur.)

MANUSCRIT DE SAINTE-HÉLÈNE, publié dans le *Censeur européen* (3e vol.).
Destruction ordonnée par arrêt de la Cour royale de Paris, du 7 octobre 1817, comme contenant des offenses envers la personne du roi. — (Point d'insertion au Moniteur.)
Voy. *le Censeur européen.*

MÉMOIRE CONFIDENTIEL A MM. LES DÉPUTÉS.
Destruction ordonnée par jugement du tribunal correctionnel de la Seine, du 12 mars 1816. — (Point d'insertion au Moniteur.)

**MÉMOIRE SUR LES ÉLECTIONS DU LOT A LA CHAMBRE DES DÉPUTÉS**, par Delachèze, Murel et Syrieys de Mayrinhac.

Enonciation de faits calomnieux contre les sieurs de Campagne, Courpon et Delpont.—Suppression ordonnée par jugement du tribunal correctionnel de la Seine, du 7 mars 1817.—(Point d'insertion au Moniteur.)

**MÉMOIRE SUR LES FINANCES ET RÉFUTATION DU BUDGET DE 1816.**

Provocation à la haine des citoyens les uns envers les autres. — Destruction ordonnée par jugement du tribunal correctionnel de la Seine, du 12 mars 1816. — (Point d'insertion au Moniteur.)

**MERVEILLES DU POUVOIR ABSOLU**, par le baron de Satgé.

Ouvrage contenant des doctrines subversives de la religion et du gouvernement. — Destruction ordonnée par jugement du tribunal correctionnel de la Seine, du 9 février 1829. — (Point d'insertion au Moniteur.)

**MIROIR** (le), journal littéraire. — Chantpie, éditeur.

Condamnation par jugement du tribunal correctionnel de la Seine, du 22 avril 1823, pour avoir traité de matières politiques. — (Point d'insertion au Moniteur.)

**MISSIONNAIRES** (les), poëme héroï-comique en six chants, faisant suite à l'*Histoire des Missionnaires*, par Guyon et Plancher, libraire éditeur.

Outrage à la morale publique et religieuse. Destruction ordonnée par arrêt de la Cour d'assises de la Seine, du 27 juin 1820. — (*Moniteur du* 20 *août* 1820.)

Voy. *Guyon* et *Plancher*.

**MISSIONNAIRES** (les) **EN GOGUETTE**, chanson par Pradel.

Excitation à la haine et au mépris des citoyens contre une classe de personnes. — Destruction ordonnée par arrêt de la Cour royale de Paris, 1re chambre civile et chambre correctionnelle réunies, en date du 11 juillet 1822, confirmatif d'un jugement du tribunal correctionnelle de la Seine, du 23 mai 1822. —(*Moniteur des* 26 *juillet* 1822 *et* 26 *mars* 1823.)

Voy. *Pradel* et *Rousseau*.

**MOUTON ENRAGÉ** (le), article publié dans le journal l'*Album* (n° du 20 juin 1819).

Allusions outrageantes pour la personne du roi et la dignité royale. — Destruction ordonnée par arrêt de la Cour royale de Paris, du 4 mars 1830. — (Point d'insertion au Moniteur.)

Voy. l'*Album*, *Magalon*.

MÉMOIRES DE LEVASSEUR (de la Sarthe), *ex-conventionnel*, ornés du portrait de l'auteur; 2 vol. in-8°, imprimerie de Gaultier-Laguionie. — A Paris, chez Rapilly, libraire.

Outrage à la morale publique, attaque contre la dignité royale. — Destruction ordonnée par arrêt de la Cour royale de Paris, du 13 mai 1830. — (Point d'insertion au Moniteur.)

Voy. *Rapilly* et *Roche* (Achille).

NAIN (le) TRICOLORE.

Ecrit contenant des attaques contre le gouvernement du roi. — Destruction ordonnée par arrêt de la Cour d'assises de la Seine, du 11 juin 1816.

NATIONAL (le), journal publié à Paris.

Offenses envers la personne du roi, délits commis par l'insertion d'articles dans les nos des 1, 2, 3 et 5 juillet 1823. — Destruction de ces numéros, ordonnée par jugement du tribunal correctionnel de la Seine, du 7 octobre 1823. — (Point d'insertion au Moniteur.)

ODES ET STANCES *qui devaient être lues au banquet de Beaujon*, par Roch (Michel).

Excitation à la haine et au mépris du gouvernement du roi. — Destruction ordonnée par jugement du tribunal correctionnel de Paris, du 14 décembre 1822. — (Point d'insertion au Moniteur.)

OMNIBUS DU MINISTÈRE DU 8 AOUT.

Destruction ordonnée par jugement contradictoire et sur opposition du tribunal correctionnel de Niort. — (Point d'insertion au Moniteur.)

Voy. *Bocquet*.

OPUSCULES, par Cauchois-Lemaire. — Ecrit déclaré séditieux.

Destruction ordonnée par arrêt de la Cour d'assises de la Seine, du 31 août 1821. —(Point d'insertion au Moniteur.)

ORACLE (l'), ci-devant l'*Ultrà*, journal publié à Paris.

Diffamation de E......, délit résultant d'articles publiés dans les 6e, 7e et 8e livraisons du journal. — Destruction ordonnée par arrêt de la Cour royale de Paris, du 19 juillet 1819.—(Point d'insertion au Moniteur.)

ORGANISATION SECRÈTE DES PATRIOTES DE 1816 ; imprim. de Charles, à Paris.

Destruction ordonnée par arrêt de la Cour d'assises de la Seine, du 6 juillet 1816. — (Point d'insertion au Moniteur.)

ORGANISATEUR (l'), par Claude-Henri de Saint-Simon.

Offenses envers les membres de la famille royale. — Destruction ordonnée par arrêt de la Cour d'assises de la Seine, du 3 février 1820. — (Point d'insertion au Moniteur.)

ORPHÉLIN (l') ROYAL, chanson de Pradel.

Attaque contre l'ordre de successibilité au trône.— Destruction ordonnée par arrêts de la Cour royale de Paris, des 11 juillet et 16 novembre 1822. (*Moniteur des* 26 *juillet* 1822 *et* 26 *mars* 1823.)

Voy. *Pradel* et *Rousseau*.

PAMPHLET, par Paul-Louis Courier. — (Collection.)

Attaques contre le gouvernement et l'autorité du roi. — Destruction ordonnée par arrêt de la Cour royale de Paris, du 9 décembre 1826. (Point d'insertion au Moniteur.)

PARAPLUIE (le) PATRIMONIAL, par Gallois.

Offense envers l'un des membres de la famille royale; attaques contre la dignité royale et l'autorité constitutionnelle du roi. — Destruction ordonnée par arrêt de la Cour royale de Paris, 1re chambre civile et chambre correctionnelle réunies, en date du 11 novembre 1822. — (*Moniteur* des 17 décembre 1822 et 26 mars 1823.)

Voy. *Gallois* (Léonard).

PAUVRE (le) JACQUES, journal publié à Paris.

N° du 27 septembre 1829. — (Supplément). — Enumération de faits portant atteinte à l'honneur et à la considération des sieurs Giot, Guibout et Perardel. — Destruction ordonnée par jugement du tribunal correctionnel de la Seine, du 2 févr. 1830. — (Point d'insertion au Moniteur.)

Voy. *Dedineur*.

PERFIDIES (les) ASSASSINES.

Destruction ordonnée par arrêt de la Cour royale de Paris, du 21 décembre 1822. — (Point d'insertion au Moniteur.)

**PETIT (le) LIVRE A QUINZE SOUS, OU LA POLITIQUE DE POCHE,** *à l'usage des gens qui ne sont pas riches*, par *le père* MICHEL, devenu auteur sans le savoir. — Tomes I, II, III. — Imprimerie de Poulet, dit *Tartarin*, à Paris.

Attaques contre la dignité royale et l'autorité du roi ; excitation à la désobéissance à la charte constitutionnelle ; diffamations envers des magistrats de l'ordre judiciaire et administratif. — Destruction ordonnée par jugement du tribunal correctionnel de la Seine, du 6 juin 1818. — (Point d'insertion au Moniteur.)

**PÉTITION A LA CHAMBRE DES DÉPUTÉS**, par Orband. — (Demande d'une loi prévoyant la démission ou la destitution du roi.

Attaques contre l'inviolabilité de la personne du roi et l'ordre de successibilité au trône. — Destruction ordonnée par arrêt de la Cour d'assises du Var, du 31 mai 1820. — (*Moniteur du* 13 *juillet* 1820.)

Voy. *Orband*.

**PÉTITION A LA CHAMBRE DES DÉPUTÉS**, par Reynier et autres habitants de l'Isère. — Ecrit publié par Rey en 1820.

Diffamations envers le général Donnadieu, à l'occasion des fonctions qu'il a exercées comme dépositaire de l'autorité publique dans le département de l'Isère. — Destruction ordonnée des exemplaires saisis et de ceux qui pourraient l'être ultérieurement, par arrêt de la Cour d'assises de la Seine, du 20 octobre 1820. — (Point d'insertion au Moniteur.)

**PÉTITION AUX CHAMBRES**, par Tandron.

Pamphlet séditieux. — Destruction ordonnée par arrêt de la Cour royale de Paris, du 2 avril 1818. — (Point d'insertion au Moniteur.)

**PÉTITION AUX FINS DU RÉTABLISSEMENT DE LA GARDE NATIONALE DE PARIS**, par Duplan, avocat.

Brochure contenant une attaque contre la dignité royale, résultant de ce que l'auteur contestait au roi le droit de dissoudre la garde nationale. — Destruction ordonnée par arrêt de la Cour royale de Paris, du 25 juin 1829, confirmatif du jugement du tribunal correctionnel de la Seine, du 22 avril 1829. — (Point d'insertion au Moniteur.)

**PHILANTROPIE DE M. MANGIN.** — Article publié dans le *Courrier français.* (N° du 19 janvier 1830.)

Outrages envers un fonctionnaire public. — Destruction ordonnée par jugement du tribunal correctionnel de la Seine, du 10 février 1830. — (Point d'insertion au Moniteur.)

Voy. *Courrier français* et *Chatelain.*

PIE VI ET LOUIS XVIII, ou *Conférence politique et théologique.*—Brochure publiée par Therry, libraire, à Paris.

Attaques contre l'autorité constitutionnelle du roi, et outrages à la morale publique et religieuse. — Destruction ordonnée par arrêt de la Cour d'assises de la Seine, du 31 mars 1822. — (*Moniteur des* 11 *avril* 1822 *et* 26 *mars* 1825).

Voy. *Therry.*

PIÈCES AUTHENTIQUES SUR LE CAPTIF DE SAINTE-HÉLÈNE, traduites de l'anglais et publiées par Barthélemy.

X[e] volume. — Contenant une nouvelle traduction de la 1re partie de l'ouvrage du docteur O'Méara, intitulé : *Napoléon dans l'exil*, ou l'*Echo de Ste-Hélène.* Cette traduction renfermait beaucoup de passages offensants pour la personne du roi et pour la famille royale, omis ou rectifiés dans les traductions précédentes de Beraud et Gruffier. — Destruction ordonnée par jugement du tribunal correctionnel de la Seine, du 4 mars 1823. —(Point d'insertion au Moniteur.)

VIe et VIIe volumes. — Condamnés par un autre jugement du même tribunal, en date du 23 décembre 1824.—(Point d'insertion au Moniteur.)

PIÈCES POLITIQUES, par Bousquet-Deschamps. — Brochure publiée en juin 1820.

Outrages envers le roi de Portugal et du Brésil ; diffamation envers le marquis de Marialva, ambassadeur du Portugal en France. — Destruction ordonnée par arrêts de la Cour d'assises de la Seine, du 27 juillet 1820 et 13 avril 1821. — (Point d'insertion au Moniteur.)

PILOTE (le), journal publié à Paris.

Article intitulé : *Les jours de repos.* — Destruction ordonnée par jugement du tribunal correctionnel de la Seine, du 19 octobre 1822. — (Point d'insertion au Moniteur.)

Article intitulé : *Traité de Vérone.* — Destruction ordonnée par arrêt de la Cour royale de Paris, du 28 août 1823.— (Point d'insertion au Moniteur.)

Article intitulé : *Sur la condamnation du 6 juillet.* — Destruction ordonnée par un autre arrêt de la Cour royale de Paris, du 28 août 1823. —(Point d'insertion au Moniteur.)

Article intitulé : *Elections.* — Destruction ordonnée par jugement du tribunal correctionnel de la Seine, du 24 mars 1824. — (Point d'insertion au Moniteur.)

**PRÉCIS DE LA RÉVOLUTION FRANÇAISE**, par Rabaut Saint-Etienne.

Offenses envers le roi. — Destruction ordonnée par arrêt de la Cour royale de Paris, du 13 mai 1828, confirmatif d'un jugement du tribunal correctionnel de la Seine, en date du 28 août 1827. — (Point d'insertion au Moniteur.)

Voy. *Kleffer.*

**PRENONS-Y GARDE**, par Pontignac de Villars. — Ecrit publié en juillet 1820.)

Attaque formelle contre l'autorité constitutionnelle du roi; provocation au changement de gouvernement. — Destruction ordonnée par arrêt de la Cour d'assises de la Seine, du 14 septembre 1820. — (Point d'insertion au Moniteur.)

**PROJET D'ASSURANCE MUTUELLE ENTRE LES AUTEURS**, par Lenoir.

Attaque contre le respect dû aux lois. — Destruction ordonnée par arrêt de la Cour royale de Paris, du 6 mars 1827. — (Point d'insertion au Moniteur.)

**PROTESTATION DE LA CHAMBRE DES DÉPUTÉS DES CENT JOURS.**

Provocation à la révolte. — Destruction ordonnée par jugement du tribunal correctionnel de la Seine, du 20 août 1823. — (Point d'insertion au Moniteur.)

**QUELQUES RÉFLEXIONS SUR LA TRAHISON**, par Dardouville.

Excitation à la haine et au mépris du gouvernement du roi. — Destruction ordonnée par arret de la Cour royale de Paris, du 7 septembre 1822. — (Point d'insertion au Moniteur.)

Voy. *Dardouville.*

**QUESTIONS A L'ORDRE DU JOUR**, par Bousquet-Deschamps. — Imprimerie de Dupont.

Provocation à la désobéissance aux lois et à la destruction du gouvernement. — Destruction ordonnée des exemplaires saisis et de tous ceux qui pourraient l'être, par arrêt de la Cour d'assises de la Seine, du 14 juin 1820. — (*Moniteur du 15 août 1820.*)

Voy. *Bousquet-Deschamps* et *Corréard.*

**RÉCEPTION D'UN HOMME ILLUSTRE AUX CHAMPS-ÉLYSÉES.**

Gravure séditieuse. — Destruction ordonnée par jugement du tribunal correctionnel de la Seine, du 18 décembre 1821. — (Point d'insertion au Moniteur.)

**RÉFLEXIONS D'UN PATRIOTE,** par Bousquet-Deschamps.

Attaque formelle contre l'autorité constitutionnelle du roi et des chambres. — Destruction ordonnée par arrêt de la Cour d'assises de la Seine, du 11 juin 1820. — (*Moniteur du 1er août* 1820.)

Voy. *Bousquet-Deschamps.*

**RÉFLEXIONS SUR LE PROCÈS DE SCHEFFER,** auteur de *l'Etat de la Liberté en France*, par Esnaux.

Ecrit séditieux. — Destruction ordonnée par arrêt de la Cour royale de Paris, du 4 avril 1818. — (Point d'insertion au Moniteur.)

**RELATION DÉTAILLÉE** *des faits qui se sont passés à Paris, le* 3 *juin* 1821, *à l'occasion de la mort de Lallemand,* imprimée par François Pillet, et publiée par Lhuillier.

Excitation à la haine et au mépris du gouvernement du roi, à la rébellion, au renversement et au meurtre. — Destruction ordonnée par arrêt de la Cour royale de Paris, 1re chambre civile et chambre correctionnelle réunies, en date du 16 novembre 1822. — (*Moniteur des* 19 *décembre* 1822, *et* 26 *mars* 1825.)

Voy. *Lhuillier* et *Pillet* (François).

**RELATION HISTORIQUE** *des événements qui ont eu lieu à Colmar et dans les villes et communes environnantes, les* 2 *et* 3 *juillet* 1822, publiée par Kœchlin, député du Haut-Rhin, et suivie d'une pétition présentée aux chambres par 132 citoyens de ce département.

Excitation à la haine et au mépris du gouvernement du roi, et outrages envers les autorités civiles et militaires du département du Haut-Rhin. — Destruction ordonnée par arrêt de la Cour royale de Paris, 1re chambre civile et chambre correctionnelle réunies, en date du 17 juillet 1823 (1). — (*Moniteur du* 26 *mars* 1825.)

Voy. *Kœchlin.*

**RELIGION** (de la) **CONSIDÉRÉE DANS SES RAPPORTS AVEC L'ORDRE POLITIQUE ET CIVIL,** par l'abbé de Lamennais.

(1) Le même arrêt a ordonné aussi la destruction d'un mémoire justificatif distribué par Kœchlin, et qui a été considéré comme aggravant le délit,

Provocation à la désobéissance aux lois. — Destruction ordonnée par jugement du tribunal correctionnel de la Seine, en date du 22 avril 1826. — (Moniteur du 31 mai 1826.)
Voy. *Lamennais*.

RENOMMÉE (la), journal publié à Paris.
Provocation à la désobéissance à la loi sur la liberté individuelle, délit commis par l'insertion, dans ce journal, d'un article intitulé : *Souscription nationale*. — Destruction ordonnée par arrêt de la Cour d'assises de la Seine, du 1er juillet 1820. — (Point d'insertion au Moniteur.)
Voy. *Souscription nationale*.

RÉPONSE SOMMAIRE DE M. LEBEL, écrit d'une demi-feuille in-8°.
Injures envers le sieur Vigen. — Destruction ordonnée par jugement du tribunal correctionnel de la Seine, du 29 juin 1822. — (Point d'insertion au Moniteur.)
Voy. *Lebel*.

SACRE (le) DE CHARLES LE SIMPLE, chanson de Béranger, publiée par Baudouin l'aîné, libraire à Paris.
Offense envers la personne du roi ; outrages à la religion de l'État. — Destruction ordonnée par arrêt de la Cour royale de Paris, du 10 février 1829. — (Point d'insertion au Moniteur.)
Voy. *Baudouin* l'aîné.

SCÈNES DE BOURSE, par Magalon, publiées dans l'*Album*.
Outrages envers les ministres du culte. — Destruction ordonnée par arrêt de la Cour royale de Paris, 1re chambre civile et chambre correctionnelle réunies, en date du 15 mars 1823. — (*Moniteur du 2 avril* 1823.)
Voy. l'*Album*, et *Magalon*.

SÉJOUR DE BONAPARTE A L'ILE D'ELBE, ou *Bonapartiana de* 1815. — Vauquelin, éditeur.
Voy. *Bonapartiana*.

SIMPLE DISCOURS de Paul-Louis, vigneron de la Chavonnière (1).
Destruction ordonnée par arrêt de la Cour d'assises de la Seine, du 28 août 1821. — (Point d'insertion au Moniteur.)

SOMMEIL (le) DU LION, gravure séditieuse, mise en vente par Gramain.

(1) Paul-Louis Courier.

Destruction ordonnée par arrêt de la Cour royale de Paris, du 22 novembre 1828. — (Point d'insertion au Moniteur.)

SONGE (le) DE MARIE-LOUISE, gravure séditieuse, mise en vente par Gramain.

Destruction ordonnée par arrêt de la Cour royale de Paris, du 22 novembre 1828. — (Point d'insertion au Moniteur.)

SONGE (le), gravure séditieuse.

Destruction ordonnée par jugement du tribunal correctionnel de la Seine, du 25 février 1825. — (Point d'insertion au Moniteur.)

SOTTISE DES DEUX PARTS, article publié en 1829 dans le *Corsaire.*

Diffamation envers un tribunal. — Destruction ordonnée par jugement du tribunal correctionnel de la Seine, du 4 juillet 1829. — (Point d'insertion au Moniteur.)

Voy. *le Corsaire.*

SOUSCRIPTION NATIONALE, article publié en 1820, par les journaux : *le Constitutionnel*, *le Censeur*, *le Courrier français*, *l'Indépendant*, *la Bibliothèque historique*, *l'Aristarque* et *les Lettres Normandes.*

Provocation à la désobéissance à la loi sur la liberté individuelle, en proposant une souscription en faveur des individus qui seraient arrêtés. — Destruction ordonnée par arrêt de la Cour d'assises de la Seine, du 1er juillet 1820. — (Point d'insertion au Moniteur.)

STROPHES AUX MANES DE LALLEMAND.

Destruction ordonnée par jugement du tribunal correctionnel de la Seine, du 14 décembre 1822. — (Point d'insertion au Moniteur.)

TABLETTES ROMAINES, par le comte de Santo-Domingo; 1 vol. in-8°, publié en 1824.

Outrages envers la religion de l'Etat et les ministres du culte. — Destruction ordonnée par arrêt de la Cour royale de Paris, 1re chambre civile et chambre correctionnelle réunies, en date du 25 novembre 1824, confirmatif d'un jugement du tribunal correctionnel de la Seine, du 23 mai 1824. — (*Moniteur du 26 mars* 1825.)

Voy. *Santo-Domingo.*

**TABLETTES ROMAINES**, par Année; article publié en 1824 dans la 48e livraison du *Mercure du 19e siècle.*

Outrages commis envers la religion et les ministres du culte. — Destruction ordonnée par arrêt de la Cour royale de Paris, du 25 novembre 1824. — (*Moniteur du 26 mars* 1825.)

Voy. *Année.*

**TABLETTES UNIVERSELLES**, par Coste.

46e livraison. — Excitation à la haine et au mépris du gouvernement du roi, dans un article intitulé : *Bulletin politique*, commençant par ces mots : *Il est arrivé.* — Destruction ordonnée par arrêté de la Cour royale de Paris, 1re chambre civile et chambre correctionnelle réunies, en date des 29 janvier et 6 mai 1824. — (*Moniteur du 26 mars* 1825.)

Voy. *Bulletin politique*, *Coste* et *Chantpie.*

**TÊTE** (une) **COUPÉE**, article publié en 1829 dans le journal le *Grondeur.*

Efforts tendant à troubler la paix publique. — Destruction ordonnée par jugement du tribunal correctionnel de la Seine, du 24 juillet 1829. — (Point d'insertion au Moniteur.)

**TRIBULATIONS DE L'HOMME DE DIEU**, article publié dans l'*Album.*

Outrages envers les ministres de la religion de l'Etat à raison de leur qualité. — Destruction ordonnée par arrêt de la Cour royale de Paris, 1re chambre civile et chambre correctionnelle réunies, du 15 mars 1823, confirmatif d'un jugement du tribunal correctionnel de la Seine, en date du 22 février 1823. — (*Moniteur du 2 avril* 1823.)

Voy. *l'Album.*

**VARIÉTÉS HISTORIQUES**, par Cauchois-Lemaire.

Provocation, non suivie d'effet, à armer les citoyens les uns contre les autres. — Destruction ordonnée par arrêt de la Cour d'assises de la Seine, du 18 juin 1820. — (Point d'insertion au Moniteur.)

# DEUXIÈME PARTIE.

## Ecrits et gravures politiques condamnés,

Depuis la révolution de juillet 1830 jusqu'à celle de février 1848.

---

A LA FRANCE DE JUILLET *et à tous les généreux défenseurs de la liberté des peuples*, etc., etc.

Voy. *Une Pastorale*, et *Hébert*.

A MITRAILLE SUR LES AGIOTEURS, par un paysan (Vermasse); écrit de 2 feuilles et demie, in-12. Paris, Albert frères. 1847.

Outrage envers une religion légalement reconnue en France; excitation au mépris et à la haine du gouvernement du roi ; excitation au mépris et à la haine des citoyens contre plusieurs classes de personnes. — Destruction ordonnée par arrêt de la Cour d'assises de la Seine, du 13 avril 1847.— (*Moniteur du* 9 *novembre* 1847.)

Voy. *Vermasse*.

ABDICATION (l') ET LE DUEL, par Destigny.

Offenses envers la personne du roi , attaque contre la dignité royale, provocation non suivie d'effet au renversement du gouvernement. — Destruction ordonnée par arrêt de la Cour d'assises de la Seine, du 5 octobre 1843. — (*Moniteur du* 25 *avril* 1844.)

Voy. *Destigny*.

ABSENTS POUR LE SERVICE DU ROI, article publié dans *la Mode* du 25 avril 1840.

Offense envers les membres de la famille royale. — Destruction ordonnée par arrêt de la Cour d'assises de la Seine, du 10 mai 1843.—(*Moniteur du* 15 *décembre* 1843.)

Voy. *la Mode*, et *Kergan*.

ACCUSÉS DE NIORT (les), article commençant par ces mots : *La longue prison*, et finissant par ceux-ci : *appartenait la scélératesse,* publié dans le journal *la Quotidienne*, N° du 1er août 1835.

Attaques contre les droits constitutionnels du roi ; provocation à la désobéissance aux lois. — Destruction ordonnée par arrêt de la Cour d'assises de la Seine, du 10 octobre 1835. — (*Moniteur du* 26 *juin* 1836.)

Voy. *la Quotidienne*, *Dieudé* et *Kergorlay*.

ADIEUX A L'ANNÉE 1832, article publié par Godefroy dans *l'Ami de la Vérité* (n° 105), journal de Caen.

Excitation à la haine et au mépris du gouvernement du roi. — Destruction ordonnée par arrêt de la Cour d'assises du Calvados, du 27 février 1833. — (*Moniteur du* 29 *juin* 1833.)

Voy. *l'Ami de la Vérité*, et *Godefroy*.

ALBUM ANECDOTIQUE, n° 16. — Mise en vente par Fonrouge.

Attaques contre les droits constitutionnels du roi. — Destruction ordonnée par arrêt de la Cour d'assises de la Seine, du 23 avril 1833. — (*Moniteur du* 29 *juin* 1833.)

Voy. *Fonrouge*.

ALMANACH-CATÉCHISME, *manuel du peuple*, article publié dans *les Droits du Peuple*, revue sociale (n° 4, pages 237 et 238), commençant par ces mots : *Un vif regret*, et finissant par ceux-ci : *Honte à ses lâches persécuteurs !* .

Provocation à la haine entre les diverses classes de la société. — Destruction ordonnée par arrêt de la Cour d'assises de la Seine, du 26 novembre 1845. — (*Moniteur du* 9 *juin* 1846.)

Voy. *les Droits du Peuple* et *Terson*.

ALMANACH-CATÉCHISME, *manuel du peuple par des infiniment petits* ; deux brochures sous ce titre, portant : l'une la lettre C, et l'autre la lettre D, publiées par Brée, et imprimées à Montmartre par Delcambre.

Articles incriminés : 1° *Aménités catholiques* ; 2° *le Conservateur* ; 3° *Est-ce qu'on meurt de faim* ; 4° *Législature* ; 5° *Martyrologe démocratique* ; 6° *Propagande populaire* ; 7° *Qu'est-ce que le peuple* ; 8° *les Rigueurs salutaires* ; 9° *la Traite des blancs*. Tous ces articles contenant provocation à la haine entre les diverses classes de la société ; excitation au mépris du gouvernement ; outrages envers la religion catholique ; apologie de faits qualifiés crimes et délits par la loi. — Destruction ordonnée par arrêt de la Cour d'assises de la Seine, du 31 décembre 1845. — (*Moniteur du* 9 *juin* 1846.)

Voy. *Brée* et *Delcambre*.

ALMANACH DE LA FRANCE DÉMOCRATIQUE POUR 1847, publié par Bouton.

Excitation à la haine entre les diverses classes de la société. — Destruction ordonnée par arrêt de la Cour d'assises de la Seine, du 7 décembre 1846. — (*Moniteur du* 1er *août* 1847.)

Voy. *Bouton*.

ALMANACH DE L'ORGANISATION SOCIALE, par Dezamy.

Outrages à la morale publique et religieuse; attaque contre la propriété et le respect dû aux lois; provocation à la haine entre les diverses classes de la société. Délits contenus dans les articles intitulés : 1° *Appel aux travailleurs* ; 2° *la Définition des mots prolétaires et bourgeois* ; 3° *la Situation égalitaire* ; 4° *Lois fondamentales* ; 5° *Lois de l'union des sexes* ; 6° *Quelques vérités primordiales* ; 7° *Question du mariage*.—Destruction ordonnée par arrêt de la Cour d'assises de la Seine, du 22 mars 1844. — (*Moniteur du* 23 *juin* 1845.)

Voy. *Dezamy*.

ALMANACH POPULAIRE DE LA FRANCE, par Baron (*pour* 1847), 2e et 3e éditions.

Excitation à la haine et au mépris du gouvernement du roi; apologie du régicide, etc., etc. — Destruction ordonnée par arrêt de la Cour d'assises du Pas-de-Calais, du 14 décembre 1836. — (*Moniteur du* 11 *février* 1837.)

Voy. *Gombert*.

Destruction encore ordonnée par arrêt de la Cour d'assises du Rhône, du 14 mars 1837. — (*Moniteur du* 12 *mai* 1837.)

Voy. *Baron*.

Destruction encore ordonnée par arrêt de la Cour d'assises de la Seine, du 25 mars 1839. — (Point d'insertion au Moniteur (1).

AMÉNITÉS CATHOLIQUES, article publié dans l'*Almanach-Cathéchisme* de Brée (brochure C).

Délit d'avoir tourné en dérision la religion catholique. — Destruction ordonnée par arrêt de la Cour d'assises de la Seine, du 31 décembre 1845. (*Moniteur du* 9 *juin* 1846.)

Voy. *l'Almanach-Catéchisme*, *Brée* et *Delcambre*.

AMI (l') DES LOIS, journal publié à Limoges.

Article contenant attaque à la dignité royale et diffamation envers la garde nationale. — Destruction ordonnée par arrêt de

(1) Mentionnée dans la *Gazette des Tribunaux* du 26 mars 1839 ; cette condamnation porte que l'*Almanach populaire* avait été réimprimé à Paris, en 1848, par les soins de Roquemaure et de Desgeorges, libraires.

la Cour d'assises de la Haute-Vienne, du 18 août 1831. — (Point d'insertion au Moniteur.)

AMI (l') DE LA VÉRITÉ, journal publié à Caen. — Gérant, Godefroy.

N° 22. — Excitation à la désobéissance aux lois, à la haine et au mépris du gouvernement du roi. — Destruction ordonnée par arrêt de la Cour d'assises du Calvados, du 7 décembre 1832. (Moniteur du 7 avril 1833.)

Voy. *Le Drapeau blanc est le seul, etc.*, et *Godefroy.*

N° 37. — Excitation à la haine et au mépris du gouvernement du roi. — Destruction ordonnée par arrêt de la Cour d'assises du Calvados, de 7 décembre 1832. — (*Moniteur du 7 avril* 1833.)

Voy. *Encore une douceur du, etc.*, et *Godefroy.*

N° 62. — Excitation à la haine et au mépris du gouvernement du roi ; excitation à la haine des citoyens envers la garde nationale. — Destruction ordonnée par arrêt de la Cour d'assises du Calvados, du 7 décembre 1832. — (*Moniteur du 7 avril* 1833.)

Voy. *Journées, etc.*, et *Godefroy.*

N° 105. — Excitation à la haine et au mépris du gouvernement du roi. — Destruction ordonnée par arrêt de la Cour d'assises du Calvados, du 27 février 1833. — (*Moniteur du 29 juin* 1833.)

Voy. *Adieux à l'année* 1832, et *Godefroy.*

N°s des 30 août et 20 octobre 1833. — Excitation à la haine et au mépris du gouvernement du roi. — Destruction ordonnée par arrêt de la Cour d'assises du Calvados, du 20 février 1834. — (*Moniteur du 7 août* 1835.)

Voy. *Godefroy.*

N° 50. — Trois articles contenant excitation à la haine et au mépris du gouvernement du roi. — Destruction ordonnée par arrêt de la Cour d'assises du Calvados, du 8 août 1833. — (*Moniteur du 7 août* 1835.)

Voy. *Godefroy.*

N° du 27 avril 1834. — Article contenant excitation à la haine et au mépris du gouvernement du roi. — Destruction ordonnée par arrêt de la Cour d'assises du Calvados, du 21 novembre 1834. — (*Moniteur du 7 août* 1835.)

Voy. *Godefroy.*

ANNIVERSAIRE (l') OU LE BARDE HRADSCHIN AUX FÊTES DE JUILLET, par Charpentier de Damery.

Offense envers la personne du roi; excitation à la haine et au mépris de son gouvernement, et attaque contre ses droits constitutionnels. — Destruction ordonnée par arrêt de la Cour d'assises de la Seine, du 27 octobre 1834. — (*Moniteur du* 30 *décembre* 1834.)

Voy. *Charpentier de Damery*.

ARRESTATION DE LA MÈRE DES CHARPENTIERS, article publié dans *les Droits du Peuple*. (N° 3, pages 210 et suivantes.)

Excitation à la haine et au mépris du gouvernement du roi, notamment dans le passage commençant par ces mots: *Ainsi, renonçant à toutes traditions de justice...*, et finissant par ceux-ci : *Trop malheureux roi*. — Destruction ordonnée par arrêt de la cour d'assises de la Seine, du 26 novembre 1845. (*Moniteur du 9 juin* 1846.)

Voy. *Droits du Peuple* et *Terson*.

ARTICLE INÉDIT DU JOURNAL DE SENLIS, par Beaufils de Saint-Vincent, écrit imprimé, publié et distribué à Senlis et dans les environs, dans un factum tout-à-fait distinct du *Journal de Senlis*.

Injures envers le sieur Bernier, juge de paix du canton de Senlis. — Destruction ordonnée par la Cour d'assises de l'Oise, du 6 juin 1842. — (*Moniteur du* 12 *novembre* 1842.)

Voy. *Beaufils de Saint-Vincent*.

ASSASSINAT DES PRÉVENUS DANS LEUR PRISON, article publié dans le journal *le Réformateur*. (N° du 17 juillet 1835.)

Provocation non suivie d'effet au crime d'attentat, ayant pour but, soit de détruire, soit de changer le gouvernement. — Destruction ordonnée par arrêt de la Cour d'assises de la Seine, du 7 octobre 1835. — (*Moniteur du* 25 *juin* 1836.)

Voy. *le Réformateur* et *Jaffrenou*.

ATROCITÉ, SOTTISE ET FOURBERIE, SOUS LE SCALPEL DE RAISON ET DE VÉRITÉ, ou *Autopsie du monstre* PANKALAPHAGON (dévorant tout) *et de toute sa famille*. — Dentu, imprimeur et éditeur.

Brochure attaquant la personne du roi et la dignité royale. — Destruction ordonnée par arrêt de la Cour d'assises de la Seine, du 6 mai 1833. — (*Moniteur du* 30 *octobre* 1833.)

Voy. *Dentu*.

AU ROI, 2e satire, par Bastide.

Offenses envers la personne du roi et attaque contre l'inviolabilité de sa personne. — Destruction ordonnée par arrêt de la cour d'assises de la Seine, du 9 avril 1834. — (*Moniteur du* 30 *décembre* 1834.)

Voy. *Bastide.*

**AUJOURD'HUI ET DEMAIN**, ou *ce qui adviendra*, par Sosthène de Larochefoucauld; brochure imprimée et éditée par Dentu, à Paris.

Attaque contre les droits constitutionnels du roi; provocation non suivie d'effet, ou crime d'attentat contre le gouvernement; excitation à la haine et au mépris du gouvernement. — Destruction ordonnée par arrêt de la Cour d'assises de la Seine, du 7 janvier 1833. — (*Moniteur du* 14 *mars* 1833.)

Voy. *Larochefoucauld.*

**AURORE D'UN BEAU JOUR**, ou *Episode des* 5 *et* 6 *juin* 1832, poëme, par Noël Parfait; Chaumerot, Bousquet et Dentu, éditeurs, à Paris.

Offense envers la personne du roi, et excitation au mépris et à la haine du gouvernement. — Destruction ordonnée par arrêt de la Cour d'assises de la Seine, du 13 septembre 1833. — (*Moniteur du* 30 *octobre* 1833.)

Voy. *Parfait.*

**AUTOPSIE**, article publié dans le journal *la Caricature*, avec une lithographie.

Allusions offensantes envers le gouvernement. — Destruction ordonnée par arrêt de la Cour d'assises de la Seine, du 28 janvier 1833. — (Point d'insertion au Moniteur.)

Voy. *la Caricature*, *Projet d'un monument*, *Aubert* et *Philippon.*

**AUTRES TEMPS, AUTRES MOEURS**, ou *les deux Mois de Février*, article publié dans le journal *la Mode.* (N° du 10 février 1838.)

Outrage envers la personne du roi. — Destruction ordonnée par arrêt de la Cour d'assises de la Seine, du 20 février 1838. — (*Moniteur du* 18 *mai* 1838.)

Voy. *la Mode*, et *Voillet de Saint-Philbert.*

**AUX TRAVAILLEURS**, article publié dans *les Droits du Peuple* (n° 3, pages 137, 138 et 139), commençant par ces mots: *En vérité, ceux qui nous gouvernent*, et finissant par ceux-ci: *Qu'on se méfie des hommes.*

Excitation à la haine et au mépris du gouvernement du roi.

— Destruction ordonnée par arrêt de la Cour d'assises de la Seine, du 26 novembre 1845. — (*Moniteur du 9 juin 1846.*)

Voy. *Droit du Peuple*, et *Terson*.

AVERTISSEMENT AUX CATHOLIQUES QUI LES MENACENT DANS LEURS ENFANTS, brochure par l'abbé Souchet, chanoine de la cathédrale de Saint-Brieuc.

Excitation à la haine et au mépris des citoyens contre une classe de personnes. — Destruction ordonnée par arrêt de la cour d'assises du Calvados, du 15 juin 1845. — (*Moniteur du* 30 *mars* 1845.)

Voy. *Souchet*.

BON (le) FRANÇAIS, *Almanach universel pour* 1837, publié par Ducollet, libraire à Nantes, et imprimé par Bailly.

Atteinte aux droits que le roi tient du vœu de la nation, et excitation à la haine et au mépris du gouvernement. — Destruction ordonnée par arrêt de la Cour d'assises de Maine-et-Loire, du 14 février 1837. — (*Moniteur du* 15 *mars* 1837.)

Voy. *Pigné-Château*.

BON (le) SENS, journal publié à Paris. — Gérant, Vigouroux.

N° du 17 juillet 1836. — Apologie de l'attentat commis par Alibaud, le 25 juin 1836, contre la vie du roi ; outrage à la morale publique. — Destruction ordonnée par arrêt de la Cour d'assises de la Seine, du 8 août 1836. — (*Moniteur du* 18 *janvier* 1837.)

Voy. *Vigouroux*.

BOUTADE D'UN RICHE A SENTIMENTS POPULAIRES, par Voyer d'Argenson. — Reverchon, éditeur.

Excitation à la haine et au mépris d'une classe de personnes, et attaque au droit de propriété. — Destruction ordonnée par arrêt de la Cour d'assises du Rhône, du 22 mars 1834. — (Point d'insertion au Moniteur.)

BRID'OISON, journal publié à Paris. — Gérant, Henrion de Bussy.

N° du 5 juin 1832. — Offenses envers la personne du roi. — Destruction ordonnée par arrêt de la Cour d'assises de la Seine, du 11 août 1832. — (Point d'insertion au Moniteur.)

N° du 2 juillet 1834. — Gérant, Descrivieux.

Offense à la personne du roi. — Destruction ordonnée par arrêt de la Cour d'assises de la Seine, du 22 octobre 1834. — (*Moniteur du 7 août* 1835.)

Voy. *Descrivieux.*

N° du 2 octobre 1834. — Gérant, Descrivieux.

Offense envers la personne du roi. — Destruction ordonnée par arrêt de la Cour d'assises de la Seine, du 10 janvier 1835. — (*Moniteur du 7 août* 1835.)

Voy. *Descrivieux.*

N° du 26 octobre 1834. — Offense envers la personne du roi, excitation au mépris et à la haine de son gouvernement. — (*Moniteur du 7 août* 1835.)

Voy. *Descrivieux.*

CANCANS ANTI-COMÉDIENS, par Capry.

Excitation à la guerre civile, offense envers la personne du roi, etc. — Destruction ordonnée par la Cour d'assises des Bouches-du-Rhône, du 19 juin 1833. — (*Moniteur du 30 octobre* 1833.)

Voy. *Capry.*

CANCANS CORRECTIONNELS, par Bérard.

Prévention d'offense envers la personne du roi. — Arrêt de la cour d'assises de la Seine, du 10 mai 1832. — (Point d'insertion au Moniteur.)

CANCANS DÉCISIFS, imprimés et mis en vente par Dentu, à Paris.

Offense envers la personne du roi, excitation à la haine et au mépris du gouvernement, attaque contre les droits constitutionnels du roi. — Destruction ordonnée par arrêt de la Cour d'assises de la Seine, du 5 février 1833. — (*Moniteur du 29 juin* 1833.)

Voy. *Dentu.*

CANCANS EN COUR D'ASSISES, par Bérard.

Prévention d'offense envers la personne du roi. — Arrêt de la Cour d'assises de la Seine, du 10 mai 1832. — (Point d'insertion au Moniteur.)

CANCANS EN LIBERTÉ SOUS CAUTION, par Capry.

Excitation à la haine et au mépris du gouvernement du roi. — Destruction ordonnée par arrêt de la Cour d'assises des Bouches-du-Rhône, du 13 mai 1833. — (*Moniteur du 30 octobre* 1833.)

Voy. *Capry.*

CANCANS FLÉTRISSANTS, imprimés et mis en vente par Dentu.

Offense envers la personne du roi, excitation à la haine et au mépris du gouvernement, et attaque contre les droits constitutionnels du roi. — Destruction ordonnée par arrêt de la Cour d'assises de la Seine, du 5 février 1833. — (*Moniteur du* 29 *juin* 1833.)

Voy. *Dentu.*

CANCANS FIDÈLES, par Bérard. — Editeur, Gérard.

Offense envers la personne du roi, et attaque contre ses droits constitutionnels. — Destruction ordonnée par arrêt de la Cour d'assises de la Seine, du 26 mai 1834. — (*Moniteur du* 30 *décembre* 1834.)

Voy. *Bérard* et *Gérard.*

CANCANS HISTORIQUES, par Capry.

Excitation à la haine et au mépris du gouvernement du roi.— Destruction ordonnée par arrêt de la Cour d'assises des Bouches-du-Rhône, du 23 janvier 1833. — (*Moniteur du* 29 *juin* 1833.)

Voy. *Capry.*

CANCANS INDIGNÉS, par Bérard.

Offense envers la personne du roi, excitation à la haine et au mépris du gouvernement, et attaque contre les droits constitutionnels du roi. — Destruction ordonnée par arrêt de la Cour d'assises de la Seine, du 5 février 1833. — (*Moniteur du* 7 *avril* 1833.)

Voy. *Bérard.*

CANCANS INDOMPTABLES, par Bérard.

Prévention d'outrage au jury. — Arrêt de la Cour d'assises de la Seine, du 10 mai 1832. — (Point d'insertion au Moniteur.)

CANCANS INFATIGABLES, par Capry.

Excitation à la haine et au mépris du gouvernement du roi, et offense envers la personne du roi. — Destruction ordonnée par arrêt de la Cour d'assises des Bouches-du-Rhône, du 24 janvier 1833. — (*Moniteur du* 29 *juin* 1833.)

Voy. *Capry.*

CANCANS INFLEXIBLES, écrit imprimé et mis en vente par Dentu.

Offense envers la personne du roi, excitation à la haine et au mépris de son gouvernement, et attaque contre ses droits constitutionnels. — Destruction ordonnée par arrêt de la Cour d'assises de la Seine, du 5 février 1833. — (*Moniteur du* 29 *juin* 1833.)

Voy. *Dentu.*

CANCANS MILITAIRES, par Bérard.

Excitation à la haine et au mépris du gouvernement du roi. — Destruction ordonnée par arrêt de la Cour d'assises de la Seine, du 10 mai 1832. — (Point d'insertion au Moniteur.)

CANCANS PERSÉVÉRANTS, par Capry.

Attaques contre les droits que le roi tient du vœu de la nation. — Destruction ordonnée par arrêt de la Cour d'assises des Bouches-du-Rhône, du 20 mars 1833. — (*Moniteur du 29 juin 1833.*)

Voy. *Capry.*

CANCANS PERSÉVÉRANTS, par Bérard.

Offense envers la personne du roi. — Destruction ordonnée par arrêt de la cour d'assises de la Seine, du 26 mars 1833. — (*Moniteur du 29 juin 1833.*)

Voy. *Bérard.*

CANCANS RÉVOLTÉS, par Bérard.

Offenses envers la personne du roi; excitation à la haine et au mépris du gouvernement. — Destruction ordonnée par arrêt de la Cour d'assises de la Seine, du 22 avril 1834. — (*Moniteur du 30 décembre 1834.*)

Voy. *Bérard.*

CANCANS RÉVOLTÉS, publiés par Gérard, éditeur.

Offense envers la personne du roi, et excitation à la haine et au mépris du gouvernement. — Destruction ordonnée par arrêt de la cour d'assises de la Seine, du 11 juillet 1834. — (*Moniteur du 30 décembre 1834.*)

Voy. *Gérard.*

CANCANS VÉRIDIQUES, par Bérard.

Offense envers la personne du roi, et attaque contre ses droits constitutionnels. — Destruction ordonnée par arrêt de la Cour d'assises de la Seine, du 5 février 1833. — (*Moniteur du 7 avril 1833.*)

Voy. *Bérard.*

CARICATURE, journal publié à Paris, par Aubert et Philippon.

N° 84 — Offense envers la personne du roi dans un article et une lithographie. — Destruction ordonnée par arrêt de la Cour d'assises de la Seine, du 28 janvier 1833. — (*Moniteur du 14 mars 1833.*)

Voy. *Autopsies, Projet d'un monument, Aubert et Philippon.*

CATACOMBES MONARCHIQUES, article publié dans le journal *le Charivari* (nº du 17 juillet 1835.)

Excitation à la haine et au mépris du gouvernement du roi. — Destruction ordonnée par arrêt de la Cour d'assises, du 28 octobre 1835. — (*Moniteur du 26 juin* 1836.)

Voy. *le Charivari*, et *Simon*.

CATHÉCHISME (le) VÉRITABLE DES CROYANTS, *publié par la permission de N. S. P. le pape, et de tous les évêques et archevêques du monde*, par Dubois (Pierre), homme de lettres.

Outrage à la morale publique et religieuse ; outrage et dérision envers la religion catholique, apostolique et romaine. — Destruction ordonnée par arrêt de la Cour d'assises de la Seine, du 19 septembre 1835. — (Point d'insertion au Moniteur.)

CHANTS PROLÉTAIRES, par Goulier.

Offense envers la personne du roi. — Destruction ordonnée par arrêt de la Cour d'assises de la Seine, du 8 février 1837. — (*Moniteur du* 23 *avril* 1837.)

Voy. *Goulier*.

CHAPITRE (un) DE L'HISTOIRE DE FRANCE, article publié dans *les Droits du Peuple* (nº 2), qui commence par ces mots : *La faim considérée physiologiquement*... et finissant par ceux-ci : ..... *l'industrialisme et les fortifications*.

Provocation à la haine entre les diverses classes de la société — Destruction ordonnée par arrêt de la Cour d'assises de la Seine, du 26 novembre 1845. — (*Moniteur du* 9 *juin* 1846.)

Voy. *Droits du Peuple* et *Terson*.

CHARIVARI, journal publié à Paris.

Nº du 14 juin 1834. — Gérant, Simon. — Délit d'infidélité et de mauvaise foi dans le compte-rendu des séances des chambres ; délit prévu et réprimé par l'art. 7, § 3, de la loi du 25 mars 1822. — Destruction ordonnée par arrêt de la Cour d'assises de la Seine, du 30 juin 1834. — (*Moniteur du* 30 *décembre* 1834.)

Voy. *Simon*.

Nº 81. — Gérant, Cruchet. — Attaque contre la dignité royale. — Destruction ordonnée par arrêt de la Cour d'assises de la Seine, du 11 juillet 1834. — (*Moniteur du* 30 *décembre* 1834.)

Voy. *Cruchet*.

Nº du 11 février 1835. — Gérant, Simon. — Offense envers la personne du roi. — Destruction ordonnée par arrêt de la Cour d'assises de la Seine, du 15 avril 1835. — (*Moniteur du 7 août 1835.*)

N° du 17 juillet 1835. — Gérant, Simon. — Provocation à la haine et au mépris du gouvernement du roi. — Destruction ordonnée par arrêt de la Cour d'assises de la Seine, du 28 octobre 1835. — (*Moniteur du 26 juin 1836.*)

Voy. *Catacombes monarchiques*, et *Simon*.

N° du 1er décembre 1837. — Gérant, Beauger. — Offense envers la personne du roi. — Destruction ordonnée par arrêt de la Cour d'assises de la Seine, du 1er décembre 1837. — (*Moniteur du 9 juin 1839.*)

N° du 8 janvier 1842. — Gérant, Massy. Imprimeur : Lange-Lévy. — Diffamation et injures publiques envers un fonctionnaire, dépositaire de l'autorité publique. — Destruction ordonnée par arrêt de la cour d'assises de la Seine, du 15 janvier 1842. — (*Moniteur du 12 novembre 1842.*)

Voy. *Massy* et *Lange-Lévy*.

CLOITRE (le) SAINT-MERRY, par Rey-Dusseuil, 2 vol. in-8°, édités par Dupont.

Provocation non suivie d'effet aux crimes de rébellion et de meurtre. — Destruction ordonnée par arrêt de la cour d'assises de la Seine, du 28 février 1833. — (*Moniteur du 7 avril 1833.*)

Voy. *Dupont* et *Rey-Dusseuil*.

CONSERVATEUR (le), article publié dans l'Almanach-Cathéchisme, manuel du peuple (Brochure C), par Brée.

Provocation à la haine entre les diverses classes de la société. — Destruction ordonnée par arrêt de la cour d'assises de la Seine, du 31 décembre 1846. — (*Moniteur du 9 juin 1846.*)

Voy. *Almanach-Catéchisme*, *Brée* et *Delcambre*.

CONSIDÉRATIONS POLITIQUES, par de Nugent.

Attaque contre le gouvernement. — Arrêt de la chambre d'accusation de la Cour royale de Paris, du 9 novembre 1830. — (Point d'insertion au Moniteur.)

CONSPIRATION DE LA POIRE, article publié dans le journal le *Peuple Souverain* (n° 192), commençant par ce mot : *Mystification*, et finissant par ceux-ci : *Qui aspire à des succès d'un jour*.

Excitation à la haine et au mépris du gouvernement du roi, et provocation non suivie d'effet, soit à détruire, soit à changer le gouvernement. — Destruction ordonnée par arrêt de la Cour d'assises des Bouches-du-Rhône, du 16 novembre 1835. — (*Moniteur du* 26 *juin* 1836.)

Voy. *le Peuple Souverain,* et *Imbert.*

CORRUPTION (la), article publié dans le journal *le Haro* (n du 16 novembre 1841).

Offense envers la personne du roi, et excitation à la haine et au mépris de son gouvernement. — Destruction ordonnée par arrêt de la Cour d'assises du Calvados, du 22 février 1842. — (*Moniteur du* 12 *novembre* 1842.)

Voy. *le Haro*, et *Pont.*

COURRIER (le) DE LA SARTHE, journal publié au Mans. — Gérant, Lecornué.

N° du 21 décembre 1834. — Excitation à la haine et au mépris du gouvernement du roi. — Destruction ordonnée par arrêt de la Cour d'assises de la Sarthe, du 16 mars 1835. — (*Moniteur du* 7 *août* 1835.)

Voy. *Lecornué.*

DÉBATS PARLEMENTAIRES, article publié dans *les Droits de l'Homme* (n° 5, pages 33 et suivantes).

Excitation à la haine et au mépris du gouvernement du roi, notamment dans le passage commençant par ces mots : *Bon temps nous avons pris*, et finissant par ceux-ci : ..... *à celle qui l'affirme.* — Destruction ordonnée par arrêt de la Cour d'assises de la Seine, du 26 novembre 1845. — (*Moniteur du* 9 *juin* 1846.)

Voy. *les Droits du Peuple,* et *Terson.*

DÉCLARATION SUR LE PROJET DE LOI RELATIF A L'EMPLACEMENT DE L'ANCIEN ARCHEVÊCHÉ DE PARIS, mémoire, par M. de Quélen, archevêque de Paris.

Publication, où le droit du gouvernement, de s'approprier le terrain de l'archevêché de Paris, était contesté. — Déclarée et condamnée comme abusive, par ordonnance du Conseil-d'Etat, du 21 mars 1837. — (*Moniteur du* 22 *mars* 1837.)

DE QUOI VOUS PLAIGNEZ-VOUS ? chanson publiée dans *les Républicaines.*

Offense envers la personne du roi. — Destruction ordonnée par arrêt de la Cour d'assises de la Seine, du 6 novembre 1835. — (*Moniteur du* 26 *juin* 1835.)

Voy. *les Républicaines*, et *Pagnerre.*

DERNIERS MOYENS DE DÉFENSE DE LA ROYAUTÉ DU 7 AOUT,

article publié dans le journal, le *Peuple Souverain* (nº **204**), commençant par ces mots : *Les habitants de Paris*, et finissant par ceux-ci : ..... *à côté des assommeurs Gisquet.*

Excitation à la haine et au mépris du gouvernement, et attaque contre la dignité royale. — (*Moniteur du 26 juin 1836.*)

Voy. *le Peuple souverain*, et *Imbert*.

DEUXIÈME LETTRE AUX OUVRIERS.— Organisation du travail, par Noiret.

Attaque contre le respect dû à la propriété et provocation à la haine contre diverses classes de citoyens.—Destruction ordonnée par arrêt de la Cour d'assises de la Seine-Inférieure, du 31 juillet 1841.— (*Moniteur du 12 mars 1842.*)

Voy. *Noiret*.

DEUXIÈMES PÉLAGIENNES, brochure, par Bastide.

Prévention d'excitation à la haine et au mépris du gouvernement du roi, d'offense envers la duc d'Orléans et la personne du roi. — Arrêt de la Cour royale de Paris; chambre de mises en accusation, du 2 septembre 1837. — En Cour d'assises par arrêt du 12 septembre 1837, accusation écartée. — (Point d'insertion au Moniteur.)

DE L'INSTRUCTION SUPÉRIEURE DES PROLÉTAIRES, article publié dans *les Droits du Peuple* (nº 4, p. 201 et suiv.).

Excitation à la haine et au mépris du gouvernement du roi, et notamment dans le passage commençant par ces mots : *Pauvre peuple*, et finissant par ceux-ci : *de la valeur sociale et de la dignité*. — Destruction ordonnée par arrêt de la Cour d'assises de la Seine, du 26 novembre 1845. — (*Moniteur du 9 juin* 1846.)

Voy. *les Droits du Peuple*, et *Terson*.

DISCOURS DE MARAT AU PEUPLE, écrit affiché par Hilbey, et conçu en ces termes : « *En vente chez tous les libraires :* — DISCOURS DE MARAT AU PEUPLE (extrait de *l'Ami du Peuple* du 18 septembre 1789), publié par Constant Hilbey, ouvrier. »

« *Sommaire.* — Marat reproche au peuple son imprévoyance « et son aveuglement. — Il se plaint de voir la disette au sein « de l'abondance. — Il ne veut pas que les députés se fassent « empâter par la cour. — Il prédit une longue suite de guerres « civiles. — Il s'élève contre les sophistes et les corrompus. — « Il veut purger le sénat national. — Il se plaint de ce que l'on « soudoie, aux frais du peuple, des académiciens ignorés, des « ministres ineptes et des espions. — Il s'indigne de voir vingt

« millions d'hommes se réduire à la mendicité pour conserver « la fortune de leurs dépendances. » — Brochure in-8°. — Prix : 25 cent.

« Nouveau procès des quatre couverts et six petites cuillères « en argent, jugé par le tribunal de 1re instance (5e chambre). « — Hilbey contre Pruvay, caissier du journal *la Presse*. — « Demande en restitution ; Pruvay contre Granier de Cassa- « gnac. — Demande en garantie. » — Broch. in-8° ; prix : 30 cent.

« Prochainement, le patriotisme de *la Réforme*. »

Destruction ordonnée par arrêt de la Cour d'assises de la Seine, du 9 janvier 1847. — (*Moniteur du* .)

Voy. *Hilbey*.

DOIT ET AVOIR DU PEUPLE ; article publié dans *les Droits du Peuple* (n° 2, pag. 49 et suivantes).

Provocation à la haine entre les diverses classes de la société, notamment dans le passage commençant par ces mots : *Examinons maintenant*, et finissant par ceux-ci : *respect et justice au peuple*. — Destruction ordonnée par arrêt de la Cour d'assises de la Seine, du 26 novembre 1845. — (*Moniteur du 9 juin* 1846.)

Voy. *les Droits du Peuple*, et *Terson*.

DRAPEAU (le) BLANC EST LE SEUL DRAPEAU FRANÇAIS ; article publié dans le journal *l'Ami de la Vérité* (n° 22).

Excitation à la désobéissance aux lois, excitation à la haine et au mépris du gouvernement du roi. — Destruction ordonnée par arrêt de la Cour d'assises du Calvados, du 14 août 1832. — (*Moniteur du* 23 *août* 1832.)

Voy. *l'Ami de la Vérité*, et *Godefroy*.

DROIT (le) ET LA LIBERTÉ, par Chauvin-Beillard.

Attaque contre la dignité royale et à la successibilité au trône. — Destruction ordonnée par arrêt de la Cour d'assises de la Seine, du 29 avril 1831. — (Point d'insertion au Moniteur.)

Voy. *Chauvin-Beillard*.

DROITS (les) DU PEUPLE, *revue sociale et politique*, par Terson ; — quatre numéros publiés en mai, juin, juillet et août 1845, et où figurent les articles intitulés : 1° *Almanach-Catéchisme du peuple* ; 2° *Arrestation de la mère des charpentiers* ; 3° *Aux travailleurs* ; 4° *Chapitre (un) de l'histoire de France* ; 5° *Débats parlementaires* ; 6° *De l'instruction supérieure des prolétaires* ; 7° *Doit et avoir du peuple et de la société* ; 8° *Juste-milieu et conservateurs*.

Articles contenant les délits d'excitation à la haine et au mépris du gouvernement du roi, et de provocation à la haine entre les diverses classes de la société. — Destruction ordonnée par arrêt de la Cour d'assises de la Seine, du 26 novembre 1845. — (*Moniteur du* 9 *juin* 1846.)

Voy. *Terson.*

ÉCHO (l') DE LA FABRIQUE, journal publié à Lyon. — Gérant, Berger.

N° du 17 février 1833. — Publication d'un article contenant diffamation envers des particuliers. — Destruction ordonnée par arrêt de la Cour royale de Lyon, chambre des appels de police correctionnelle, en date du 8 mai 1833. — (*Moniteur du* 29 *juin* 1833.)

ÉCHO (l') DU NORD, journal publié à Lille. — Gérant, Leleux.

N° 204. — Apologie de faits qualifiés crimes et délits par la loi pénale dans un article inséré dans ce numéro. — Destruction ordonnée par arrêt de la Cour d'assises du Nord, du 12 novembre 1836. — (*Moniteur du* 23 *avril* 1837.)

Voy. *Leleux*, et *Encore une tête.*

ÉLECTION DE M. LAFFITTE A ROUEN; article publié dans le journal *le National* de 1834 (n° du 25 avril 1834).

Offense envers la personne du roi. — Destruction ordonnée par arrêt de la Cour d'assises de la Seine, du 26 juillet 1834. — (*Moniteur du* 30 *décembre* 1834.)

Voy. *le National de* 1834, et *Scheffer.*

ÉMANCIPATION (l'), journal publié à Cambrai. — Gérant, Corion.

N° du 5 mars 1841. — Injures et calomnie envers le sieur Lefrancq, professeur au collége de Cambrai. — Suppression ordonnée par arrêt de la Cour royale de Douai, du 26 juin 1841. — (*Moniteur du* 12 *mars* 1842.)

Voy. *Corion.*

ENCORE UNE DOUCEUR DU JUSTE-MILIEU; article publié dans le journal *l'Ami de la Vérité* (n° 37).

Excitation à la haine et au mépris du gouvernement du roi. — Destruction ordonnée par arrêt de la Cour d'assises du Calvados, du 14 août 1832. — (*Moniteur du* 7 *avril* 1833.)

Voy. *l'Ami de la Vérité*, et *Godefroy.*

ENCORE UNE TÊTE; article publié dans *le Bon Sens*, *l'Echo du Nord*, *le Patriote de la Meurthe*, et portant pour signature : *Aug. Luch....*

Outrage à la morale publique et apologie de faits qualifiés crimes et délits par la loi pénale. — Destruction ordonnée par arrêts des Cours d'assises de la Meurthe, du 4 août 1836 ; de la Seine, du 8 août 1836 ; et du Nord, en date du 12 novembre 1836. — (*Moniteur des 18 janvier et 23 avril* 1837.)

Voy. *le Bon Sens, l'Echo du Nord, le Patriote de la Meurthe, Vigoureux, Dugaillon* et *Leleux*.

ESPÉRANCE (l'), courrier de Nancy, journal.—Gérant, Vagner.

Diffamation envers le préfet de la Meurthe pour des actes relatifs à ses fonctions contenue dans une lettre signée : *Un curé de campagne*. — Suppression ordonnée par arrêt de la Cour d'assises de la Meurthe, du 9 mai 1835. — (*Moniteur du 9 juin* 1846.)

Voy. *Vagner*.

EST-CE QU'ON MEURT DE FAIM ? article publié dans *l'Almanach-Catéchisme, manuel du Peuple* (brochure C).

Provocation à la haine entre les diverses classes de la société. — Destruction ordonnée par arrêt de la Cour d'assises de la Seine, du 31 janvier 1845. — (*Moniteur du 9 juin* 1846.)

Voy. *l'Almanach-Catéchisme, Brée* et *Delcambre*.

FAMILLE (la) D'ORLÉANS DEPUIS SON ORIGINE JUSQU'A NOS JOURS, par Charles Marchal.

Offenses envers la personne du roi et les membres de la famille royale ; attaque contre l'autorité du roi et l'inviolabilité de sa personne ; apologie de faits qualifiés crimes par la loi pénale. — Destruction ordonnée par arrêt de la Cour d'assises de la Seine, du 26 février 1845. — (*Moniteur du 29 mars* 1845.)

Voy. *Marchal*.

FEUILLE DU COMMERCE DE MARSEILLE, journal. — Gérant, Blanc, *dit* Boileau.

N° 182. — Article commençant par ces mots : *Bien, très-bien, on ne peut mieux*, et finissant par ceux-ci : *laissez immoler les amis de l'ordre, c'est pour vous qu'on travaille*. — Attaque contre la dignité royale ; offense envers la personne du roi ; excitation à la haine et au mépris du gouvernement du roi. — Destruction ordonnée par arrêt de la Cour d'assises des Bouches-du-Rhône, du 23 septembre 1835. — (*Moniteur du 26 juin* 1836.)

FRANCE (la), journal publié à Paris.

N° du 14 juillet 1836. — Gérant, Barbeyrac de Saint-Maurice. — Apologie de l'attentat commis par Alibaud contre la personne du roi. — Destruction ordonnée par la Cour d'assises de la Seine, du 30 juillet 1836.—(*Moniteur du 18 janvier* 1837.)

Voy. *Barbeyrac de Saint-Maurice.*

N° du 15 novembre 1836.—Gérant, Verteuil de Feuillas.

Attaques contre l'ordre de successibilité au trône, etc.; adhésion publique à une autre forme du gouvernement. — Destruction ordonnée par arrêt de la Cour d'assises de la Seine, du 26 novembre 1836.—(*Moniteur du* 23 *avril* 1836.)

Voy. *Verteuil de Feuillas.*

N° du 7 décembre 1836.—Gérant, Verteuil de Feuillas.

Attaques contre l'ordre de successibilité au trône et les droits constitutionnels du roi, etc. — Destruction ordonnée par arrêt de la Cour d'assises de la Seine, du 9 janvier 1837.—(*Moniteur du* 12 *mai* 1837.)

Voy. *Verteuil de Feuillas.*

N° du 23 février 1837. — Gérant, Verteuil de Feuillas.

Attaque contre le respect dû aux lois. — Destruction ordonnée par la Cour d'assises de la Seine, du 6 mars 1837. — (*Moniteur du* 12 *mai* 1837.)

Voy. *Marche civilisatrice de la Révolution*, etc., et *Verteuil de Feuillas.*

N^os^ des 12 septembre, 4 et 12 octobre 1838. — Gérant, Verteuil de Feuillas.

Offenses envers la personne du roi. — Destruction ordonnée par arrêt de la Cour d'assises de la Seine, du 27 octobre 1838. —(*Moniteur du* 9 *juin* 1839.)

Voy. *Verteuil de Feuillas.*

N^os^ des 10, 12 et 29 décembre 1843. — Gérant, Dollé.

Offense envers la personne du roi, acte public d'adhésion à une autre forme de gouvernement, etc., etc., etc. — Destruction ordonnée par arrêt de la Cour d'assises de la Seine, du 26 février 1844. — (*Moniteur du* 23 *juin* 1845.)

Voy. *le Serment*, et *Dollé.*

GAZETTE D'AUVERGNE, journal, publié à Clermont.—Gérant, Digueperse.

N^os^ 36, 37 et 39. — Excitation à la haine et au mépris du gouvernement du roi; attaque au respect dû aux lois. — Destruction ordonnée par arrêt de la Cour d'assises du Puy-de-Dôme, du 21 mars 1841.

N° du 11 septembre 1841. — Diffamation envers un commissaire de police pour des faits relatifs à ses fonctions.—Destruc-

tion ordonnée par arrêt de la Cour d'assises du Puy-de-Dôme, du 26 mai 1842. — (*Moniteur du 12 novembre 1842.*)
Voy. *Aigueperse.*

GAZETTE DU BAS-LANGUEDOC, journal publié à Nîmes. — Gérant, Coulanges.

Offense envers la personne du roi. — Destruction ordonnée par arrêt de la Cour d'assises du Puy-de-Dôme, du 25 février 1835. — (*Moniteur du 26 juin 1836.*)
Voy. *Coulanges.*

GAZETTE DU BERRY, journal publié à Bourges.

Nos des 17 novembre, 5 décembre 1832 et 16 janvier 1833. — Gérant, Laurent.

Injure et diffamation envers un magistrat à l'occasion de ses fonctions, par la publication d'un article signé Rancourt-Mimerand. — Destruction ordonnée par arrêt de la Cour d'assises du Cher, du 2 mai 1833. — (*Moniteur du 29 mai 1833.*)
Voy. *Laurent*, et *Rancourt-Mimerand.*

Le même journal. — Gérant, Renou.

Diffamation et outrages envers des magistrats à raison de leurs fonctions. — Destruction ordonnée par arrêt de la Cour d'assises du Cher, du 24 janvier 1837.— (*Moniteur du 23 avril 1837.*)
Voy. *Renou.*

GAZETTE DE BRETAGNE, journal publié à Rennes. — Gérant, Coudé.

Nos 497 et 499. — Excitation à la haine et au mépris du gouvernement. — Destruction ordonnée par arrêt de la Cour d'assises d'Ille-et-Vilaine, du 10 février 1835. — (*Moniteur du 7 août 1835.*)
Voy. *Coudé.*

N° 505. — Excitation à la haine et au mépris du gouvernement. — Destruction ordonnée par arrêt de la Cour d'assises d'Ille-et-Vilaine, du 9 février 1835.—(*Moniteur du 7 août 1835.*)
Voy. *Coudé.*

N° 507. — Diffamation envers le préfet du Morbihan et le maire de St-Avé, à raison de leurs fonctions ; délit commis par la publication d'un article, commençant par ces mots : Correspondance particulière de *la Gazette de Bretagne*, et finissant par ceux-ci :... *la marque préservatrice.* — Destruction ordonnée par arrêt de la Cour d'assises d'Ille-et-Vilaine, du 10 février 1835. — (*Moniteur du 7 août 1835.*)
Voy. *Coudé.*

GAZETTE DE FRANCE, journal publié à Paris.—Gérant, Aubry-Foucault.

Nº du 16 août 1832 (*supplément*). — Attaque contre l'ordre de successibilité au trône et contre les droits constitutionnels du roi. — Destruction ordonnée par arrêt de la Cour d'assises de la Seine, du 5 mars 1833.— (*Moniteur du* 30 *octobre* 1833.)
Voy. *Aubry-Foucault.*

Nº du 27 juin 1833.—Atteinte à l'honneur et à la considération de M. Chichon, sous-lieutenant au 54ᵉ de ligne, pour des faits relatifs à ses fonctions. — Destruction ordonnée par arrêt de la Cour d'assises de Maine-et-Loire, du 2 décembre 1833.— (*Moniteur du* 7 *août* 1835.)
Voy. *Aubry-Foucault.*

Nº du 14 septembre 1833. — Attaques contre les droits constitutionnels du roi. — Destruction ordonnée par arrêt de la Cour d'assises de la Seine, du 25 janvier 1834. — *Moniteur du* 25 *avril* 1834.)
Voy. *Aubry-Foucault.*

Nᵒˢ des 4 et 23 mai 1834. — Attaques contre les droits constitutionnels du roi, et excitation à la haine et au mépris du gouvernement. — Destruction ordonnée par arrêt de la Cour d'assises de la Seine, du 15 décembre 1834. — (*Moniteur du* 7 *août* 1835.)
Voy. *Aubry-Foucault.*

Nᵒˢ des 23 septembre et 20 octobre 1834. — Attaque contre les droits constitutionnels du roi. — Destruction ordonnée par arrêt de la Cour d'assises de la Seine, du 10 février 1835. — (*Moniteur du* 7 *août* 1835.)
Voy. *Aubry-Foucault.*

Nº du 4 février 1836. — Excitation à la haine et au mépris du gouvernement du roi. — Destruction ordonnée par arrêt de la Cour d'assises de la Seine, du 26 février 1836. — (*Moniteur du* 18 *janvier* 1837.)
Voy. *Aubry-Foucault.*

Nᵒˢ des 24, 25 et 28 juin 1836. — Attaque contre les droits constitutionnels du roi, excitation à la haine et au mépris de son gouvernement. —Destruction ordonnée par arrêt de la Cour d'assises de la Seine, du 11 juillet 1836. — (*Moniteur du* 18 *janvier* 1837.)
Voy. *Aubry-Foucault.*

Nᵒˢ des 8, 9 et 10 décembre 1836. —Attaques contre l'ordre de successibilité au trône et les droits constitutionnels du roi;

adhésion publique à une autre forme de gouvernement. — Destruction ordonnée par arrêt de la Cour d'assises de la Seine, du 11 février 1837. — (*Moniteur du* 12 *mai* 1837.)

Voy. *Aubry-Foucault.*

N° du 20 septembre 1841. — Excitation à la haine et au mépris du gouvernement du roi, attaque aux droits que le roi tient du vœu de la nation. — Destruction ordonnée par arrêt de la Cour d'assises de la Seine, du 14 février 1842. — (*Moniteur du* 12 *novembre* 1842.)

Voy. *Aubry-Foucault.*

N^os^ des 19 et 20 juillet 1842. — Gérant provisoire, Aubry (Paul-Louis-Edouard).

Attaques contre les droits et l'autorité des chambres, contre l'ordre de successibilité au trône, etc., etc. — Destruction ordonnée par arrêt de la Cour d'assises de la Seine, du 12 août 1842. — (*Moniteur du* 15 *décembre* 1843.)

Voy. *Aubry* (Paul-Louis-Edouard).

N° du 13 mars 1844. — (*Lettre de M. de La Rochefoucauld, duc de Doudeauville*).

Attaque contre les droits que le roi tient du vœu de la nation, adhésion publique à une autre forme de gouvernement, excitation à la haine et au mépris du gouvernement du roi, attaques contre le serment et le respect dû aux lois. — Destruction ordonnée par arrêt de la Cour d'assises de la Seine, du 13 avril 1844. —(*Moniteur du* 23 *juin* 1845.)

Voy. *Aubry-Foucault.*

N° du    août 1847. — Gérant, Durand. — Attaques contre la paix publique ; excitation à la haine et au mépris du gouvernement du roi, — Destruction ordonnée par arrêt de la Cour d'assises de la Seine, du 13 septembre 1847. — (Point d'insertion au Moniteur.)

Voy. *Durand.*

GAZETTE DE FRANCHE-COMTÉ, journal publié à Besançon. — Gérant, Pinondel.

Attaque contre les droits que le roi tient du vœu de la nation, excitation à la haine et au mépris de son gouvernement. — Destruction ordonnée par arrêt de la Cour d'assises du Doubs, du 28 janvier 1833. — (*Moniteur du* 29 *juin* 1833.)

Voy. *Pinondel.*

GAZETTE DU LANGUEDOC, journal publié à Toulouse. — Gérant, Roche.

N° 318. — Excitation à la haine et au mépris du gouvernement. — Destruction ordonnée par arrêt de la Cour d'assises de la Haute-Garonne, du 26 mars 1833. — (*Moniteur du* 30 *octobre* 1833.)

Voy. *Roche.*

N° 345. — Excitation à la haine et au mépris du gouvernement du roi — Destruction ordonnée par arrêt de la Cour d'assises de la Haute-Garonne, du 24 juillet 1833. — (*Moniteur du* 20 *octobre* 1833.)

Voy. *Roche.*

GAZETTE DU LYONNAIS, journal publié à Lyon.

N° du ....... — Gérant, Schmitt.

Excitation à la haine et au mépris du gouvernement du roi. — Destruction ordonnée par arrêt de la Cour d'assises du Rhône, du 24 décembre 1836. — (*Moniteur du* 23 *avril* 1837.)

N° du ....... — Gérant, Pitrat.

Excitation à la haine et au mépris du gouvernement du roi; outrage public envers le jury, à l'occasion de ses fonctions. — Destruction ordonnée par arrêt de la Cour d'assises du Rhône, du 8 mars 1837. — (*Moniteur du* 23 *avril* 1837.)

GAZETTE DU MAINE, journal publié au Mans.

N° 185. — Gérant, Laroze.

Excitation à la haine et au mépris du gouvernement du roi. — Destruction ordonnée par arrêt de la Cour d'assises de la Sarthe, du 15 mars 1834. (*Moniteur du* 30 *décembre* 1834.)

Voy. *Laroze.*

N° 465 (6 *août* 1835). — Gérant, Rosée.

Attaques contre les droits que le roi tient du vœu de la nation et de la Charte. — Destruction ordonnée par arrêt de la Cour d'assises de la Sarthe, du 14 décembre 1835. — (*Moniteur du* 26 *juin* 1836.)

Voy. *Rosée.*

GAZETTE DU MIDI, journal publié à Marseille. — Gérant, Brunet.

Outrages envers M. Borély, procureur-général près la Cour royale d'Aix, pour des faits relatifs à ses fonctions. — Destruction ordonnée par arrêt de la Cour d'assises des Bouches-du-Rhône, du 26 janvier 1833. — (*Moniteur du* 29 *juin* 1833.)

Voy. *Brunet.*

N° 281. — Excitation à la haine et au mépris du gouvernement du roi. — Destruction ordonnée par arrêt de la Cour d'assises des Bouches-du-Rhône, du 9 mai 1833. — (*Moniteur du* 30 *octobre* 1833.)

Voy. *Brunet.*

Nº 329. — Excitation à la haine et au mépris du gouvernement du roi. — Destruction ordonnée par arrêt de la Cour d'assises des Bouches-du-Rhône, du 18 juin 1833. — (*Moniteur du* 30 *octobre* 1833.)

Voy. *Brunet.*

Le même journal. — Gérant, Seisson.

Nº 792. — Excitation à la haine et au mépris du gouvernement du roi, par la publication d'un article commençant par ces mots : *Glorieuse révolution de juillet, Marseille te salue*, et finissant par ceux-ci : *Puissent bientôt s'apaiser cette Providence qui t'a déchaîné sur notre pays pour nous punir !* — Destruction ordonnée par arrêt de la Cour d'assises des Bouches-du-Rhône, du 19 septembre 1835. — (*Moniteur du* 26 *juin* 1836.

Voy. *Seisson.*

Nº 791 (25 *juillet* 1835). — 1º Offense envers la personne du roi dans un article où se trouvent ces mots : *Comme il aurait farandolé, lui qui a dansé pour tout le monde*, et dans le passage commençant par ces mots : *Mais s'il n'a pas tué le coq*, et finissant par ceux-ci : *de la lune*, et, en outre, par le passage suivant : *Peut-être, dans le remue-ménage général, le voisin ne serait-il pas fâché de prendre aussi la clef des champs : je crois qu'il ne ferait pas mal* ; 2º attaque contre la dignité royale, l'ordre de successibilité au trône, les droits que le roi tient du vœu de la nation française et de la charte constitutionnelle et l'inviolabilité de sa personne, par la publication du passage commençant par ces mots : *Commençons par la supposition*, et finissant par ceux-ci : *je la brûlerai*. — Destruction ordonnée par arrêt de la Cour d'assises des Bouches-du-Rhône, du 9 novembre 1835. — (*Moniteur du* 26 *juin* 1836.)

Voy. *Seisson.*

GAZETTE DU PÉRIGORD, journal publié à Périgueux. — Gérant, de Josselin.

Excitation à la haine et au mépris du gouvernement du roi ; attaque contre les droits que le roi tient du vœu de la nation française. Destruction ordonnée par arrêt de la Cour d'assises de la Dordogne, du 21 janvier 1833.—(*Moniteur du* 14 *mars* 1833.)

Voy. *Josselin.*

HARO (le) NATIONAL NORMAND, journal publié à Caen. — Gérant, Pont.

Nº 136 (3e *année*). — Offense envers la personne du roi, excitation à la haine et au mépris de son gouvernement, délits commis par la publication d'un article intitulé : *La corruption.* — Destruction ordonnée par arrêt de la Cour d'assises du Calvados, du 22 février 1842. — (*Moniteur du 12 novembre* 1842.)

Voy. *Corruption*, et *Pont*.

**HENRI, DUC DE BORDEAUX**, ou *Choix d'anecdotes sur la vie de ce prince.* — Brochure imprimée par Dentu.

Attaque contre l'autorité du roi. — Destruction ordonnée par arrêt de la Cour d'assises de la Seine, du 6 mai 1833. — (*Moniteur du 30 octobre* 1833.)

Voy. *Dentu*.

**HERMINE** (l'), journal publié à Nantes. — Gérant, Boubée.

N° 404 (30 octobre 1835). — Outrage public envers le corps de la gendarmerie, par la publication d'un article commençant par ces mots : *La gendarmerie temporaire*, et finissant par ceux-ci : *le conseil-général les a servis à souhait.* — Destruction ordonnée par arrêt de la Cour d'assises de la Loire-Inférieure, du 9 mars 1836. — (*Moniteur du 26 juin* 1836.)

Voy. *Boubée*.

N° 432 (8 décembre 1835). — Diffamation envers le sieur Lacoste, brigadier de gendarmerie, par l'insertion d'un article commençant par ces mots : *Pendant que M. le procureur du roi de Nantes*, et finissant par ceux-ci : *que le mal qu'elle vengera.* — Destruction ordonnée par arrêt de la Cour d'assises de la Loire-Inférieure, du 9 mars 1836. — (*Moniteur du 26 juin* 1836.)

Voy. *Boubée*,

N° 510. — Gérant, Tandé.

Attaque contre les droits de l'autorité des chambres. — Destruction ordonnée par arrêt de la Cour d'assises de la Loire-Inférieure, du 10 juin 1836. — (*Moniteur du 18 janvier* 1837.)

Voy. *Tandé*.

N° 527. — Gérant, Tandé.

Excitation à la haine et au mépris du gouvernement du roi. Destruction ordonnée par arrêt de la Cour d'assises de la Loire-Inférieure, du 11 juin 1836. — (*Moniteur du 26 juin* 1836.)

Voy. *Tandé*.

N^os^ 557 et 559. — Gérant, Godin.

Outrages et diffamation envers M. Demangeat, procureur du roi à Nantes. — Destruction ordonnée par arrêt de la Cour d'assises de la Loire-Inférieure, du 13 septembre 1836. — (*Moniteur du 18 janvier* 1837.)

Voy. *Godin*.

**INDÉPENDANT** (l'), journal publié à Angers. — Gérant, Davau.
Excitation à la haine et au mépris du gouvernement du roi. Destruction ordonnée par arrêt de la Cour d'assises de Maine-et-Loire, du 6 mai 1834. — (*Moniteur du 7 août* 1835.)
Voy. *Davau.*

**INGRATS** (les), **LES IMPIES ET LES BRIGANDS**, article publié dans le journal, *le Brid'Oison* (nº du 5 juin 1832).
Excitation à la haine et au mépris du gouvernement du roi. — Destruction ordonnée par arrêt de la Cour d'assises de la Seine, du 11 août 1832. — (Point d'insertion au Moniteur.)

**JOURNAL DE DUNKERQUE.** — Gérant, Bertau.
Nº 2285 (2 juin 1844). Diffamation envers M. de Saint-Aignan, conseiller-d'Etat et préfet du Nord, en raison de faits relatifs à ses fonctions ; délit commis par la publication d'un article commençant par ces mots : *Les gardes nationaux des compagnies spéciales et d'élite sont convoqués.....*, et finissant par ceux-ci : ..... *Il ne faudra plus s'étonner désormais de l'impudeur effrénée des fonctionnaires publics qui échangent leur prérogative contre une vile adulation en faveur du système.*— Destruction ordonnée par arrêt de la Cour d'assises du Nord, du 30 juillet 1844. — (*Moniteur du 3 décembre* 1844.)
Voy. *Bertau.*

**JOURNAL DE LA GUYENNE** ; publié à Bordeaux. — Gérant, Lecoutre de Beauvais.
Provocation au renversement du gouvernement. — Destruction ordonnée par arrêt de la Cour d'assises de la Gironde, du 15 décembre 1832. — (*Moniteur du 29 juin* 1833.)
Voy. *Lecoutre de Beauvais.*

Offense publique envers le roi, attaque contre les droits qu'il tient de la nation. — Destruction ordonnée par arrêt de la Cour d'assises de la Gironde, du 16 décembre 1832. — (*Moniteur du 7 avril* 1833.)
Voy. *Lecoutre de Beauvais.*

Excitation à la haine et au mépris du gouvernement du roi. — Destruction ordonnée par arrêt de la Cour d'assises de la Dordogne, du 22 janvier 1833. — (*Moniteur du 29 juin* 1833.)
Voy. *Lecoutre de Beauvais.*

Excitation à la haine et au mépris du gouvernement du roi. — Destruction ordonnée par arrêt de la Cour d'assises de la Gi-

ronde, du 20 juin 1833. — (*Moniteur du* 30 *octobre* 1833.)
Voy. *Lecoutre de Beauvais.*

Même journal. — Gérant, Culié.
Offense publique envers la personne du roi. — Destruction ordonnée par arrêt de la Cour d'assises de la Gironde, du 25 juin 1833. — (*Moniteur du* 30 *octobre* 1838.)
Voy. *Culié.*

JOURNAL DE ROUEN. — Gérant, Brière.
Compte-rendu infidèle, injurieux et de mauvaise foi, d'une audience de la Cour d'assises de la Seine-Inférieure. — Destruction ordonnée par arrêt de la Cour d'assises de la Seine-Inférieure, du novembre 1836. — (*Moniteur du* 23 *avril* 1837.)
Voy. *Brière.*

JOURNÉES (les), ou *la Journée de juillet et libéralo-métriques, faites à Caen, le* 29 *juillet* 1832; article publié dans l'*Ami de la Vérité* (nº 62).
Excitation à la haine et au mépris du gouvernement du roi; excitation à la haine et au mépris des citoyens contre la garde nationale. — Destruction ordonnée par arrêt de la Cour d'assises du Calvados, du 7 décembre 1832. — (*Moniteur du* 7 *avril* 1833.)
Voy. l'*Ami de la Vérité*, et *Godefroy.*

LÉGISLATURE, article publié dans l'*Almanach-Cathéchisme, manuel du peuple* (brochure C).
Excitation à la haine et au mépris du gouvernement du roi. — Destruction ordonnée par arrêt de la Cour d'assises de la Seine, du 31 décembre 1835. — (*Moniteur du* 9 *juin* 1836.)
Voy. l'*Almanach-Cathéchisme, etc.*, *Brée* et *Delcambre.*

LETTRE AU ROI, *sur les imperfections du régime introduit dans la colonie de l'Algérie*, par Cappé.
Offense envers la personne du roi. — Destruction ordonnée par arrêt de la Cour d'assises de la Seine, du 14 mars 1834. — (Point d'insertion au Moniteur.)

LETTRE AUX PROLÉTAIRES, par Laponneraye, commençant par ces mots : *Les* 33 *millions d'individus.....*, et finissant par ceux-ci : *avec les maux effrayants.*
Excitation à la haine et au mépris d'une classe de citoyens et provocation au renversement du gouvernement. — Destruction

ordonnée par arrêt de la Cour d'assises de la Seine, du 27 juin 1833. — (*Moniteur du* 30 *octobre* 1833.)

Voy. *Laponneraye*.

LETTRE CONFIDENTIELLE, *écrite par un chasseur involontaire de la garde nationale*, à LOUIS-PHILIPPE, *surnommé* LE ROI DES BARRICADES.

Offenses envers la personne du roi et les membres de sa famille. — Destruction ordonnée par arrêt de la Cour d'assises de la Seine, du 27 mars 1833. — (*Moniteur du* 30 *octobre* 1833.)

Voy. *Blache*, *Hénée* et *Lachassagne*.

LETTRE *de M. de La Rochefoucauld, duc de Doudeauville*, publiée dans *la Gazette de France*, et *la Nation* (n° du 13 mars 1844).

Attaque contre les droits que le roi tient du vœu de la nation, etc. — Destruction ordonnée par arrêt de la Cour d'assises de la Seine, du 13 avril 1844. — (*Moniteur du* 23 *juin* 1845.)

Voy. *Gazette de France* et *Nation*.

LIBÉRATEUR (le). — 1re *publication : Tout l'espoir des prolétaires est dans la république.* — Gérant, Adam.

Provocation, non suivie d'effet, au crime d'attentat ayant pour but, soit de changer, soit de détruire le gouvernement. — Destruction ordonnée par arrêt de la Cour d'assises de la Seine, du 29 avril 1834. — (*Moniteur du* 30 *décembre* 1834.)

LIBERTÉ D'ENSEIGNEMENT, *procès de l'abbé Combalot*, précédé d'une instruction, par Veuillot, rédacteur en chef de *l'Univers religieux*, et suivi de documents historiques. Ecrit publié en brochure et par extraits dans *l'Univers religieux* (nos des 16 et 20 mars 1844).

Provocation à la désobéissance aux lois du royaume et attaque contre le respect qui leur est dû. — Destruction de la brochure et des numéros du journal indiqué, ordonnée par arrêt de la Cour d'assises de la Seine, du 11 mai 1844. — (*Moniteur du* 23 *juin* 1845.)

Voy. *l'Univers religieux*, *Barrier* et *Veuillot*.

LIBERTÉ (la) INDIVIDUELLE, *sous le régime de la Charte-vérité*; par Boker.

Offenses envers la personne du roi. — Destruction ordonnée par arrêt de la Cour d'assises de la Seine, du 25 juin 1833. — (*Moniteur du* 30 *octobre* 1833.)

Voy. *Boker*.

Voy. *Adam*, *Gaillard*, *Gentillon*, *Grosseteite* et *Rousselin.*

**MADAME, NANTES, BLAYE ET PARIS,** par de Chollet. — Ouvrage publié en livraisons, chez Hyvert, libraire à Paris.

1re et 2e livraisons. — Offenses envers la personne du roi, excitation à la haine et au mépris du gouvernement du roi. — Destruction ordonnée par arrêt de la Cour d'assises de la Seine, du 6 mai 1833. — (*Moniteur du* 29 *juin* 1833.)

Voy. *Chollet* et *Hyvert.*

**MARCHE CIVILISATRICE DE LA RÉVOLUTION**, progrès dans le régicide; article publié dans le journal *la France* (n° du 23 février 1837).

Attaque contre le respect dû aux lois. — Destruction ordonnée par arrêt de la Cour d'assises de la Seine, du 6 mars 1837. — (*Moniteur du* 12 *mai* 1837.)

Voy. *la France*, et *Verteuil de Feuillas.*

**MARIAGE COBOURG-CLÉMENTINOIS** ; article publié dans le journal *la Mode* (n° du 25 avril 1840).

Offenses envers la personne du roi et les membres de la famille royale. — Destruction ordonnée par arrêt de la Cour d'assises de la Seine, du 10 mai 1843. — (*Moniteur du* 15 *décembre* 1843.)

Voy. *la Mode*, et *Kergan.*

**MARTYROLOGE DÉMOCRATIQUE** ; article publié dans *l'Almanach-Catéchisme, manuel du peuple* (brochure D).

Excitation à la haine et au mépris du gouvernement du roi. — Destruction ordonnée par arrêt de la Cour d'assises de la Seine, du 31 décembre 1835. — (*Moniteur du* 9 *juin* 1836.)

Voy. *l'Almanach-catéchisme*, *Brée* et *Delcambre.*

**MÉLANGES OCCITANIQUES**, journal publié à Montpellier. — Gérant, Chambon.

Diffamation publique envers les agents ou dépositaires de l'autorité publique, à raison de faits relatifs à leurs fonctions. — Destruction ordonnée par arrêt de la Cour d'assises du Gard, du 13 février 1833. — (*Moniteur du* 14 *mars* 1833.)

—Voy. *Chambon.*

**MÉMOIRE** *adressé aux évêques de France et aux pères de famille sur la guerre faite à l'Eglise et à la société par le monopole universitaire*, par l'abbé Combalot ; brochure, imprimée par Sirou, à Paris, et commençant par ces mots :

*Soldat obscur de l'Eglise militante,* et finissant par ceux-ci : *Quand nous l'aurons emprisonné dans son athéisme.*

Diffamation, injure et outrage envers une administration publique; provocation à la haine entre les citoyens. — Destruction ordonnée par arrêt de la Cour d'assises de la Seine, du 6 mars 1844. — (*Moniteur du 23 juin* 1845.)

Voy. *Combalot.*

MESSAGER (le) ; journal publié à Paris.

N° du 23 avril 1834. — Diffamation envers des agents de l'autorité publique; délit commis par l'insertion d'une lettre signée *Gervais*, commençant par ces mots : *L'explosion de passions haineuses*, et finissant par ceux-ci : *Des ordres impitoyables.* — Destruction ordonnée par arrêt de la Cour d'assises de la Seine, du 12 juin 1834. — (*Moniteur du 7 août* 1835.)

Voy. *Gervais.*

MODE (la); journal publié à Paris. — Gérant, Martin.

Attaque contre les droits constitutionnels du roi et offense envers sa personne, à raison de deux articles. — Destruction ordonnée par arrêt de la Cour d'assises de la Seine, du 4 août 1834. — (*Moniteur du 30 décembre* 1834.)

Voy. *Martin.*

N° du 26 mars 1836. — Gérant, Voillet de Saint-Philbert.

Offense envers la personne du roi. — Destruction ordonnée par arrêt de la Cour d'assises de la Seine, du 4 août 1836. — (*Moniteur du 18 janvier* 1837.)

Voy. *Voillet de Saint-Philbert.*

N° du 31 décembre 1836. — Gérant, de Nugent.

Apologie de faits qualifiés crimes par la loi pénale et offense envers les membres de la famille royale. — Destruction ordonnée par arrêt de la Cour d'assises de la Seine, du 10 juillet 1837. — (*Moniteur du 12 mai* 1837.)

Noy. *Nugent.*

N° du 10 février 1838. — Gérant, Voillet de Saint-Philbert.

Offense envers la personne du roi. — Destruction ordonnée par arrêt de la Cour d'assises de la Seine, du 20 février 1838. — (*Moniteur du 18 mai* 1838.)

Voy. *Voillet de Saint-Philbert.*

N° du 3 mars 1838. — Gérant, Voillet de Saint-Philbert.

Offense envers la personne du roi. — Destruction ordonnée par arrêt de la Cour d'assises de la Seine, du 21 mars 1838. — (*Moniteur du 18 mai* 1838.)

Voy. *Voillet de Saint-Philbert.*

N° du 22 janvier 1842. — Gérant, Voillet de Saint-Philbert.

Adhésion publique à une autre forme de gouvernement ; attaque contre les droits constitutionnels du roi ; offenses envers les membres de la famille royale ; excitation à la haine et au mépris du gouvernement du roi. — Destruction ordonnée par arrêt de la Cour d'assises de la Seine, du 31 janvier 1842. — (*Moniteur du* 12 *novembre* 1842.)

Voy. *Voillet de Saint-Philbert* et *Proux*.

N° du 25 avril 1843. — Gérant, Kergan.

Articles intitulés : *Petite chronique*; *Absente pour le service du roi*; *Mariage Cobourg-clémentinois*. — Offenses envers la personne du roi; adhésion publique à une autre forme de gouvernement; excitation à la haine et au mépris du gouvernement. Destruction ordonnée par arrêt de la Cour d'assises de la Seine, du 10 mai 1843. — (*Moniteur du* 15 *décembre* 1843.)

Voy. *Kergan*.

MORT AU TYRAN LOUIS-PHILIPPE, LA SANGSUE DU PEUPLE, placard manuscrit exposé en public par Lenoir.

Offense envers la personne du roi. — Destruction ordonnée par arrêt de la Cour d'assises de la Seine, du 5 juillet 1842. — (*Moniteur du* 12 *novembre* 1842.)

Voy. *Lenoir*.

MOYEN INFAILLIBLE DE DONNER DU TRAVAIL ET DE L'AISANCE A L'OUVRIER, par Cappé.

Offense envers la personne du roi. — Destruction ordonnée par arrêt de la Cour d'assises de la Seine, du 14 mars 1834. — (*Moniteur du* 25 *avril* 1834.)

Voy. *Cappé*.

NATION (la), journal publié à Paris. — Gérant, Durand.

N^os^ des 30 novembre, 14, 15 et 28 décembre 1843. — Acte public d'adhésion à une autre forme de gouvernement, etc., etc. — Destruction ordonnée par arrêt de la Cour d'assises de la Cour d'assises de la Seine, du 25 mars 1844. — (*Moniteur du* 23 *juin* 1845.)

Voy. *Durand*.

N° du 13 mars 1844. — *Lettre de M. de La Rochefoucault, duc de Doudeauville*. — Attaque contre les droits que le roi tient du vœu de la nation ; acte public d'adhésion à une autre forme de gouvernement. — Destruction ordonnée par arrêt de la Cour d'assises de la Seine, du 13 avril 1844. —(*Moniteur du* 23 *juin* 1845.)

Voy. *Durand*, et *Lettre de M. de La Rochefoucault*, etc.

NATIONAL (le), journal publié à Paris.—Gérant, Paulin.
N° du 14 mars 1833. — Compte-rendu infidèle, de mauvaise foi et injurieux d'une audience de la Cour d'assises de la Seine. —Destruction ordonnée par arrêt de la Cour d'assises de Seine-et-Oise, du 10 août 1833. — (*Moniteur du* 25 *avril* 1834.)
Voy. *Paulin*.

NATIONAL (le) DE 1834, journal publié à Paris.
N°s des 8, 31 janvier et 1er février 1834. — Gérants, Carrel, Conseil et Scheffer. — Délits prévus et réprimés par les articles 7 de la loi du 25 mars 1822, 26 de la loi du 26 mai 1819, et 11 de la loi du 9 juin 1819. — Destruction ordonnée par arrêt de la Cour d'assises de la Seine, du 31 mai 1834. (*Moniteur du* 30 *décembre* 1834.)
Voy. *Carrel, Conseil* et *Scheffer*.

N° du 25 avril 1834. — Gérant, Scheffer.
Offense envers la personne du roi, délit contenu dans l'article intitulé : *Election de M. Laffitte à Rouen*. — Destruction ordonnée par arrêt de la Cour d'assises de la Seine, du 26 juillet 1834. — (*Moniteur du* 30 *décembre* 1834.)
Voy. *Election de M. Laffitte à Rouen*, et *Scheffer*.

N° du . Gérant, Scheffer.
Délit prévu et réprimé par l'article 7 de la loi du 25 mars 1822. — Destruction ordonnée par arrêt de la Cour d'assises de la Seine, du 31 juillet 1834. — (*Moniteur du* 30 *décembre* 1834.)
Voy. *Scheffer*.

N° du . Gérant, Carrel.
Délit prévu et réprimé par loi du 25 mars 1822 (art. 7). — Destruction ordonnée par arrêt de la Cour d'assises de la Seine, du 13 août 1834. — (*Moniteur du* 30 *décembre* 1834.)
Voy. *Carrel*.

N° du — Gérant, Carrel.
Délit prévu et réprimé par l'article 7 de la loi du 25 mars 1822. — Destruction ordonnée par arrêt de la Cour d'assises de la Seine, du 29 août 1834. — (*Moniteur du* 30 *décembre* 1834.)
Voy. *Carrel*.

N° du 1er septembre 1834. — Gérant, Rouen.
Provocation non suivie d'effet, au changement de gouvernement.— Destruction ordonnée par arrêt de la Cour d'assises de la Seine, du 16 septembre 1834. — (*Moniteur du* 7 *août* 1835.)
Voy. *Rouen*.

N° du 13 juillet 1836. — Gérant, Persat.

Apologie de l'attentat commis par Alibaud contre la vie du roi. — Destruction ordonnée par arrêt de la Cour d'assises de la Seine, du 13 juillet 1836. — (*Moniteur du* 18 *janvier* 1837.)

Voy. *Persat.*

N° du 12 septembre 1841. — Gérant, Delaroche.

Excitation à la haine et au mépris du gouvernement du roi. — Destruction ordonnée par arrêt de la Cour d'assises de la Seine, du 2 octobre 1841. (*Moniteur du* 12 *mars* 1842.)

Voy. *Delaroche.*

N° du 20 septembre 1841. — Gérant, Delaroche.

Attaque contre les droits que le roi tient du vœu de la nation. — Destruction ordonnée par arrêt de la Cour d'assises de la Seine, du 30 mars 1842. — (*Moniteur du* 12 *novembre* 1842.)

Voy. *Delaroche.*

NOM (le) DE FAMILLE, par Luchet; 2 vol. publiés à Paris en 1841.

Outrage à la morale publique; excitation à la haine et au mépris du gouvernement du roi; excitation au mépris ou à la haine des citoyens contre plusieurs classes de personnes; outrage à la religion professée par la majorité des Français. — Destruction ordonnée par arrêt de la Cour d'assises de la Seine, du 10 mars 1842. — (*Moniteur du* 12 *novembre* 1842.)

Voy. *Luchet.*

OBSERVATEUR (l') DES TRIBUNAUX, journal publié à Paris. — Gérant, Roch. — Chanson publiée, dans ce journal, et intitulée : *Pétition d'un voleur à un roi son voisin*; 4^e^ couplet.

Offense envers la personne du roi. — Destruction ordonnée par arrêt de la Cour d'assises de la Seine, du 26 septembre 1836. —(*Moniteur du* 23 *avril* 1837.)

Voy. *Roch*, et *Pétition d'un voleur à un roi son voisin.*

OCCITANIQUE (l'), journal publié à Montpellier. — Gérant, Garnier.

N° du 29 avril 1834. — Excitation à la haine et au mépris du gouvernement du roi. — Destruction ordonnée par arrêt de la Cour d'assises de l'Hérault, du 5 mars 1834. — (*Moniteur du* 7 *août* 1835.)

Voy. *Garnier.*

ORLÉANAIS (l'), journal publié à Orléans. — Gérant, Hue.

N^os^ des 6 juin, 18 juillet, 19 et 22 août 1832. — Excitation à la haine et au mépris du gouvernement. — Destruction ordonnée par arrêt de la Cour d'assises du Loiret, du 28 décembre 1832. — (*Moniteur du 7 avril* 1833.)

Voy. ***Hue.***

N° du 31 mars 1833. — Excitation au mépris et à la haine du gouvernement.—Destruction ordonnée par arrêt de la Cour d'assises du Loiret, du 31 octobre 1833. (*Moniteur du* 25 *avril* 1833.)

Voy. ***Hue.***

PANDÆMONIUM FRANÇAIS, OU ALMANACH DE L'ANTECHRIST, par Blanc. — Imprimerie de Vrayet de Surcy, à Paris.

Offenses envers la personne du roi. — Destruction ordonnée par arrêt de la Cour d'assises de la Seine, du 30 avril 1846. — (*Moniteur du* 9 *juin* 1846.)

Voy. ***Blanc.***

PAPE (le) ET L'ÉVANGILE, OU ENCORE DES ADIEUX A ROME, par Maurette. Brochure imprimée à Lyon et distribuée dans le département de l'Ariége.

Outrage et dérision envers la religion catholique ; excitation au mépris ou à la haine contre une ou plusieurs classes de personnes, etc.—Destruction ordonnée par arrêt de la Cour d'assises de l'Ariége, du 17 mai 1844.—(Point d'insertion au Moniteur.)

Voy. *Maurette.*

PASTORALE (une), etc. — Divers écrits autographiés et distribués en 1832 et en 1833, intitulés : 1° *A la France de juillet : juge et agis si tu peux.*—2° *A la France de juillet et à tous les généreux défenseurs de la liberté des peuples.* — 3° *A la France de juillet : lis, juge et agis*, par Hébert.

Complot ayant pour but la destruction du gouvernement, excitation à la guerre civile ; offense envers la personne du roi, excitation à la haine et au mépris de son gouvernement. — Destruction ordonnée par arrêt de la Cour d'assises de la Seine, du 4 novembre 1834. — (*Moniteur du* 30 *décembre* 1834.)

Voy. ***Hébert.***

PATRIOTE (le) DE LA MEURTHE ET DES VOSGES, journal publié à Nancy. — Gérant, Dugaillon.

Article intitulé : *Encore une tête.*—Outrage à la morale publique et apologie de faits qualifiés crimes par la loi pénale —

Destruction ordonnée par arrêt de la Cour d'assises de la Meurthe, du 4 août 1836.—(*Moniteur du 18 janvier* 1837.)
Voy. *Dugaillon*, et *Encore une tête*.

PATRIOTE (le), journal publié à Lisieux. — Gérant, Trinité. N° 14 (2 avril 1834). — Diffamation envers le sieur François, commandant de la garde nationale d'Orbec, et président du conseil de discipline de cette garde, pour faits relatifs à ses fonctions. — Destruction ordonnée par arrêt de la Cour d'assises du Calvados, du 23 novembre 1834.—(*Moniteur du 7 août* 1835.)
Voy. *Trinité*.

PAYS (le) ET LE GOUVERNEMENT, par de Lamennais.
Excitation à la haine et au mépris du gouvernement du roi; attaques contre le respect dû aux lois; apologie de faits qualifiés délits par la loi pénale. — Destruction ordonnée de l'ouvrage et d'une préface manuscrite, ajoutée par l'auteur, par arrêt de la Cour d'assises de la Seine, du 26 décembre 1840.—(*Moniteur du* 12 *mars* 1842.)
Voy. *Lamennais*.

PÈRE (le) LA POIRE, chanson publiée dans *les Républicaines*.
Offense envers la personne du roi. — Destruction ordonnée par arrêt de la Cour d'assises de la Seine, du 6 novembre 1835. — (*Moniteur du* 26 *juin* 1836.)
Voy. *les Républicaines*, et *Pagnerre*.

PETITE CHRONIQUE, article inséré dans le journal *la Mode* (n° du 25 avril 1840).
Offenses envers la personne du roi, etc., etc., etc. — Destruction ordonnée par arrêt de la Cour d'assises de la Seine, du 10 mai 1843. — (*Moniteur du* 15 *décembre* 1843.)
Voy. *la Mode*, et *Kergan*.

PÉTITION D'UN VOLEUR A UN ROI SON VOISIN, chanson publiée dans le journal *l'Observateur des Tribunaux*, et dans les *Républicaines*, et dépendant d'un recueil intitulé : *Procès complet de Lacenaire*.
Offense envers la personne du roi. — Destruction du 4e couplet ordonnée : 1° par arrêt de la Cour d'assises de la Seine, du 6 novembre 1835 ; 2° par arrêt de la même Cour, du 26 septembre 1836.—(*Moniteur des* 26 *juin* 1836 *et* 23 *avril* 1837.)
Voy. *les Républicaines*, *l'Observateur des Tribunaux*, *Pagnerre* et *Roch*.

PEUPLE (le) DÉCHIRANT SA CHEMISE, par Bastide; imprimé par Mevrel.

Provocation, non suivie d'effet, au renversement du gouvernement. — Destruction ordonnée par arrêt de la Cour d'assises de la Seine, du 7 novembre 1835. — (*Moniteur du* 26 *juin* 1836.)

Voy. *Bastide*, et *Mevrel*.

PEUPLE (le) SOUVERAIN, journal publié à Marseille. — Gérant, Imbert.

N° 155. — Outrage envers le maire de la commune de Barbantanne. — Destruction ordonnée par arrêt de la Cour d'assises des Bouches-du-Rhône, du 16 novembre 1836. — (*Moniteur du* 26 *juin* 1836.)

Voy. *Imbert*.

N[os] 192 et 204. — Excitation à la haine et au mépris du gouvernement du roi, provocation, non suivie d'effet, au renversement de ce gouvernement. — Destruction ordonnée par arrêt de la Cour d'assises des Bouches-du-Rhône, du 16 novembre 1835. — (*Moniteur du* 26 *juin* 1836.)

Voy. *Imbert*.

N° 303. — Diffamation envers un brigadier de gendarmerie. — Destruction ordonnée par arrêt de la Cour d'assises des Bouches-du-Rhône, du 16 novembre 1835. — (*Moniteur du* 26 *juin* 1836.)

Voy. *Imbert*.

POPULAIRE (le), journal publié à Paris, par Cabet.

N° du 19 janvier 1834. — Offenses envers la personne du roi. — Destruction ordonnée par arrêt de la Cour d'assises de la Seine, du 28 février 1834. — (*Moniteur du* 25 *avril* 1834.)

Voy. *Cabet*.

POPULAIRE (le) ROYALISTE, journal publié à Paris. — Gérant, Magnant.

N° du 1er janvier 1837. — Excitation à la haine et au mépris du gouvernement du roi; adhésion publique à une autre forme de gouvernement. — Destruction ordonnée par arrêt de la Cour d'assises de la Seine, du 25 février 1837. — (*Moniteur du* 23 *avril* 1837.)

Voy. *Magnant*.

PRÉCURSEUR (le), journal publié à Lyon. — Gérant, Petetin.

N° du 25 février 1833. — Excitation à la haine et au mépris du gouvernement du roi; provocation à la désobéissance aux lois. — Destruction ordonnée par arrêt de la Cour d'assises du Rhône du 25 mars 1833. — (*Moniteur du* 29 *juin* 1833.)

Voy. *Petetin*.

**MÊME JOURNAL.** — Gérant, Roussillac.

Excitation à la haine et au mépris du gouvernement du roi; provocation à la désobéissance aux lois. — Destruction ordonnée par arrêt de la Cour d'assises du Rhône, du 25 mars 1835. — (*Moniteur du* 26 *juin* 1836.)

Voy. *Roussillac.*

**PROGRÈS** (le), journal publié à Arras. — Gérant, Degouve-Denuncque.

Compte-rendu infidèle et de mauvaise foi de l'audience du 5 décembre 1837 de la Cour d'assises du Pas-de-Calais. — Destruction ordonnée par arrêt de la Cour d'assises du Pas-de-Calais, du 12 février 1838. — (*Moniteur du* 18 *mai* 1838.)

Voy. *Degouve-Denuncque.*

**PROGRESSIF** (le) **DE L'AUBE**, journal publié à Troyes. — Gérant, Amand.

N° du 11 avril 1834. — Attaques contre l'autorité constitutionnelle du roi et celle des chambres; provocation à la désobéissance aux lois. — Destruction ordonnée par arrêt de la Cour d'assises de l'Aube, du 9 juin 1834. — (*Moniteur du* 7 *août* 1835.)

Voy. *Amand.*

**PROJET D'UN MONUMENT**, lithographie publiée dans le journal, *la Caricature* (n° 84).

Offense envers la personne du roi. — Destruction ordonnée par arrêt de la Cour d'assises de la Seine, du 28 janvier 1833. — (*Moniteur du* 14 *mars* 1833.)

Voy. *la Caricature*, *Autopsie*, *Aubert* et *Philippon.*

**PROPAGANDE POPULAIRE**, article publié dans l'*Almanach-Cathéchisme, manuel du peuple* (brochure D).

Excitation à la haine et au mépris du gouvernement du roi. — Destruction ordonnée par arrêt de la Cour d'assises de la Seine, du 31 décembre 1835. — (*Moniteur du* 9 *juin* 1836.)

Voy. *Almanach-Cathéchisme*, *Brée* et *Delcambre.*

**PROPAGANDE ROYALISTE**, article publié dans *la Mode* (n° du 25 avril 1840).

Excitation à la haine et au mépris du gouvernement du roi; acte public d'adhésion à une autre forme de gouvernement. — Destruction ordonnée par arrêt de la Cour d'assises de la Seine, du 10 mai 1843. — (*Moniteur du* 15 *décembre* 1843.)

Voy. *la Mode*, et *Kergan.*

**QUELQUES MOTS** *à ceux qui possèdent en faveur des prolé-*

*taires sans travail*, brochure signée Barbès, Aberny, Fayes, avocat; Trinchan, avocat; Doux, négociant; Paliopy, négociant.

Offense envers un membre de la famille royale; attaque contre la propriété, le respect dû aux lois; excitation à la haine et au mépris d'une classe de la société contre une autre. — Arrêt de la Cour d'assises de la Seine, du 7 août 1837. — (Point d'insertion au Moniteur.)

QU'EST-CE QUE LE PEUPLE? article publié dans l'*Almanach-Cathéchisme, manuel du peuple* (brochure C).

Provocation à la haine entre les diverses classes de la société. — Destruction ordonnée par arrêt de la Cour d'assises de la Seine, du 31 décembre 1845. — (*Moniteur du* 9 *juin* 1836.)

Voy. *Almanach-Catéchisme*, *Brée* et *Delcambre*.

QUI VIVE! journal publié à Rouen. — Gérant, Rusnot.

Outrage à la morale publique. — Destruction ordonnée par arrêt de la Cour d'assises de la Seine-Inférieure, du 19 août 1836. — (*Moniteur du* 18 *janvier* 1837.)

Voy. *Rusnot*.

QUOTIDIENNE (la), journal publié à Paris.

Nos des 19 et 20 octobre 1830. — Gérant, Brian.

Offense envers la personne du roi. — Destruction ordonnée par arrêt de la Cour d'assises de la Seine, du 23 novembre 1830. — (Point d'insertion au Moniteur.)

Voy. *Brian*.

Nos des 7, 9 et 10 janvier 1831. — Gérant, Brian.

Attaque contre l'autorité constitutionnelle du roi; excitation à la haine et au mépris du gouvernement du roi; provocation au renversement du gouvernement. — Destruction ordonnée par arrêt de la Cour d'assises de la Seine, du 9 mars 1831. — (Point d'insertion au Moniteur.)

Voy. *Brian*.

No du 14 février 1831. — Gérant, Brian.

Excitation à la haine et au mépris du gouvernement du roi. — Destruction ordonnée par arrêt de la Cour d'assises de la Seine, du 9 avril 1831. — (Point d'insertion au Moniteur.)

Voy. *Brian*.

No du 28 avril 1834. — Gérant, Dieudé.

Diffamation envers les directeurs et officiers de santé de la maison de Fontevrault, pour faits relatifs à leurs fonctions. —

Destruction ordonnée par arrêt de la Cour d'assises de Maine-et-Loire, du 26 novembre 1834. — (*Moniteur du 7 août* 1835.)
Voy. *Dieudé.*

Nos des 7 et 22 mai 1834. — Excitation à la haine et au mépris du gouvernement du roi; offense envers la personne du roi; provocation, non suivie d'effet, au changement du gouvernement. — Destruction ordonnée par arrêt de la Cour d'assises de la Seine, du 11 octobre 1834. — (*Moniteur du 7 août* 1835.)
Voy. *Dieudé.*

Nos des 5 et 19 janvier 1835. — Attaque contre les droits constitutionnels du roi et offenses envers sa personne. — Destruction ordonnée par arrêts de la Cour d'assises de la Seine, des 20 et 22 mars 1835. — (*Moniteur du 7 août* 1835.)
Voy. *Dieudé.*

No du 31 janvier 1835. — Offense envers la personne du roi. — Destruction ordonnée par arrêt de la Cour d'assises de la Seine, du 12 juin 1835. — (*Moniteur du 26 juin* 1836.)
Voy. *Dieudé.*

No du 1er août 1835. — Gérants, de Kergorlay et Dieudé.
Attaque contre les droits constitutionnels du roi, et provocation à la désobéissance aux lois. — Destruction ordonnée par arrêt de la Cour d'assises de la Seine, du 10 octobre 1835. — (*Moniteur du 26 juin* 1836.)
Voy. *Kergorlay*, *Dieudé* et *les accusés de Niort.*

No du 8 décembre 1836. — Gérant, de Lostanges.
Attaques contre l'ordre de successibilité au trône et les droits constitutionnels du roi; adhésion publique à une autre forme de gouvernement. — Destruction ordonnée par arrêt de la Cour d'assises, du 9 janvier 1837. — (*Moniteur du 12 mai* 1837.)
Voy. *Lostanges.*

No du 6 mars 1837. — Excitation à la haine et au mépris du gouvernement du roi. — Destruction ordonnée par arrêt de la cour d'assises de la Seine, du 14 mars 1837. — (*Moniteur du 12 mai* 1837.)
Voy. *Lostanges.*

Nos des 6, 15, 20 et 28 décembre 1843. — Gérant, Vaugrigneuse.
Excitation à la haine et au mépris du gouvernement, offense envers la personne du roi, etc., etc. — Destruction ordonnée par arrêt de la Cour d'assises de la Seine, du 9 janvier 1845. — (*Moniteur du 23 juin* 1845.)
Voy. *Vaugrigneuse.*

**RÉFORMATEUR** (le), journal publié à Paris. Gérant, Jaffrenou.

N° du 21 mai 1835. — Provocation, non suivie d'effet, au changement de gouvernement et à la guerre civile. — Destruction ordonnée par arrêt de la Cour d'assises de la Seine, du 27 août 1835. — (*Moniteur du* 26 *juin* 1836.)

Voy. *Jaffrenou.*

N° du 23 mai 1835. — Diffamation envers le préfet de police et l'administration dont il est le chef pour des faits relatifs à leurs fonctions, dans un article commençant par ces mots : *Les citoyens commencent*, et finissant par ceux-ci : *n'est pas digne d'être estimé.* — Destruction ordonnée par arrêt de la Cour d'assises de la Seine, du 21 juillet 1835. — (*Moniteur du* 26 *juin* 1836.)

Voy. *Jaffrenou.*

N$^{os}$ des 9, 10, 21 et 25 juin 1835. — Provocation à la désobéissance aux lois; excitation à la haine et au mépris du gouvernement du roi; injures envers les dépositaires de l'autorité publique chargés de la répression des délits pour des faits relatifs à leurs fonctions. — Destruction ordonnée par arrêt de la Cour d'assises de la Seine, du 28 septembre 1835. — (*Moniteur du* 26 *juin* 1836.)

Voy. *Jaffrenou.*

N° du 17 juillet 1835. — Provocation non suivie d'effet au changement du gouvernement. — Destruction ordonnée par arrêt de la Cour d'assises de la Seine, du 7 octobre 1835. — (*Moniteur du* 26 *juin* 1836.)

Voy. *Jaffrenou.*

N° du 14 septembre 1835. — Attaque contre le respect dû aux lois. — Destruction ordonnée par arrêt de la Cour d'assises de la Seine du 26 septembre 1835. — (*Moniteur du* 26 *juin* 1836.)

Voy. *Jaffrenou.*

N$^{os}$ des 13 et 14 octobre 1835. — Excitation, dans deux articles, à la haine et au mépris du gouvernement du roi. — Destruction ordonnée par arrêt de la Cour d'assises de la Seine, du 27 octobre 1835. — (*Moniteur du* 26 *juin* 1836.)

Voy. *Dupoty.*

N° 311. — Excitation à la haine et au mépris du gouvernement du roi, dans un article commençant par ces mots : *La journée d'avant-hier*, et finissant par ceux-ci : *ce sera la journée du* 13 *août.* — Destruction ordonnée par arrêt de la Cour d'assises de la Seine, du 23 novembre 1835. — (*Moniteur du* 26 *juin* 1836.)

Voy. *Jaffrenou.*

**RELATION HISTORIQUE DES ÉVÉNEMENTS DU 30 OCTOBRE 1836.** — *Le prince Napoléon à Strasbourg*, brochure, par Laity. — Imprimerie de Thomassin, à Paris.

Provocation non suivie d'effet au renversement du gouvernement; attaque contre le principe ou la forme du gouvernement établi par la Charte de 1830. — Destruction ordonnée par arrêt de la Cour des Pairs, du 10 juillet 1838.

Voy. *Laity.*

**RÉNOVATEUR BRETON ET VENDÉEN**, journal publié à Nantes. — Gérant, *Huet du Pavillon.*

Excitation à la haine et au mépris du gouvernement du roi, et diffamation envers un agent de l'autorité publique pour des faits relatifs à ses fonctions. — Destruction ordonnée par arrêt de la Cour d'assises de la Loire-Inférieure, du 12 juin 1833. — (*Moniteur du* 30 *octobre* 1833.)

Voy. *Huet du Pavillon.*

Même journal. — Excitation à la haine et au mépris d'une classe de citoyens. — Destruction ordonnée par arrêt de la Cour d'assises de la Loire-Inférieure, du 14 juin 1833. — (*Moniteur du* 30 *octobre* 1833.)

Voy. *Huet du Pavillon.*

Même journal. — Excitation à la haine et au mépris du gouvernement du roi. — Destruction ordonnée par arrêt de la Cour d'assises de la Seine, du 14 juin 1833. — (*Moniteur du* 30 *octobre* 1833.)

Voy. *Huet du Pavillon.*

**RÉPUBLICAINES** (les), 1 volume publié par Pagnerre.

Offenses envers la personne du roi, par l'insertion dans ce volume, page 50, d'une chanson intitulée: *De quoi vous plaignez-vous?* à la page 69, d'une autre chanson intitulée : *le Père la Poire*, et à la page 95, d'une troisième chanson intitulée : *Pétition d'un voleur à un roi son voisin.* — Destruction ordonnée par arrêt de la Cour d'assises de la Seine, du 6 novembre 1835. — (*Moniteur du* 26 *juin* 1836.)

Voy. *Pagnerre.*

**RÉPUBLIQUE ET MONARCHIE**, ou *Principes d'ordre social*, par Francisque Bouvet.

Attaque contre la dignité royale et les droits constitutionnels

du roi. — Destruction ordonnée par arrêt de la Cour d'assises de la Seine, du 5 janvier 1833. — (*Moniteur du 7 avril* 1833.)
Voy. *Bouvet*.

REVENANT (le), journal publié à Paris. — Gérant, Ménard de Rochecave.

N° du 25 janvier 1833. Offense à la personne du roi, excitation à la haine et au mépris du gouvernement, dans un article intitulé : *Madame malade*. — Destruction ordonnée par arrêt de la Cour d'assises de la Seine, du 27 juin 1833. — (*Moniteur du* 30 *octobre* 1833.)
Voy. *Ménard de Rochecave*.

N° du 1er mars 1833.— Excitation à la haine et au mépris du gouvernement. — Destruction ordonnée par arrêt de la Cour d'assises de la Loire-Inférieure, du 3 septembre 1833. — (*Moniteur du* 30 *octobre* 1833.)
Voy. *Ménard de Rochecave*.

RÉVOLUTION (la) DE 1830, journal publié à Paris. — Gérant, Fazy.
Article où il était dit que tous les actes de la chambre des députés étaient rigoureusement soumis à une révision quelconque. — Destruction ordonnée par arrêt de la Cour d'assises de la Seine, du 13 janvier 1831. — (Point d'insertion au Moniteur.)
Voy. *Fazy*.

Le même journal. — Gérant, Thouret.

N° du 17 février 1831. — Injures envers la garde nationale. — Destruction ordonnée par arrêt de la Cour d'assises de la Seine, du 14 avril 1831 — (Point d'insertion au Moniteur.)
Voy. *Thouret*.

N° du mars 1831. — Gérant, Thouret.
Attaques contre l'autorité constitutionnelle de la chambre des députés.—Destruction ordonnée par arrêt de la Cour d'assises de la Seine, du 25 août 1831. — (Point d'insertion au Moniteur.)
Voy. *Thouret*.

RÉVOLUTION DE 1830, ou *Situation expliquée par les révolutions de* 89, 93, 1814 *et* 1815, par Cabet.
Attaque contre la dignité royale. — Destruction ordonnée par arrêt de la Cour d'assises de la Seine, du 16 novembre 1832. — (Point d'insertion au Moniteur.)

**REVUE DÉMOCRATIQUE**, recueil mensuel publié à Paris, par Desessart.

Livraisons des 5 octobre et 5 novembre 1830. — Provocation à la haine et au mépris du gouvernement du roi ; apologie de faits qualifiés crimes par la loi pénale ; attaque contre la propriété ; outrage à la morale publique et religieuse. — Destruction ordonnée par arrêt de la Cour d'assises de la Seine, du 30 novembre 1840. — (*Moniteur du* 12 *mars* 1842.)

Voy. ***Desessart.***

**RIGUEURS SALUTAIRES**, article publié dans *l'Almanach-Catéchisme*, manuel du peuple (brochure D).

Excitation à la haine et au mépris du gouvernement du roi. — Destruction ordonnée par arrêt de la Cour d'assises de la Seine, du 31 janvier 1845. — (*Moniteur du* 9 *juin* 1846.)

Voy. ***l'Almanach du Peuple***, etc., ***Brée*** et ***Delcambre.***

**TRAITE** (la) **DES BLANCS**, article publié dans *l'Almanach-Catéchisme* et *Manuel du Peuple* (brochure C).

Provocation à la haine entre les diverses classes de la société ; excitation au mépris et au gouvernement du roi. — Destruction ordonnée par arrêt de la Cour d'assises de la Seine, du 31 décembre 1835. — (*Moniteur du* 9 *juin* 1836.)

Voy. *l'Almanach-Catéchisme*, etc., ***Brée*** et ***Delcambre.***

**TRIBUNE** (la) *politique et littéraire*, journal publié à Paris. — Gérant, Bascans.

N° du 8 mai 1832. — Injures envers un dépositaire de l'autorité publique, dans un article commençant par ces mots : *Vous avez été nommé conseiller d'Etat*, etc. — Destruction ordonnée par arrêt de la Cour d'assises de la Seine, du 20 février 1833. — (*Moniteur du* 7 *avril* 1833.)

Voy. ***Avril.***

N^os des 2, 3, 27 et 29 juillet 1832. — Gérant, Bascans.

Excitation à la haine et au mépris du gouvernement du roi. — Destruction ordonnée par arrêt de la Cour d'assises de la Seine, du 21 février 1833. — (*Moniteur du* 7 *avril* 1833.)

Voy. ***Bascans***, et ***Brée.***

N° du 21 mars 1833. — Gérant, Lionne.

Provocation à la désobéissance aux lois. — Destruction ordonnée par arrêt de la Cour d'assises de la Seine, du 4 octobre 1833. — (*Moniteur du* 25 *avril* 1834.)

Voy. ***Lionne.***

Nos des 5 et 8 juillet 1833.– Gérant, Lionne.
Offenses envers la personne du roi. — Destruction ordonnée par arrêt de la Cour d'assises de la Seine, du 23 septembre 1833. — (*Moniteur du 25 avril* 1833.)
Voy. *Lionne*.

No du 31 août 1833 (no 243). — Gérant, Lionne.
Attaque contre l'inviolabilité de la personne du roi. — Destruction ordonnée par arrêt de la Cour d'assises de la Seine, du 12 septembre 1833. — (*Moniteur du* 30 *octobre* 1833.)
Voy. *Lionne*.

No du 14 septembre 1833. — Gérant, Lionne.
Offense envers la personne du roi. — Destruction ordonnée par arrêt de la Cour d'assises de la Seine, du 7 novembre 1833. (*Moniteur du 25 avril* 1834.)
Voy. *Lionne*.

No du 20 mars 1834. — Gérant, Lionne.
Provocation à la désobéissance aux lois. — Destruction ordonnée par arrêt de la Cour d'assises de la Seine, du 26 avril 1834. — (*Moniteur du* 30 *décembre* 1834.)
Voy. *Lionne*.

No du 4 mars 1834. — Gérant, Lionne.
Provocation non suivie d'effet au crime d'attentat ayant pour but, soit de détruire, soit de changer le gouvernement ; provocation à la désobéissance aux lois, et offense envers la personne du roi. — Destruction ordonnée par arrêts de la Cour d'assises de la Seine, des 14 et 30 août 1834.—(*Moniteur du* 30 *décembre* 1834.)
Voy. *Lionne*.

No du 14 septembre 1834. — Gérant, Bichat.
Offense envers la personne du roi, et excitation à la haine et au mépris de son gouvernement. — Destruction ordonnée par arrêt de la Cour d'assises de la Seine, du 11 octobre 1834. — (*Moniteur du* 7 *août* 1835.)
Voyez *Bichat*.

No du 26 septembre 1834. — Gérant, Bichat.
Offense envers la personne du roi. — Destruction ordonnée par arrêt de la Cour d'assises de la Seine, du 10 janvier 1835. (*Moniteur du* 7 *août* 1835.)
Voy. *Bichat*.

No du 3 novembre 1834. — Gérant, Bichat.
Offense envers la personne du roi et provocation ayant pour effet de commettre un attentat ayant pour but, soit de détruire,

soit de changer le gouvernement, sans que cette provocation ait été suivie d'effet. — Destruction ordonnée par arrêt de la Cour d'assires de la Seine, du 26 mars 1835. — (*Moniteur du* 7 *août* 1835.)

Voy. *Bichat*.

N° du 30 janvier 1835. — Gérant, Bichat.

Offense envers la personne du roi. — Destruction ordonnée par arrêt de la Cour d'assises de la Seine, du 12 juin 1835. — (*Moniteur du* 26 *juin* 1836.)

Voy. *Bichat*.

N° du 3 février 1835. — Gérant, Bichat.

Excitation à la haine et au mépris du gouvernement du roi. — Destruction ordonnée par arrêt de la Cour d'assises de la Seine, du 22 mai 1835. — (*Moniteur du* 7 *août* 1835.)

Voy. *Bichat*.

N° 92. — Attaque contre les droits constitutionnels du roi, dans un article commençant par ces mots : *Le temps nous mutile pour nous répondre*, et finissant par ceux-ci : *et versé dans le gouffre du fisc cent quarant-sept mille francs d'amende*. — Destruction ordonnée par arrêt de la Cour d'assises du 15 juillet 1835. — (*Moniteur du* 26 *juin* 1836.)

Voy. *Bichat*.

TYSIPHONE, par Bastide ; écrit imprimé par Mevrel à Paris.

Provocation non suivie d'effet à changer et à détruire le gouvernement, et à exciter les citoyens à s'armer les uns contre les autres, dans un passage de cet écrit commençant, page 16, par ces mots : *Le peuple déchirant sa chemise*, et finissant par ceux-ci : *comme l'on brise un verre*. — Destruction ordonnée par arrêt de la Cour d'assises de la Seine, du 7 novembre 1835. — (*Moniteur du* 26 *juin* 1836.)

Voy. *Peuple déchirant sa chemise*, *Bastide* et *Mevrel*.

UNION (l') DES PROVINCES ET LE RÉPARATEUR, journal publié à Paris. — Gérant, Martin.

N^os^ des 12 et 21 juillet 1844. — Apologie d'un fait qualifié délit par l'art. 415 du Code pénal ; provocation à la haine entre les diverses classes de la société. — Destruction ordonnée par arrêt de la Cour d'assises de la Seine, du 13 août 1844. — (*Moniteur du* 3 *décembre* 1844.)

Voy. *Martin* (Jean-Joseph).

UNIVERS (l') RELIGIEUX, journal publié à Paris. — Gérant, Barrier.

Nos des 16 et 20 mai 1844. — Provocation à la désobéissance aux lois; attaque contre le respect qui leur est dû; apologie de faits qualifiés délits par le Code pénal, dans des extraits insérés d'un écrit intitulé : *Liberté d'enseignement, procès de M. l'abbé Combalot*, etc., etc. — Destruction ordonnée par arrêt de la Cour d'assises de la Seine, du 11 mai 1844. — (*Moniteur du* 23 *juin* 1845.)

Voy. *Liberté d'enseignement, etc.*, *Veuillot* et *Barrier.*

VENDÉEN (le), journal publié à Niort. — Gérant, Brunet de Lagrange.

Excitation à la haine et au mépris du gouvernement du roi. — Destruction ordonnée par arrêt de la Cour d'assises des Deux-Sèvres, du 12 juillet 1834. — (*Moniteur du* 12 *juillet* 1834.)

Voy. *Brémont* et *Brunet de Lagrange.*

VÉRITÉ (la) SUR LE PARTI DÉMOCRATIQUE, par Thoré.

Apologie de faits qualifiés crimes par la loi; attaque contre la propriété. — Destruction ordonnée par arrêt de la Cour d'assises de la Seine, du 8 décembre 1840. — (*Moniteur du* 12 *mars* 1842.)

Voy. *Thoré.*

VIEILLE (la) EUROPE. — Des rois et des peuples de notre époque, par le général vicomte Donnadieu. 1 vol. in-8°.

Attaques contre les droits constitutionnels du roi, et offenses envers sa personne. — Destruction ordonnée par arrêt de la Cour d'assises du 24 juillet 1837. — (*Moniteur du* 7 *novembre* 1837.)

Voy. *Donnadieu.*

VOIX (la) DE LA FAMINE, par Constant, avec cette épigraphe : *Le peuple a faim, la France a peur*, brochure de 32 pages.

Provocation à la haine et au mépris des citoyens contre une ou plusieurs classes de personnes; excitation à la haine et au mépris du gouvernement du roi. — Destruction ordonnée par arrêts de la Cour d'assises des 8 février et 15 mars 1847. — (*Moniteur du* 7 *août et* 9 *novembre* 1847.)

Voy. *Constant* et *Légallois.*

# TROISIÈME PARTIE.

## Ecrits et gravures politiques condamnés

Depuis la révolution de 1848 jusqu'au 1er janvier 1850.

---

ASSEMBLÉE (l') NATIONALE, journal publié à Paris. — Gérant, Pommier.

N° du 14 février 1849. — Diffamation envers M. Marrast, en raison de sa qualité de maire de Paris, dans une lettre signée *Saint-Genez*. — Destruction ordonnée par arrêt de la Cour d'assises de la Seine, du 14 mai 1849. — (*Moniteur du 13 juin* 1849.)

Voy. *Pommier* et *Saint-Genez*.

BAL (le) ET LA GUILLOTINE, écrit publié et distribué par Leroy.

Excitation à la haine et au mépris du gouvernement de la république. — Destruction ordonnée par arrêt de la Cour d'assises de la Seine, du 11 août 1849. — (*Moniteur du 7 décembre* 1849.)

Voy. *Leroy*.

BOURREAU (le), article publié dans le journal *le Citoyen* (n° 34).

Excitation au mépris ou à la haine des citoyens les uns contre les autres. — Destruction ordonnée par arrêt de la Cour d'assises de la Côte-d'Or, du 24 mai 1849. — (*Moniteur du 2 octobre* 1849.)

Voy. *le Citoyen*, et *Bertrand*.

CASQUETTE (la) DU PÈRE DUCHÊNE, pamphlet socialiste, par Monbrial de Bassignac.

Excitation à la haine et au mépris des citoyens les uns contre les autres. — Destruction ordonnée par arrêt de la Cour d'assises de la Seine, du 27 novembre 1848. — (*Moniteur du 26 mars* 1849.)

Voy. *Monbrial de Bassignac*.

CITOYEN (le), journal publié à Dijon. — Gérant, Bertrand.
N° 34. — Excitation à la haine ou au mépris des citoyens les uns contre les autres, dans un article intitulé : *Le Bourreau.* — Destruction ordonnée par arrêt de la Cour d'assises de la Côte-d'Or, du 24 mai 1849. — (*Moniteur du 2 octobre* 1849.)
Voy. *Bertrand.*

DÉMOCRATIE PACIFIQUE, journal publié à Paris. — Gérant, Tandon.
N° du 10 mai 1849. — Excitation au mépris et à la haine du gouvernement de la république ; provocation à la désobéissance aux lois, dans un article intitulé : *La veille de la guerre civile.* — Destruction ordonnée par arrêt de la Cour d'assises de la Seine, du 22 juin 1849. — (*Moniteur du 7 décembre* 1849.)
Voy. *Tandon.*

INDÉPENDANT DE L'OUEST, journal publié à Alençon. — Gérant, Lemoine.
Excitation à la haine et au mépris du gouvernement de la république. — Destruction ordonnée par arrêt de la Cour d'assises de l'Orne, du 14 avril 1849. — (*Moniteur du 7 décembre* 1849.)
Voy. *Lemoine.*

JOURNAL DE DUNKERQUE. — Gérant, Bertau.
N° 3046 (3 juin 1849). — Attaques contre les institutions républicaines et la Constitution, provocation à la guerre civile, etc. — Destruction ordonnée par arrêt de la Cour d'assises du Nord, du 23 juillet 1849. — (*Moniteur du 2 octobre* 1849.)
Voy. *Bertau.*

LETTRE A F.-V. RASPAIL, *représentant du peuple*, par Marchal.
Excitation à la haine et au mépris des citoyens les uns contre les autres. — Destruction ordonnée par arrêt de la Cour d'assises de la Seine, du 20 décembre 1848. — (*Moniteur du 26 mars* 1849.)
Voy. *Marchal.*

M. BONAPARTE ET L'ASSEMBLÉE NATIONALE, article publié dans *la Révolution démocratique et sociale* (n° du 10 mai 1849).

Excitation à la haine et au mépris du gouvernement de la république; provocation à la guerre civile, non suivie d'effet. — Destruction ordonnée par arrêt de la Cour d'assises de la Seine, du 13 août 1849. — (*Moniteur du 7 décembre* 1849.)

Voy. *la Révolution démocratique etc.*, et *Robillard*.

MESSIEURS LES ROYALISTES, TIREZ LES PREMIERS, article publié dans la *Révolution démocratique et sociale* (n° du 30 mai 1849).

Excitation à la haine et au mépris des citoyens les uns contre les autres; provocation, non suivie d'effet, à la guerre civile. — Destruction ordonnée par arrêt de la Cour d'assises de la Seine, du 27 août 1849. — (*Moniteur du 7 décembre* 1849.)

Voy. *la Révolution démocratique etc.*, et *Robilllard*.

NAPOLÉON ET LES PAYSANS, article publié dans le journal *le Peuple* (n° du 18 mai 1849).

Excitation à la haine et au mépris des citoyens les uns contre les autres; excitation au mépris et à la haine du gouvernement de la république, etc. — Destruction ordonnée par arrêt de la Cour d'assises de la Seine, du 27 juin 1849. — (*Moniteur du 7 décembre* 1849.)

Voy. *le Peuple*, et *Duchêne*.

NATIONAL (le) DE L'OUEST, journal publié à Nantes. — Gérant, Mangin.

N° du 19 mars 1849. — Excitation à la haine et au mépris du gouvernement de la république, dans un article intitulé: *L'Echafaud politique relevé par la réaction*. — Destruction ordonnée par arrêt de la Cour d'assises de la Loire-Inférieure, du 2 juillet 1849. — (*Moniteur du 2 octobre* 1849.)

Voy. *Mangin*.

PEUPLE (le), journal publié à Paris. — Gérant, Duchène.

N° du 26 novembre 1848. — Attaque contre le principe de la propriété. — Destruction ordonnée par arrêt de la Cour d'assises de la Seine, du 13 décembre 1848. — (*Moniteur du 26 mars* 1849.)

Voy. *Duchène*.

N$^{os}$ 69 et 70 (26 et 27 janvier 1849). — Excitation à la haine et au mépris du gouvernement de la république; attaques contre la constitution et les institutions républicaines dans un article intitulé : *La Guerre*. — Attaques contre les droits et l'autorité du président de la république, etc., dans un autre article. — Destruction ordonnée par arrêt de la Cour d'assises de la Seine, du 16 mars 1849. — (Point d'insertion au Moniteur.)

Voy. *Proudhon.*

Nos des 11 décembre 1848, 8, 15, 22 janvier, 5, 12 et 19 février 1849. — Excitation à la haine ou au mépris des citoyens les uns contre les autres; excitation à la haine et au mépris du gouvernement de la république. — Destruction ordonnée par arrêt de la Cour d'assises de la Seine, du 7 avril 1849. — (*Moniteur du 13 juin* 1849.)

Voy. *Prologue d'une Révolution*, *Duchène* et *Ménard.*

No du 10 février 1849. — Excitation à la haine et au mépris des citoyens les uns envers les autres dans deux articles. — Destruction ordonnée par arrêt de la Cour d'assises de la Seine, du 28 avril 1849. — (*Moniteur du 7 décembre* 1849.)

Voy. *Duchène.*

Nos des 5, 6, 11, 18 et 19 mars 1849. — Excitation à la haine ou au mépris des citoyens les uns contre les autres; excitation à la haine ou au mépris du gouvernement de la république; attaque contre la constitution et les institutions républicaines; excitation au renversement du gouvernement. — Destruction ordonnée par arrêt de la Cour d'assises de la Seine, du 12 mai 1849. — (*Moniteur du 7 décembre* 1849.)

Voy. *Duchène.*

No du 18 mai 1849. — Excitation à la haine et au mépris des citoyens les uns contre les autres; excitation au mépris et à la haine du gouvernement de la république, etc., etc., dans un article intitulé : *Napoléon et les Paysans.* — Destruction ordonnée par arrêt de la Cour d'assises de la Seine, du 27 juin 1849. — (*Moniteur du 7 décembre* 1849.)

Voy. *Napoléon et les Paysans*, et *Duchène.*

Nos des 23, 24 et 25 avril 1849. — Provocation à la désobéissance aux lois; excitation au meurtre non suivie d'effet. — Destruction ordonnée par arrêt de la Cour d'assises de la Seine, du 11 juillet 1849. — (*Moniteur du 7 décembre* 1849.)

Voy. *Duchène.*

No du 22 mars 1849. — Provocation à la désobéissance aux lois dans un article intitulé : *Violation de la Constitution.* — Destruction ordonnée par arrêt de la Cour d'assises de la Seine, du 21 juillet 1849. — (*Moniteur du 7 décembre* 1849.)

Voy. *Duchène.*

Nos des 9, 10 et 11 mai 1849. — Provocation à la guerre civile et au changement de gouvernement, etc. — Destruction or-

donnée par arrêt de la Cour d'assises de la Seine, du 3 août 1849. — (*Moniteur du 7 décembre* 1849.)
Voy. *Duchêne.*

PEUPLE (le), journal publié à Limoges. — Gérant, Champseix.

Nos des 1er et 15 février 1849. — Diffamation envers des volontaires de la Haute-Vienne, du 28 mai 1849. — Destruction ordonnée par arrêt de la Cour d'assises de la Haute-Vienne, du 28 mai 1849. — (*Moniteur du 2 octobre* 1849.)
Voy. *Champseix.*

N° du 29 avril 1849. — Excitation, dans un article, à la haine ou au mépris du gouvernement de la république. — Destruction ordonnée par arrêt de la Cour d'assises de la Haute-Vienne, du 30 mai 1849. — (*Moniteur du 2 octobre* 1849.)
Voy. *Champseix.*

PEUPLE (le) CONSTITUANT, journal publié à Paris. — Gérant, Veyron-Lacroix.

N° du 11 juillet 1848. — Provocation, non suivie d'effet, au changement de gouvernement. — Destruction ordonnée par arrêt de la Cour d'assises de la Seine, du 26 octobre 1848. — (*Moniteur du 26 mars* 1849.)
Voy. *Veyron-Lacroix.*

PEUPLE (le) SOUVERAIN, journal publié à Bordeaux. — Gérant, Durand.

N° 15 (22 mars 1849). — Excitation à la haine et au mépris du gouvernement de la république; attaques contre la constitution et les institutions républicaines. — Destruction ordonnée par arrêt de la Cour d'assises de la Gironde, du 5 mai 1849. —(*Moniteur du 2 octobre* 1849.)
Voy. *Durand.*

N° 16 (25 mars 1849). — Excitation au mépris et à la haine des citoyens les uns envers les autres; attaque des droits de l'Assemblée nationale; provocation à la désobéissance aux lois, dans un article intitulé : *Les Paysans et les Ouvriers.* — Destruction ordonnée par arrêt de la Cour d'assises de la Gironde, du 5 mai 1849. — (*Moniteur du 2 octobre* 1849.)
Voy. *Durand.*

N° 22 (19 avril 1849). — Excitation au mépris et à la haine des citoyens les uns envers les autres; provocation, non suivie d'effet, à la guerre civile. — Destruction ordonnée par arrêt de la Cour d'assises de la Gironde, du 2 octobre 1849.—(*Moniteur du 7 décembre* 1849.)

Voy. *Durand.*

POINT DE MILIEU, HENRI V OU PROUDHON, etc., brochure publiée et distribuée par Martin de la Rivière.

Excitation au mépris des citoyens les uns envers les autres.— Destruction ordonnée par arrêt de la Cour d'assises de l'Eure, du 28 mai 1849. — (*Moniteur du 2 octobre* 1849.)

Voy. *Martin de la Rivière.*

POLITIQUE ET SOCIALISME A LA PORTÉE DE TOUS, par Mortillet, brochure in-32, publiée en 1849.

Attaque contre le principe de la propriété; provocation au vol non suivie d'effet. — Destruction ordonnée par arrêt de la Cour d'assises de la Seine, du 23 juin 1849.—(*Moniteur du 7 décembre* 1849.)

Voy. *Mortillet.*

PRODUCTEUR (le) VINICOLE, journal mensuel publié à Paris. — Gérant, Figuet.

N° de décembre 1848. — Provocation à la désobéissance aux lois dans un article intitulé : *Vive le Président de la république!* — Destruction ordonnée par arrêt de la Cour d'assises de la Seine, du 24 juillet 1849. — (*Moniteur du 7 décembre* 1849.)

Voy. *Vive le Président, etc.*, et *Figuet.*

PROLOGUE D'UNE RÉVOLUTION, par Ménard, écrit publié dans le journal, *le Peuple.*

N^os^ des 11 décembre 1848, 8, 15, 22 janvier, 5, 12 et 19 février 1849. — Excitation à la haine ou au mépris du gouvernement de la république. — Destruction ordonnée par arrêt de la Cour d'assises de la Seine, du 7 avril 1849. — (*Moniteur du 13 juin* 1849.)

Voy. *le Peuple*, *Ménard* et *Duchêne.*

PROPAGANDE ÉLECTORALE : LES PAYSANS, affiche placardée à Marchenoir (département de Loir-et-Cher).

Outrages publics au Président de la république, à raison de sa qualité ou de ses fonctions. — Destruction ordonnée par arrêt de la Cour d'assises de Loir-et-Cher, du 11 août 1849.—(*Moniteur du 2 octobre* 1849.)

Voy. *Cochet* et *Raccouilloit.*

QUATRE HOMMES ET UN CAPORAL, *entretien de Jean Pichu*

*avec son sergent, au sujet du discours du citoyen Bugeaud*, par Bouas.

Provocation à la désobéissance aux lois; excitation à la haine et au mépris du gouvernement de la république. — Destruction ordonnée par arrêt de la Cour d'assises de la Seine, du 26 juin 1849. — (*Moniteur du 26 juin* 1849.)

Voy. *Bouas.*

REPRÉSENTANT (le) DU PEUPLE, journal publié à Paris. — Gérant, Vasbenter.

Nos des 16 et 19 août 1848. — Excitation à la haine et au mépris des citoyens les uns contre les autres. — Destruction ordonnée par arrêt de la Cour d'assises de la Seine, du 12 décembre 1848. — (*Moniteur du 26 mars* 1849.)

Voy. *Vasbenter.*

RÉVOLUTION DÉMOCRATIQUE ET SOCIALE, journal publié à Paris. — Gérant, Robillard.

N° du 10 mai 1849. — Excitation à la haine et au mépris du gouvernement de la république; provocation, non suivie d'effet, à la guerre civile. — Destruction ordonnée par arrêt de la cour d'assises de la Seine, du 13 août 1849. — (*Moniteur du 7 décembre* 1849.)

Voy. *Robillard.*

N° du 30 mai 1849. — Excitation à la haine ou au mépris des citoyens les uns contre les autres; provocation, non suivie d'effet, à la guerre civile, dans un article intitulé : *Messieurs les royalistes, tirez les premiers.* — Destruction ordonnée par arrêt de la Cour d'assises de la Seine, du 27 août 1849.—(*Moniteur du 7 décembre* 1849.)

Voy. *Messieurs les royalistes, etc.*, et *Robillard.*

SOLIDARITÉ DÉMOCRATIQUE DE LOIR-ET-CHER, journal publié à Blois. — Gérant, Laforce.

N° du 9 juin 1849. — Attaque contre la constitution et les institutions républicaines. — Destruction ordonnée par arrêt de la Cour d'assises de Loir-et-Cher, du 10 mai 1849. — (*Moniteur du 7 décembre* 1849.)

Voy. *Laforce.*

VEILLE (la) DE LA GUERRE CIVILE, article publié dans le journal *la Démocratie pacifique* (n° du 10 mai 1849).

Excitation au mépris et à la haine du gouvernement de la république. — Destruction ordonnée par arrêt de la Cour d'assises de la Seine, du 22 juin 1849. — (*Moniteur du 7 décembre* 1849.

Voy. *la Démocratie pacifique*, et *Tandon*.

VIVE LE PRÉSIDENT DE LA RÉPUBLIQUE FRANÇAISE, etc., écrit signé par Figuet, Virlouvet, Monbrial de Bassignac, Martin, inséré dans *le Producteur vinicole* (n° de décembre 1848), et publié aussi séparément.

Provocation à la désobéissance aux lois. — Destruction ordonnée par arrêt de la Cour d'assises de la Seine, du 24 juillet 1849. — (*Moniteur du 7 décembre* 1849.)

Voy. *le Producteur vinicole*, et *Figuet*.

# QUATRIÈME PARTIE.

## Ecrits, gravures, lithographies et dessins immoraux, licencieux et obscènes.

CONDAMNÉS

Depuis 1814 jusqu'au 1er janvier 1850.

---

**A BON ENTENDEUR, SALUT**, ou *Description topographique ;* ouvrage publié et mis en vente par Rousseau, libraire à Paris.

Outrages aux bonnes mœurs. — Destruction ordonnée par arrêt de la Cour royale de Paris, du 16 novembre 1822. — (*Moniteur du 26 mars* 1825.)

Voy. *Rousseau.*

**ABRÉGÉ DE L'HISTOIRE**, ouvrage mis en vente par Régnier Becker, commissionnaire en marchandises.

Outrages à la morale publique et religieuse, et aux bonnes mœurs. — Destruction ordonnée par arrêt de la Cour d'assises de la Seine, du 9 août 1842. — (*Moniteur du 15 décembre* 1843.)

Voy. *Régnier Becker.*

**ABRÉGÉ DE L'ORIGINE DE TOUS LES CULTES**, par Dupuis ; — Chasseriau, libraire-éditeur, à Paris.

Outrages continuels à la religion de l'Etat, ainsi qu'à la morale universelle. — Destruction ordonnée par arrêt de la Cour royale de Paris, du 26 juin 1825. — (*Moniteur du 26 mars* 1825.)

Voy. *Chasseriau.*

Le même ouvrage. — Destruction ordonnée par jugement du tribunal correctionnel de la Seine, du 31 mai 1826. — (*Moniteur du 6 août* 1826.)

Voy. *Furcy-Devaux.*

**ABSURDITÉ DES RELIGIONS PRÉTENDUES RÉVÉLÉES**, par Michel.

Attaques contre la morale et la religion. — Destruction ordonnée par arrêt de la Cour d'assises de la Seine, du 15 avril 1844. — (*Moniteur du 3 décembre* 1844.)

Voy. *Michel*.

ACADÉMIE DES DAMES, ouvrage avec gravures obscènes, publié et mis en vente par Rousseau, libraire à Paris.

Outrages aux bonnes mœurs. — Destruction ordonnée par arrêt de la Cour royale de Paris, du 16 novembre 1822. — (*Moniteur du* 26 *mars* 1823.)

Voy. *Rousseau*.

ALBUM HÉRÉTIQUE, ouvrage mis en vente par Regnier Becker, commissionnaire en marchandises.

Outrages à la morale publique et religieuse, et aux bonnes mœurs. — Destruction ordonnée par arrêt de la Cour d'assises de la Seine, du 9 août 1842. — (*Moniteur du* 15 *décembre* 1843.)

Voy. *Regnier Becker*.

A L'IMMORTALITÉ : *Français, encore un effort*, etc. ; — brochure in-8°, publiée par Rouanet, libraire à Paris ; Blondeau, imprimeur.

Outrages contre les religions légalement reconnues en France et à la morale publique. — Destruction ordonnée par arrêt de la Cour d'assises de la Seine, du 20 novembre 1848. — (*Moniteur du* 26 *mars* 1849.)

Voy. *Rouanet*.

ALINE ET VALCOUR, ou *le Roman philosophique*, par de Sade.

Outrages à la morale publique et aux bonnes mœurs. — Destruction ordonnée par arrêt de la Cour royale de Paris, du 19 mai 1815. — (Pas d'insertion au Moniteur.)

AMANT (l') HEUREUX, gravure obscène.

Destruction ordonnée par arrêt de la Cour d'assises de la Seine, du 14 janvier 1822. — (Pas d'insertion au Moniteur.)

AMANT (l') PRESSANT, gravure obscène.

Destruction ordonnée par arrêt de la cour d'assises de la Seine, du 14 janvier 1822. — (Pas d'insertion au Moniteur.)

AMANTS (les) SURPRIS, gravure obscène.

Destruction ordonnée par arrêt de la Cour d'assises de la Seine, du 14 janvier 1822. — (Pas d'insertion au Moniteur.)

AMOUR (l') ET LA GUERRE, ou *Thélène*, par Ducange ; 4 volumes in-12.

Outrage à la morale publique et religieuse. — Destruction

ordonnée par jugement du tribunal correctionnel de la Seine, du 29 janvier 1824. — (*Moniteur du 7 novembre 1826.*)
Voy. *Ducange.*

AMOURS (les) DE BONAPARTE, 1 vol. in-8°.
Destruction ordonnée du consentement de l'éditeur, par jugement du tribunal correctionnel de la Seine, du 3 avril 1823. — (Pas d'insertion au Moniteur.)

AMOURS (les) DES DIEUX PAÏENS, ouvrage mis en vente par Regnier Becker, commissionnaire en marchandises.
Outrages aux bonnes mœurs. — Destruction ordonnée par arrêt de la Cour d'assises de la Seine, du 9 août 1842. — (*Moniteur du 15 décembre* 1843).
Voy. *Regnier Becker.*

AMOURS (les) DE N. S. P. LE PAPE, avec figures obscènes, ouvrage publié et mis en vente par Rousseau, libraire à Paris.
Destruction ordonnée par arrêt de la Cour royale de Paris, du 16 novembre 1822. — (*Moniteur du* 26 *mars* 1825.)
Voy. *Rousseau.*

AMOURS (les) SECRÈTES DE M. MAYEUX, *écrites par lui-même*; ouvrage mis en vente par Bon.
Outrage à la morale publique et aux bonnes mœurs. — Destruction ordonnée par arrêt de la Cour d'assises de la Seine-Inférieure, du 8 septembre 1844. — (*Moniteur du* 3 *décembre* 1844.)
Voy. *Bon.*

ANGUILLE (l'), chanson par Pradel.
Outrage aux bonnes mœurs. — Destruction ordonnée par arrêts de la Cour royale de Paris, des 11 juillet et 11 novembre 1822 — (*Moniteur des* 22 *juillet*, 16 *novembre* 1822 *et* 26 *mars* 1825.)
Voy. *Pradel* et *Rousseau.*

ANNALES DU COMMERCE, journal publié à Paris. — Gérant, Gilbert
Article intitulé : *Saint Guignolet.* — Outrage à la morale publique et aux bonnes mœurs. — Destruction ordonnée par arrêt de la Cour royale de Paris, du 29 avril 1830, confirmatif de jugements du tribunal correctionnel de Paris, des 6 juillet et 20 août 1828. — (Point d'insertion au Moniteur.)
Voy. *Gilbert.*

ANTHOLOGIE ÉROTIQUE; 1 vol. in-8°.
Outrage aux bonnes mœrs. — Destruction ordonnée par juge-

ment du tribunal correctionnel de Paris, du 7 mars 1823. — (Point d'insertion au Moniteur.)

**APRÈS LA VICTOIRE**, gravure mise en vente par Deshayes et la femme Goin.

Outrage à la morale publique et aux bonnes mœurs. — Destruction ordonnée par arrêt de la Cour d'assises de la Seine, du 28 novembre 1845. — (*Moniteur du* 9 *juin* 1846.)

Voy. *Deshayes* et la femme *Goin*.

**APPRÊTS** (les) **DU BAL**, gravures mises en vente par Regnier Becker, commissionnaire en marchandises.

Outrages à la morale publique et aux bonnes mœurs. — Destruction ordonnée par arrêt de la Cour d'assises de la Seine, du 9 août 1842. — (*Moniteur du* 15 *décembre* 1843.)

Voy. *Regnier Becker*.

**ARÉTIN** (l') **FRANÇAIS**, un volume avec gravures.

Outrage aux bonnes mœurs et à la morale publique et religieuse. — Destruction ordonnée par jugement du tribunal correctionnel de la Seine, du 25 février 1825. — (*Moniteur du* 7 *novembre* 1826.)

Voy. *Besson*, *Bourrut*, *Cottenet* et *Merlot*.

Le même ouvrage. — Outrages aux bonnes mœurs. — Destruction ordonnée par arrêt de la Cour d'assises de la Seine, du 2 mars 1832. — (*Moniteur du* 29 *juin* 1833.)

Voy. *Guyonnet*.

Le même ouvrage. — Outrage aux bonnes mœurs. — Destruction ordonnée par arrêt de la Cour d'assises de la Seine, du 9 février 1842. — (*Moniteur du* 12 *novembre* 1842.)

Voy. *Salagnot*.

**ATTENTE** (l') **VOLUPTUEUSE**, gravure obscène.

Destruction ordonnée par jugement du tribunal correctionnel de la Seine, du 7 mars 1823. (Point d'insertion au Moniteur.)

La même gravure. — Destruction encore ordonnée par arrêt de la Cour d'assises de la Seine, du 9 août 1842. — (*Moniteur du* 15 *décembre* 1843.)

Voy. *Regnier Becker*.

**AVENTURES DIVERTISSANTES DU DUC DE ROQUELAURE**, *suivant les mémoires trouvés dans le cabinet du maréchal d'H...*; ouvrage imprimé par Lottin et publié par Bouquin, libraire à Paris.

Outrage à la morale publique et aux bonnes mœurs. — Destruction ordonnée par jugement du tribunal correctionnel de la Seine, du 12 août 1826. — (*Moniteur du 10 septembre 1826.*)

Voy. ***Bouquin*** et ***Lottin.***

Le même ouvrage. — Destruction ordonnée par arrêt de la Cour d'assises de la Seine, du 26 avril 1842. — (*Moniteur du 12 novembre 1842.*)

Voy. *Chassaignon.*

**BATAILLE** (la) **DE NOVI**, chanson publiée dans un recueil intitulé: *Les Gaudrioles de M. Gaillard*, mises en vente par Rameau.

Outrage à la morale publique et aux bonnes mœurs. — Destruction ordonnée par arrêt de la Cour d'assises de la Seine, du 30 mars 1843. — (*Moniteur du 15 décembre 1843.*)

Voy. *Gaudrioles de M. Gaillard*, et *Rameau.*

**BELLE** (la) **MAIN**, chanson par Debraux, publiée dans le recueil intitulé : *Le Nouvel Enfant de la Goguette*, mis en vente par Lecouvey, éditeur.

Outrage aux bonnes mœurs. — Destruction ordonnée par arrêt de la Cour royale de Paris, du 29 mai 1825. — (*Moniteur du 26 mars 1825.*)

Voy. *Le Nouvel Enfant de la Goguette*, *Debraux* et *Lecouvey.*

**BIBLE DE LA LIBERTÉ**, par Constant, publiée par Legallois.

Attaques contre la propriété et outrages à la morale publique et religieuse. — Destruction ordonnée par arrêt de la Cour d'assises de la Seine, du 11 mai 1841. — (*Moniteur du 12 mars 1842.*)

Voy. *Constant* et *Legallois.*

**BIBLIOTHÈQUE DES ROMANS**, cahier de gravures obscènes, mis en vente par Mayer.

Destruction ordonnée par arrêt de la Cour d'assises de la Seine, du 11 avril 1843. — (*Moniteur du 15 décembre 1843.*)

Voy. *Mayer.*

**BIJOU** (le) **DE SOCIÉTÉ**, gravure obscène.

Destruction ordonnée par arrêt de la Cour royale de Paris, du 19 mai 1815. — (Point d'insertion au Moniteur.)

**BIJOUS** (les) **INDISCRETS**, roman érotique, par Diderot, mis en vente par Artigues.

Outrage à la morale publique et religieuse, et aux bonnes mœurs. — Destruction ordonnée par arrêt de la Cour d'assises

du Nord, du 2 février 1835. — (*Moniteur du 7 août 1835.*)
Voy. *Artigues.*

BIOGRAPHIE (petite) DES GENS DE LETTRES VIVANTS. — Articles : *Fiebvé*, et *Virginie de Sénancourt*, par Bonnelier. — Ledoux, éditeur.

Diffamation et outrage à la morale publique et aux bonnes mœurs. — Destruction ordonnée par jugement du tribunal correctionnel de la Seine, du 22 août 1826. — (*Moniteur du 7 novembre* 1826.

Voy. *Bonnelier*, *Ledoux* et *Taillard.*

BON (le) DIEU, chanson de Béranger, publiée dans un supplément ou recueil, mis en vente par Rousseau et Furcy-Devaux.

Outrage à la morale publique et religieuse. — Destruction ordonnée :

1° Par arrêt de la Cour d'assises de la Seine, du 8 décembre 1821. — (*Moniteur du* 17 *mars* 1822.)
Voy. *Béranger.*

2° Par arrêt de la Cour royale de Paris, du 16 novembre 1822. — (*Moniteur du* 26 *mars* 1825.)
Voy. *Rousseau.*

3° Par jugement du tribunal correctionnel de la Seine, du 31 mai 1826. — (*Moniteur du* 6 *août* 1826.)
Voy. *Furcy-Devaux.*

BON (le) SENS DU CURÉ MESLIER.

Outrage à la morale publique et religieuse. — Destruction ordonnée :

1° Par jugement du tribunal correctionnel de la Seine, du 20 août 1824. — (Point d'insertion au Moniteur.)

2° Par arrêt de la Cour d'assises du Nord, du 22 février 1835. — (*Moniteur du 7 août* 1835.)
Voy. *Artigues.*

3° Par arrêt de la Cour royale de Douai, du 1er septembre 1837. — (*Moniteur du* 18 *mai* 1838.)
Voy. *Spony.*

4° Par arrêt de la Cour d'assises de la Vienne, du 12 décembre 1838. — (*Moniteur du* 9 *juin* 1839.)
Voy. *Clouzot*, *Porterié* (Antoine) et *Porterié* (Bertrand.)

**CACOMONADE OU HISTOIRE DU MAL DE NAPLES**, par Linguet, ouvrage mis en vente par Rousseau.

Outrages aux bonnes mœurs. — Destruction ordonnée par arrêt de la Cour royale de Paris, du 16 novembre 1822. — (*Moniteur du* 26 *mars* 1825.)

Voy. *Rousseau.*

**CADRAN** (le) **DE LA VOLUPTÉ**, 1 vol. publié et mis en vente par Regnier Becker, commissionnaire en marchandises.

Attentat à la morale publique et aux bonnes mœurs. — Destruction ordonnée par arrêt de la Cour d'assises de la Seine, du 9 août 1842. — (*Moniteur du* 15 *décembre* 1843.)

Voy. *Regnier Becker.*

**CAPUCINS** (les), chansons de Béranger, publiées dans un supplément ou recueil, mis en vente par Rousseau et Furcy-Devaux.

Outrage à la morale publique et religieuse. — Destruction ordonnée :

1° Par arrêt de la Cour d'assises de la Seine, du 8 décembre 1821. — (*Moniteur du* 17 *mars* 1822.)

Voy. *Béranger.*

2° Par arrêt de la Cour royale de Paris, du 16 novembre 1822. — (*Moniteur du* 26 *mars* 1825.)

Voy. *Rousseau.*

3° Par jugement du tribunal correctionnel de la Seine, du 31 mai 1826. — (*Moniteur du* 6 *août* 1826.)

Voy. *Furcy-Devaux.*

**CAPUCINS** (les), ou *le Secret du Cabinet noir*, par Faverolles.

Outrage aux bonnes mœurs. — Destruction ordonnée par arrêt de la Cour royale de Paris, du 21 décembre 1822. — (Point d'insertion au Moniteur.)

**CARDINAL** (le) **OU LE CAPUCIN**, article publié dans le journal *le Nain.*

Outrages à la morale publique et religieuse. — Destruction ordonnée par arrêt de la Cour royale de Paris, du 23 juin 1825. — (*Moniteur du* 30 *novembre* 1825.)

Voy. *le Nain*, et *Soulé.*

**CARTONNAGES** *à sujets obscènes*, mis en vente par Guerrier, à Paris.

Destruction ordonnée par arrêt de la Cour d'assises de la Seine, du 29 avril 1845. — (*Moniteur du* 23 *juin* 1845.)

Voy. *Guerrier*.

CE QUE J'AIME ET CE QUE JE N'AIME PAS, article publié dans le journal *le Sylphe*.

Outrage aux bonnes mœurs et à la morale publique et religieuse. — Destruction ordonnée par arrêt de la Cour royale d'Aix, du 15 décembre 1825. — (*Moniteur du* 2 *février* 1826.)

Voy. *Roubaud*.

CÉCILE, *ou la nouvelle Félicia*.

Outrages aux bonnes mœurs. — Destruction ordonnée par arrêt de la Cour royale de Paris, du 5 août 1828. — (Point d'insertion au Moniteur.)

C'EST DU NANAN, chanson de Debraux, publiée dans un recueil, intitulé : *le Nouvel Enfant de la Goguette*, mis en vente, par Lecouvey.

Outrage aux bonnes mœurs. — Destruction ordonnée par arrêt de la Cour royale de Paris, du 29 mai 1823, confirmatif d'un jugement du tribunal correctionnel de la Seine, du 21 février 1823. — (*Moniteur du* 26 *mars* 1825.)

Voy. *Le Nouvel Enfant de la Goguette*, *Debraux* et *Lecouvey*.

CHANDELLE (la) D'ARRAS, poëme héroï-comique, par Dulaurens.

Outrage à la morale publique et religieuse. — Destruction ordonnée par arrêt de la Cour royale de Paris, du 21 décembre 1822. — (*Moniteur du* 26 *mars* 1825.)

Voy. *Lagier*.

Le même ouvrage. — Destruction ordonnée par arrêt de la Cour d'assises de la Seine, du 17 septembre 1835. — (*Moniteur du* 26 *juin* 1836.)

Voy. *Lebègue* et *Locquin*.

CHANSON, distribuée et vendue par Finot.

Outrage aux bonnes mœurs. — Destruction ordonnée par arrêt de la Cour d'assises de l'Aube, du 11 août 1843. — (*Moniteur du* 15 *décembre* 1843.)

Voy. *Finot*.

CHANSON (la) AU XIX<sup>e</sup> SIÈCLE, recueil de chansons publiées par Durand, à Paris. — 11<sup>e</sup> livraison, comprenant trois chansons intitulées : 1° *La femme d'un homme public*; 2° *le mauvais sujet*; 3° *Zon, ma Lisette !*

Outrages aux bonnes mœurs, à la morale publique et religieuse. — Destruction ordonnée par arrêt de la Cour d'assises de la Seine, du 10 février 1847. — (*Moniteur du* 1er *août* 1847.)

Voy. *Durand.*

CHANSONNIER (le) DU B....., recueil avec gravures obscènes.

Outrages à la morale publique et religieuse et aux bonnes mœurs. — Destruction ordonnée par arrêt de la Cour d'assises de la Seine, du 25 novembre 1845. — (*Moniteur du* 9 *juin* 1846.)

Voy. Femme *Goin.*

CHANSONNIER (le), DES B......, recueil mis en vente par Regnier Becker, commissionnaire en marchandises.

Outrages aux bonnes mœurs et à la morale publique. — Destruction ordonnée par arrêt de la Cour d'assises de la Seine, du 9 août 1842. — (*Moniteur du* 15 *décembre* 1843.)

Voy. *Regnier Becker.*

CHANSONNIER (le) DES FILLES D'AMOUR, 1 volume in-18.

Outrages à la morale publique et aux bonnes mœurs. — Destruction ordonnée :

1° Par arrêt de la Cour d'assises de la Seine, du 9 août 1842. — (*Moniteur du* 15 *décembre* 1843.)

Voy. *Regnier Becker.*

2° Par arrêt de la Cour d'assises de la Seine-Inférieure, du 8 septembre 1844. — (*Moniteur du* 3 *décembre* 1844.)

Voy. *Bon.*

CHANSONNIER (le) DE LA TABLE ET DU LIT, 1 volume mis en vente par Redonnet.

Outrages à la morale publique et religieuse. — Destruction ordonnée par jugement du tribunal correctionnel de Vannes, du 29 avril 1822. — (*Moniteur des* 24 *et* 25 *mai* 1822.)

Voy. *Redonnet.*

CHANSONS DE BÉRANGER, 1 volume contenant huit chansons intitulées : 1° *Le bon Dieu*; 2° *les Capucins*; 3° *les Chantres de paroisse*; 4° *Deo gratias*; 5° *Descente aux Enfers*; 6° *les Missionnaires*; 7° *Mon curé*; 8° *le Roi Christophe.*

Outrages à la morale publique et religieuse. — Destruction ordonnée :

1° Par arrêt de la Cour d'assises de la Seine, du 8 décembre 1821. — (*Moniteur du* 17 *mars* 1822.)

Voy. *Béranger*,

2° Par arrêt de la Cour royale de Paris, du 16 novembre 1822. — (*Moniteur du 26 mars* 1825.)

Voy. *Rousseau.*

3° Par jugement du tribunal correctionnel de la Seine, du 31 mai 1826. — (*Moniteur du 6 août* 1826.)

Voy. *Furcy-Devaux.*

CHANSONS JOYEUSES, 1 volume, mis en vente par Redonnet.

Outrage à la morale publique et religieuse. — Destruction ordonnée par jugement du tribunal correctionnel de Vannes, du 29 avril 1822. — (*Moniteur des 24 et 25 mai* 1849.)

Voy. *Redonnet.*

CHANTRES (les) DE PAROISSE, chanson de Béranger, publiée dans un supplément ou recueil mis en vente par Rousseau et Furcy-Desvaux.

Outrage à la morale publique et religieuse. — Destruction ordonnée :

1° Par arrêt de la Cour d'assises de la Seine, du 8 décembre 1821. — (*Moniteur du 17 mars* 1822.)

Voy. *Béranger.*

2° Par arrêt de la Cour royale de Paris, du 16 novembre 1822. — (*Moniteur du 26 mars* 1825.)

Voy. *Rousseau.*

3° Par jugement du tribunal correctionnel de la Seine, du 31 mai 1826. — (*Moniteur du 6 août* 1826.)

Voy. *Furcy-Devaux.*

CHARGE (la) EN DOUZE TEMPS, chanson publiée dans un recueil intitulé : *Les Gaudrioles de M. Gaillard*, mises en vente par Rameau.

Outrage aux bonnes mœurs et à la morale publique. — Destruction ordonnée par arrêt de la Cour d'assises de la Seine, du 30 mars 1843. — (*Moniteur du 15 décembre* 1843.)

Voy. *Gaudrioles de M. Gaillard*, et *Rameau.*

CHANSONS DE PIRON, COLLÉ ET GALLET.

Destruction ordonnée par arrêt de la Cour royale de Paris, du 22 décembre 1822. — (Pas d'insertion au Moniteur.)

CHAT (le) CHÉRI, gravure obscène.

Destruction ordonnée par arrêt de la Cour d'assises de la Seine, du 14 janvier 1822. — (Pas d'insertion au Moniteur.)

CHEMISE (la) DE LA COURTISANE, lithographie, par Dreuille, éditée par Ligny et Dupaix.

Outrage aux bonnes mœurs. — Destruction ordonnée par arrêt de la Cour d'assises, du 27 novembre 1832. — (Pas d'insertion au Moniteur.)

CHEMISE DE LA GRISETTE, lithographie, par Dreuille, éditée par Ligny et Dupaix.

Outrage aux bonnes mœurs. — Destruction ordonnée par arrêt de la Cour d'assises de la Seine, du 27 novembre 1832. — (Pas d'insertion au Moniteur.)

CONFESSIONS DU CHEVALIER DE WILFORT.

Outrage aux bonnes mœurs. — Destruction ordonnée par arrêt de la Cour royale de Paris, du 5 août 1828. — (Pas d'insertion au Moniteur.)

CONFESSIONS DE CLÉMENTINE, suivies d'ORMIN ET AZÉMA, ouvrage mis en vente par Rousseau.

Outrage aux bonnes mœurs. — Destruction ordonnée par arrêt de la Cour royale de Paris, du 16 novembre 1822. — (*Moniteur du 26 mars* 1825.)

Voy. *Rousseau.*

CONSEIL A UN AMI, chanson publiée dans le recueil intitulé : *Les Gaudrioles de M. Gaillard*, mis en vente par Rameau.

Outrage aux bonnes mœurs et à la morale publique. — Destruction ordonnée par arrêt de la Cour d'assises de la Seine, du 30 mars 1843. — (*Moniteur du 15 décembre* 1843.)

Voy. *Gaudrioles de M. Gaillard*, et *Rameau.*

CONTES ÉROTIQUES ET POÉSIES DE GRÉCOURT, ouvrage mis en vente par Rousseau.

Outrage aux bonnes mœurs. — Destruction ordonnée par arrêt de la Cour royale de Paris, du 16 novembre 1822. — (*Moniteur du 26 mars* 1825.)

Voy. *Rousseau.*

COUP (le) DE VENT, gravure obscène, mise en vente par Regnier Becker, commissionnaire en marchandises.

Destruction ordonnée par arrêt de la Cour d'assises de la Seine, du 9 août 1842. — (*Moniteur du 15 décembre* 1843.)

Voy. *Regnier Becker.*

COUSIN (mon) JACQUES, chanson par Debraux, publiée dans le recueil intitulé : *Le Nouvel Enfant de la goguette*, mis en vente par Lecouvey.

Outrage aux bonnes mœurs. — Destruction ordonnée par arrêt

de la Cour royale de Paris, du 29 mai 1823. — (*Moniteur du* 26 *mars* 1825.)

Voy. *le Nouvel Enfant de la goguette*, *Debraux* et *Lecouvey*.

COUSIN (mon) MATHIEU, par Raban.

Outrage à la morale publique et religieuse. — Destruction ordonnée par jugement du tribunal correctionnel de la Seine, du 19 octobre 1824. — (*Moniteur du* 9 *octobre* 1825.)

Voy. *Raban*.

CROYANCES RELIGIEUSES, article publié dans le journal *le Nain*.

Outrages à la morale publique et religieuse. — Destruction ordonnée par arrêt de la Cour royale de Paris, du 23 juin 1825. — (*Moniteur du* 30 *novembre* 1825.)

Voy. *le Nain*, et *Soulé*.

CURÉ (mon), chanson de Béranger, publiée dans un supplément ou recueil mis en vente par Rousseau et Furcy-Devaux.

Outrage a la morale publique et religieuse. — Destruction ordonnée :

1° Par arrêt de la Cour d'assises de la Seine, du 8 décembre 1821. — (*Moniteur du* 17 *mars* 1822.)

Voy. *Béranger*.

2° Par arrêt de la Cour royale de Paris, du 16 novembre 1822. — *Moniteur du* 26 *mars* 1825.)

Voy. *Rousseau*.

3° Par jugement du tribunal correctionnel de la Seine, du 31 mai 1826. — (*Moniteur du* 6 *août* 1827.)

Voy. *Furcy-Devaux*.

CURÉ (le) CAPITAINE, par Raban.

Outrage à la morale publique et religieuse et aux bonnes mœurs. — Destruction ordonnée par jugement du tribunal correctionnel de la Seine, du 19 octobre 1824. — (*Moniteur du* 9 *octobre* 1825.)

Voy. *Raban*.

DEO GRATIAS; chanson de Béranger, publiée dans un supplément ou recueil, mis en vente par Rousseau et Furcy-Devaux.

Outrage à la morale publique et religieuse. — Destruction ordonnée :

1° Par arrêt de la Cour d'assises de la Seine, du 8 décembre 1821. — (*Moniteur du* 17 *mars* 1822.)
Voy. *Béranger*.

2° Par arrêt de la Cour royale de Paris, du 16 novembre 1822. — (*Moniteur du* 26 *mars* 1825.)
Voy. *Rousseau*.

3° Par jugement du tribunal correctionnel de la Seine, du 31 mai 1826. — (*Moniteur du* 6 *août* 1826.)
Voy. *Furcy-Devaux*.

**DÉLICES DE LA JOUISSANCE**, ou l'*Enfant du Plaisir*; 1 volume in-18.
Arrêt de la Cour royale de Paris (chambre des mises en accusation), du 28 juin 1825. — (Point d'insertion au Moniteur).

**DESCENTE AUX ENFERS**, chanson de Béranger, publiée dans un supplément ou recueil, mis en vente par Rousseau et Furcy-Devaux.
Outrage à la morale publique et religieuse. Destruction ordonnée :

1° Par arrêt de la Cour d'assises de la Seine, du 8 décembre 1821. — (*Moniteur du* 17 *mars* 1822.)
Voy. *Béranger*.

2° Par arrêt de la Cour royale de Paris, du 16 novembre 1822. — (*Moniteur du* 26 *mars* 1825.)
Voy. *Rousseau*.

3° Par jugement du tribunal correctionnel de la Seine, du 31 mai 1826. — (*Moniteur du* 6 *août* 1826.)
Voy. *Furcy-Devaux*.

**DESSINS** *à sujets obscènes*, exposés et mis en vente par Guerrier.
Destruction ordonnée par arrêt de la Cour d'assises de la Seine, du 29 avril 1845. — (*Moniteur du* 25 *juin* 1845.)
Voy. *Guerrier*.

**DESSINS OBSCÈNES**, fabriqués et vendus par Madigné et les époux Marchal.
Destruction ordonnée par arrêt de la Cour d'assises de la Seine, du 23 juin 1844. — (Point d'insertion au Moniteur.)

**DIABLE** (le) **AU CORPS**, par l'auteur de *Félicia* ou *Mes fredaines*, 6 vol. in-18, mis en vente par Regnier Becker, commissionnaire en marchandises.

Outrages aux bonnes mœurs et à la morale publique. — Destruction ordonnée par arrêt de la Cour d'assises de la Seine, du 9 août 1842. — (*Moniteur du* 15 *décembre* 1843.)

Voy. *Regnier Becker.*

DICTIONNAIRE *anecdotique des nymphes du Palais-Royal*, par Lepage.

Sujet honteux. — Destruction ordonnée du consentement de l'auteur, par jugement du tribunal correctionnel de la Seine, du 15 décembre 1826. — (Point d'insertion au Moniteur.)

DICTIONNAIRE FÉODAL, par Collin de Plancy, mis en vente par Rousseau.

Outrage à la morale publique et aux bonnes mœurs. — Destruction ordonnée par arrêt de la Cour royale de Paris, du 16 novembre 1822. — (*Moniteur du* 26 *mars* 1825.)

Voy. *Rousseau.*

DIVINITÉS GÉNÉRATRICES, ou *Culte de Phallus chez les anciens et chez les modernes*, par Dulaure; 1 vol. in-8° formant le tome 2e de l'*Abrégé des différents cultes.*

Outrage aux bonnes mœurs. — Destruction ordonnée par jugement du tribunal correctionnel de la Seine, du 27 octobre 1826. — (Point d'insertion au Moniteur.)

DIX ANS DE LA VIE D'UNE FEMME, avec figures, 1 vol., mis en vente par Bon.

Outrages à la morale publique et aux bonnes mœurs. — Destruction ordonnée par arrêt de la Cour d'assises de la Seine-Inférieure, du 8 septembre 1844. — (*Moniteur du* 3 *décembre* 1844.)

Voy. *Bon.*

DOMINICAIN (le), ou *Crimes de l'intolérance et effets du célibat religieux.*

Outrages à la morale publique et religieuse. — Destruction ordonnée par arrêt de la Cour royale de Paris, du 5 avril 1828, confirmatif d'un jugement du tribunal correctionnel de la Seine, du 12 juillet 1827. — (Point d'insertion au Moniteur.)

DON (le) DU MOUCHOIR, lithographie mise en vente par Regnier Becker, commissionnaire en marchandises.

Outrage aux bonnes mœurs. — Destruction ordonnée par arrêt de la Cour d'assises de la Seine, du 9 août 1842. — *Moniteur du* 15 *décembre* 1843.)

Voy. *Regnier Becker.*

**DOUZE SUJETS DU JOUR**, recueil de dessins, mis en vente par Regnier Becker, commissionnaire en marchandises.

Outrages aux bonnes mœurs. — Destruction ordonnée par arrêt de la Cour d'assises de la Seine, du 9 août 1842. — (*Moniteur du 15 décembre 1843.*)

Voy. *Regnier Becker.*

**ÉDUCATION DE LAURE**, ou *le Rideau levé*, 2 vol. in-12 avec 6 gravures.

Outrages aux bonnes mœurs. — Destruction ordonnée par arrêt de la Cour d'assises de la Vienne, du 12 décembre 1838. — (*Moniteur du 9 décembre* 1839.)

Voy. *Clouzot*, *Porterié* (Antoine) et *Porterié* (Bertrand).

**ÉGAREMENTS** (les) **DE JULIE**, par Dorat.

Outrages aux bonnes mœurs. — Destruction ordonnée par arrêt de la Cour royale de Paris, du 5 août 1828, confirmatif d'un jugement du tribunal correctionnel de la Seine, du 12 juillet 1828. — (Point d'insertion au Moniteur.)

**ÉGIDE CONTRE LE MAL DE VÉNUS**, par Morel.

Outrage aux bonnes mœurs. — Destruction ordonnée par jugement du tribunal correctionnel de la Seine, du 10 janvier 1827. — (Point d'insertion au Moniteur.)

**ÉLÉGIE** *de l'étudiant en perspective des vacances*, article publié dans le journal l'*Etudiant*, n° 27 (15 juillet 1838).

Outrages à la morale publique et religieuse, dans cet article commençant par ces mots : *Adieu*, *Paris*..., et finissant par ceux-ci : .... *Nous allons entrer en vacances.* — Destruction ordonnée par arrêt de la Cour d'assises de la Seine, du 25 février 1839. — (*Moniteur du 9 juin* 1839.)

Voy. l'*Etudiant*, et *Dubois*.

**EMBARRAS** (l') **DU CHOIX**, gravure obscène.

Destruction ordonnée par arrêt de la Cour royale de Paris, du 14 janvier 1822. — (Point d'insertion au Moniteur.)

**ENFANT** (l') **DU B.....**, 2 vol. in-12, avec 6 gravures.

Outrages à la morale publique et aux bonnes mœurs. — Destruction ordonnée par arrêt de la Cour d'assises de la Vienne, du 12 décembre 1838. — (*Moniteur du 9 juin* 1839.)

Voy. *Clouzot*, *Porterié* (Antoine) et *Porterié* (Bertrand).

**ENFANT** (l') **DU CARNAVAL**, par Pigault-Lebrun.

Outrages à la morale publique et religieuse. — Destruction ordonnée :

1° Par jugement du tribunal correctionnel de la Seine; du 25 juin 1825. — (*Moniteur du 6 septembre* 1825.)

Voy. *Barba.*

2° Par arrêt de la Cour royale de Paris, du 26 février 1827. — (Point d'insertion au Moniteur.)

**ENFANT** (l') **DU MARDI-GRAS.**

Attentat aux bonnes mœurs et à la morale publique. — Destruction ordonnée par arrêt de la Cour royale de Paris, du 5 août 1828. — (Point d'insertion au Moniteur.)

**ENFANT** (l') **DU RÉGIMENT**, gravure obscène.

Destruction ordonnée par jugement du tribunal correctionnel de la Seine, du 30 juin 1818. — (Point d'insertion au Moniteur.)

**ENTRETIENS DE DEUX AMANTS**, brochure mise en vente par Agasse (Pierre), marchand ambulant.

Outrage à la morale publique et religieuse. — Confiscation ordonnée par jugement du tribunal correctionnel de Lons-le-Saunier, du 14 décembre 1826. — (Point d'insertion au Moniteur.)

**ÉPITHALAME**, chanson publiée dans le recueil intitulé : *Les Gaudrioles de M. Gaillard*, mises en vente par Rameau.

Outrage à la morale publique et religieuse.—Destruction ordonnée par arrêt de la Cour d'assises de la Seine, du 30 mars 1843. — (*Moniteur du* 15 *décembre* 1843.)

Voy. *les Gaudrioles de M. Gaillard*, et *Rameau.*

**ÉPITRE A MERCURE**, par Lagarde. — Brochure de 14 pages, en vers, avec des notes à la fin, et portant le millésime de 1822.

Outrages aux mœurs et envers les ministres de la religion catholique. — Destruction ordonnée par arrêt de la Cour royale de Paris, du 13 mars 1823. — (Point d'insertion au Moniteur.)

**ÉPITRE A MON CURÉ**, par Lagarde. — Imprimerie de Lanoé, à Paris.

Outrages aux bonnes mœurs et à la morale publique et religieuse. — Destruction ordonnée par arrêt de la Cour royale de Paris, du 13 mai 1823. — (*Moniteur du* 26 *mars* 1825.)

Voy. *Lagarde.*

**ÉPITRE** *aux amis des missionnaires*, par Cabaigne.
Outrage à la religion et aux bonnes mœurs. — Destruction ordonnée par arrêt de la Cour royale de Paris, du 5 décembre 1826. — (Point d'insertion au Moniteur.)

**ERROTICA BIBLION**, par Mirabeau.
Outrages à la morale publique et aux bonnes mœurs. — Destruction ordonnée par arrêt de la Cour royale de Paris, du 19 décembre 1826. — (Point d'insertion au Moniteur.)

**ÉTRENNES AUX AMATEURS DE VÉNUS.**
Destruction ordonnée par arrêt de la Cour royale de Paris, du 19 mai 1815. — (Point d'insertion au Moniteur.)

**ESQUISSES MORALES**, ouvrage mis en vente par Regnier Becker, commissionnaire en marchandises.
Outrages à la morale publique et aux bonnes mœurs. — Destruction ordonnée par arrêt de la Cour d'assises de la Seine, du 9 août 1842. (*Moniteur du* 15 *décembre* 1843.)
Voy. *Regnier Becker.*

**ÉTRENNES MIGNONNES**, cahier de gravures obscènes, mis en vente par Mayer.
Destruction ordonnée par arrêt de la Cour d'assises de la Seine, du 11 avril 1843. — (*Moniteur du* 15 *décembre* 1843.)
Voy. *Mayer.*

**ÉTUDIANT** (l'), journal publié à Paris. — Gérant, Dubois.
N° 27 (15 juillet 1838). — Article intitulé : *Elégie de l'étudiant*, etc., contenant outrages à la morale publique et religieuse. — Destruction ordonnée par arrêt de la Cour d'assises de la Seine, du 25 février 1839. — (*Moniteur du* 9 *juin* 1839.)
Voy. *Elégie de l'étudiant*, etc., et *Dubois.*

**ÉTUDES LÉGISLATIVES**, par Bonnin. Imprimerie de Kleffer, à Paris.
Graves outrages contre toutes les religions. — Destruction ordonnée par arrêt de la Cour royale de Paris, du 7 novembre 1822. — (*Moniteur des* 17 *décembre* 1822 *et* 26 *mars* 1825.)
Voy. *Bonnin* et *Kleffer.*

**ÉVANGILE** (l') **DU PEUPLE**, par Esquiros, brochure publiée par Legallois, libraire.
Outrages à la morale publique et religieuse et aux bonnes mœurs. — Destruction ordonnée par arrêt de la Cour d'assises

de la Seine, du 30 janvier 1841. — (*Moniteur du 12 mars* 1843.)

Voy. *Esquiros.*

EXTASES DE L'AMOUR, gravure obscène.

Destruction ordonnée par jugement du tribunal correctionnel de la Seine, du 25 février 1825. — (*Moniteur du 7 novembre* 1826.)

Voy. *Besson, Bourrut, Cottenet* et *Merlot.*

FASTES, RUSES ET INTRIGUES DE LA GALANTERIE, ou *Tableau de l'amour et du plaisir*, brochure.

Outrages aux bonnes mœurs. — Destruction ordonnée par arrêt de la Cour d'assises de la Seine, du 8 décembre 1835. — (*Moniteur du* 7 *novembre* 1837.)

Voy. *Baudouin, Therry* et *Tesson.*

FÉLICIA OU MES FREDAINES, par l'auteur du *Diable au corps ;* 4 volumes.

Outrages aux bonnes mœurs. — Destruction ordonnée :

1° Par arrêt de la Cour royale de Paris, du 21 décembre 1822. — (*Moniteur du* 26 *mars* 1825.)

Voy. *Lagier.*

2° Par arrêt de la Cour d'assises de la Seine, du 9 août 1842. — (*Moniteur du* 15 *décembre* 1843.)

Voy. *Regnier Becker.*

FEMME (la) D'UN HOMME PUBLIC, ou *le Cabinet de M. le maire*, chanson publiée dans le recueil intitulé : *La Chanson au* XIXe *siècle* (11e livraison), mise en vente par Durand.

Outrage aux bonnes mœurs et à la morale religieuse, contenu dans cette chanson commençant par ces mots : *Chez nous autrefois* .., et finissant par ceux-ci : ..... *se démenait dans son petit cabinet.* — Destruction ordonnée par arrêt de la Cour d'assises de la Seine, du 10 février 1847. — (*Moniteur du* 1er *avril* 1847.)

Voy. *la Chanson au* XIXe *siècle,* et *Durand* (Charles).

FILLE (la) DE JOIE, 2 volumes avec figures.

Outrages aux bonnes mœurs. — Destruction ordonnée par arrêt de la Cour royale de Paris, du 16 novembre 1822. — (*Moniteur du* 26 *mars* 1825.)

Voy. *Rousseau.*

Destruction encore ordonnée par jugement du tribunal correctionnel de la Seine, du 25 mars 1825. — (*Moniteur du 7 novembre* 1826.)

Voy. *Besson*, *Bourrut*, *Cottenet* et *Merlot*.

FOU.....NIE (la) ; poëme en six chants.

Destruction ordonnée par arrêt de la Cour royale de Paris, du 19 mai 1815. — (Point d'insertion au Moniteur.)

GALANTERIES (les) DE LA BIBLE, par Parny.

Attaques contre la religion. — Destruction ordonnée :

1° Par jugement du tribunal correctionnel de Coutances, du 30 août 1826. — (Point d'insertion au Moniteur.)

2° Par arrêt de la Cour d'assises de la Seine-Inférieure, du 24 février 1843. — (*Moniteur du 3 décembre* 1843.)

GALERIE DES GARDES FRANÇAISES, cahier de six dessins intitulés chacun : *Garde française* ; mis en vente par Regnier Becker, commissionnaire en marchandises.

Outrages à la morale publique et aux bonnes mœurs. — Destruction ordonnée par arrêt de la Cour d'assises de la Seine, du 9 août 1842. — (*Moniteur du 15 décembre* 1843.)

Voy. *Regnier Becker*.

Le même recueil, mis en vente par Bon.

Destruction ordonnée, pour le même délit, par arrêt de la Cour d'assises de la Seine-Inférieure, du 8 septembre 1844. — (*Moniteur du 3 décembre* 1844.)

Voy. *Bon*.

GAUDRIOLES (les) DE M. GAILLARD, recueil contenant douze chansons, intitulées : 1° *La Bataille de Novi* ; 2° *Suite de la Bataille de Novi* ; 3° *le Garde champêtre* ; 4° *M. et Mme Mayeux* ; 5° *Conseil à un ami* ; 6° *Epithalame* ; 7° *Il faut souffrir pour le plaisir* ; 8° *la Charge en douze temps* ; 9° *le Jugement de Pâris* ; 10° *Halte-là* ; 11° *Je ne le ferai plus* ; 12° *la Solliciteuse* ; mises en vente par Rameau.

Outrages à la morale publique et aux bonnes mœurs. — Destruction ordonnée par arrêt de la Cour d'assises de la Seine, du 30 mars 1843. — (*Moniteur du 15 décembre* 1843.)

Voy. *Rameau*.

GAUDRIOLES (les petites) ; 1 vol. mis en vente par Redonnet.

Outrage à la morale publique et religieuse. — Destruction

ordonnée par jugement du tribunal correctionnel de Vannes, du 29 avril 1822.— (*Moniteur des 24 et 25 mai* 1822.)
Voy. *Redonnet.*

GRAVURES A SUJETS OBSCÈNES, mises en vente par Guerrier.
Destruction ordonnée par arrêt de la Cour d'assises de la Seine, du 25 avril 1845. — (*Moniteur du 23 juin* 1845.)
Voy. *Guerrier.*

GRAVURES ATTENTATOIRES AUX BONNES MOEURS, mises en vente par Desmaisons.
Destruction ordonnée par arrêt de la Cour d'assises de la Seine, du 29 octobre 1833. — (Point d'insertion au Moniteur.)
Voy. *Desmaisons.*

GRAVURES ATTENTATOIRES AUX BONNES MOEURS, publiées par Collette et mises en vente par la femme Bouilly.
Destruction ordonnée per arrêt de la Cour d'assises de la Seine, des 29 janvier et 23 mars 1833. — (*Moniteur des 14 mars et 29 juin* 1833.)
Voy. *Collette* et *Bouilly.*

GRAVURES OBSCÈNES, mises en vente par Carlier.
Destruction ordonnée par arrêt de la Cour d'assises de la Seine, du 25 mai 1820. (*Moniteur du 27 juillet* 1820.)
Voy. *Carlier.*

GRAVURES OBSCÈNES, mises en vente par Mandement.
Destruction ordonnée par arrêt de la Cour d'assises du Gard, du 27 novembre 1835. — (*Moniteur du 18 janvier* 1837.)
Voy. *Mandement.*

GRAVURES OBSCÈNES, mises en vente par Peru et Bourguin.
Destruction ordonnée par arrêt de la Cour d'assises de la Seine, du 4 mars 1842. — (*Moniteur du 12 novembre* 1842.)
Voy. *Bourguin* et *Peru.*

GRAVURES OBSCÈNES, mises en vente par Mayer.
Destruction ordonnée par arrêt de la Cour d'assises de la Seine, du 00 avril 1843. — (*Moniteur du 15 décembre* 1843.)
Voy. *Mayer.*

GRAVURES ET DESSINS OBSCÈNES, mis en vente par Dauty.
Destruction ordonnée par arrêt de la Cour d'assises de la Seine, du 30 août 1837. —(*Moniteur du 7 novembre* 1837.)
Voy. *Dauty.*

**GRAVURES ET OUVRAGES OBSCÈNES**, mis en vente par Barat.

Destruction ordonnée par arrêt de la Cour d'assises de l'Orne, du 4 juillet 1820. — (*Moniteur du 24 août* 1820.)

Voy. *Barat.*

**GRAVURES ET RECUEILS DE GRAVURES**, mis en vente par Regnier Becker, commissionnaire en marchandises.

Outrage aux bonnes mœurs.—Destruction ordonnée par arrêt de la Cour d'assises de la Seine, du 9 août 1842. — (*Moniteur du* 15 *décembre* 1843.)

Voy. *Regnier Becker.*

**GRAVURES REPRÉSENTANT PLUSIEURS IMAGES OBSCÈNES**, mises en vente par Bignon.

Destruction ordonnée par arrêt de la Cour d'assises de la Seine, du 27 avril 1820. — (*Moniteur du* 27 *juillet* 1820.)

Voy. *Bignon.*

**GARDE CHAMPÊTRE** (le), chanson publiée dans le recueil intitulé : *Les Gaudrioles de M. Gaillard*, mises en vente par Rameau.

Outrage à la morale publique et aux bonnes mœurs. — Destruction ordonnée par arrêt de la Cour d'assises de la Seine, du 30 mars 1843. — (*Moniteur du* 15 *décembre* 1843.)

Voy. *Rameau*, et *les Gaudrioles de M. Gaillard.*

**HALTE-LA**, chanson publiée dans le recueil intitulé : *Les Gaudrioles de M. Gaillard*, mises en vente par Rameau.

Outrage aux bonnes mœurs. — Destruction ordonnée par arrêt de la Cour d'assises de la Seine, du 30 mars 1843.—(*Moniteur du* 15 *décembre* 1843.)

Voy. *Rameau*, et *les Gaudrioles de M. Gaillard.*

**HIC ET HOC**, 1 vol. sans nom d'imprimeur ; mis en vente par Therry, libraire à Paris.

Outrages à la morale publique et aux bonnes mœurs. — Destruction ordonnée par jugement du tribunal correctionnel de la Seine, en date du 7 janvier 1830, confirmé par arrêt de la Cour royale de Paris, du 7 mars 1830. — (Point d'insertion au Moniteur.)

**HISTOIRE UNIVERSELLE HÉRÉTIQUE**, ouvrage mis en vente par Regnier Becker, commissionnaire en marchandises.

Outrage à la morale publique et religieuse.—Destruction ordonnée par arrêt de la Cour d'assises de la Seine, du 9 août 1842. — (*Moniteur du* 15 *décembre* 1843.)

Voy. *Regnier Becker.*

IL FAUT SOUFFRIR POUR LE PLAISIR, chanson publiée dans le recueil, intitulé : *Les Gaudrioles de M. Gaillard*, mises en vente par Rameau.

Outrage aux bonnes mœurs. — Destruction ordonnée par arrêt de la Cour d'assises de la Seine, du 30 mars 1843. — (*Moniteur du* 15 *décembre* 1843.)

Voy. *les Gaudrioles de M. Gaillard*, et *Rameau.*

ILE D'AMOUR, mise en vente par Regnier Becker, commissionnaire en marchandises.

Outrages aux bonnes mœurs et à la morale publique. — Destruction ordonnée par arrêt de la Cour d'assises de la Seine, du 9 août 1842. (*Moniteur du* 15 *décembre* 1843.)

Voy. *Regnier Becker.*

IMPRIMÉS A SUJETS OBSCÈNES, mis en vente par Guerrier.

Destruction ordonnée par arrêt de la Cour d'assises de la Seine, du 29 janvier 1845. — (*Moniteur du* 23 *juin* 1845.)

Voy. *Guerrier.*

INCRÉDULE (l'), ou *les Deux Tartufes*, par Raban, roman en 2 volumes in-12.

Outrage à la morale publique et aux bonnes mœurs. — Destruction ordonnée par arrêt de la Cour royale de Paris, du 14 mars 1825. — (*Moniteur du* 26 *mars* 1825.)

Voy. *Raban.*

INDISCRET (l'), journal publié à Rouen. — Gérant, Laurier.

Outrage à la morale publique et religieuse. — Destruction ordonnée par arrêt de la Cour d'assises de la Seine-Inférieure, du 22 décembre 1835. — *Moniteur du* 18 *janvier* 1837.)

Voy. *Laurier.*

INTÉRIEUR (l') D'UNE GRILLE, gravure obscène, publiée par Aubert et Besnard.

Destruction ordonnée par arrêt de la Cour d'assises de la Seine, du 31 octobre 1833. — (Point d'insertion au Moniteur.)

INDISCRET (l'), gravure obscène.

Destruction ordonnée par arrêt de la Cour d'assises de la Seine, du 14 janvier 1822. — (Point d'insertion au Moniteur.)

**JACQUES LE FATALISTE**, par Diderot, mis en vente par Furcy-Devaux.

Outrage à la morale publique et religieuse, et aux bonnes mœurs. — Destruction ordonnée par jugement du tribunal correctionnel de la Seine, du 31 mai 1826. — (*Moniteur du 6 août 1826.*)

Voy. *Furcy-Devaux.*

**JE M'ABANDONNE A TOI**, recueil de six dessins avec une couverture en papier vert portant une lithographie obscène; mis en vente par Bon.

Outrages à la morale publique et aux bonnes mœurs. — Destruction ordonnée par arrêt de la Cour d'assises de la Seine-Inférieure, du 8 septembre 1844. — (*Moniteur du 3 décembre 1844.*)

Voy. *Bon.*

**JE NE LE FERAI PLUS**, chanson publiée dans le recueil intitulé : *Les Gaudrioles de M. Gaillard;* mises en vente par Rameau.

Outrage à la morale publique et aux bonnes mœurs. — Destruction ordonnée par arrêt de la Cour d'assises de la Seine, du 30 mars 1843. — (*Moniteur du 15 décembre* 1843.)

Voy. *les Gaudrioles de M. Gaillard*, et *Rameau.*

**JOUJOU** (le) **DES DEMOISELLES**, 1 volume.

Destruction ordonnée par arrêt de la Cour royale de Paris, du 19 mai 1815. — (Point d'insertion au Moniteur.)

**JOUR** (le) **ET LA NUIT**, cahier de gravures, mis en vente par Mayer.

Outrage aux bonnes mœurs et à la morale publique et religieuse. — Destruction ordonnée par arrêt de la Cour d'assises de la Seine, du 11 avril 1843. — (*Moniteur du 15 décembre* 1843.)

Voy. *Mayer.*

**JUGEMENT** (le) **DE PARIS**, chanson publiée dans le recueil intitulé : *Les Gaudrioles de M. Gaillard;* mises en vente par Rameau.

Outrage aux bonnes mœurs et à la morale publique. — Destruction ordonnée par arrêt de la Cour d'assises de la Seine, du 30 mars 1843. — (*Moniteur du 15 décembre* 1843.)

Voy. *les Gaudrioles de M. Gaillard*, et *Rameau.*

**JULIE**, ou *J'ai sauvé ma rose*, ouvrage obscène.

Destruction ordonnée par arrêt de la Cour royale de Paris, du 5 août 1828. — (Point d'insertion au Moniteur.)

JUSTINE, OU LES MALHEURS DE LA VERTU, par de Sade. 4 volumes.

Outrages à la morale publique et aux bonnes mœurs.— Destruction ordonnée :

1° Par arrêt de la Cour royale de Paris, du 19 mai 1815. — (Point d'insertion au Moniteur.)

2° Par arrêt de la Cour d'assises de la Seine, du 15 mars 1836. (*Moniteur du* 26 *juin* 1836.)

Voy. *Bordeaux.*

LAMENTATIONS, ou *Renaissance sociale*, par Marcellin de Bonnal. 2 volumes.

Outrages à la morale publique et aux bonnes mœurs.—Destruction ordonnée par arrêt de la Cour d'assises de la Seine, du 17 mars 1842. — (*Moniteur du* 12 *novembre* 1842.)

Voy. *Marcellin de Bonnal.*

LANTERNE MAGIQUE, gravure obscène.

Destruction ordonnée par jugement du tribunal correctionnel de la Seine, du 25 février 1825. — (*Moniteur du* 7 *novembre* 1826.)

Voy. *Besson*, *Bourrut*, *Cottenet* et *Merlot.*

LIAISONS (les) DANGEREUSES, par Laclos.

Outrages aux bonnes mœurs. — Destruction ordonnée par arrêt de la Cour royale de Paris, du 22 janvier 1824, confirmatif d'un jugement du tribunal correctionnel de la Seine, du 8 novembre 1823. — (Point d'insertion au Moniteur.)

LIBERTIN (le) DE QUALITÉ, 2 volumes in-18 avec 12 gravures.

Outrages aux bonnes mœurs et à la morale publique.—Destruction ordonnée :

1° Par arrêt de la Cour d'assises de la Vienne, du 12 décembre 1838. — (*Moniteur du* 9 *juin* 1839.)

Voy. *Clouzot*, *Porterié* (Antoine) et *Porterié* (Bertrand).

2° Par arrêt de la Cour d'assises de la Seine, du 9 août 1842. — (*Moniteur du* 15 *décembre* 1843.)

Voy. *Regnier Becker.*

LISA, chanson par Debraux, publiée dans le recueil intitulé :

*Le Nouvel Enfant de la Goguette*, mis en vente par Lecouvey, éditeur.

Outrage aux bonnes mœurs. — Destruction ordonnée par arrêt de la Cour royale de Paris, du 29 mai 1823. — (*Moniteur du 26 mars* 1835.)

Voy. *le Nouvel Enfant de la Goguette*, *Debraux* et *Lecouvey*.

**MA TANTE GENEVIÈVE**, 1 vol. in-18.

Outrages aux bonnes mœurs et à la morale publique et religieuse. — Destruction ordonnée par arrêt de la Cour royale de Paris, du 5 août 1828. — (Point d'insertion au Moniteur.)

**MA VIE DE GARÇON**, 1 vol. in-18. Ouvrage licencieux.

Destruction ordonnée par arrêt de la Cour royale de Paris, du 5 août 1828. — (Point d'insertion au Moniteur.)

**MARGOT LA RAVAUDEUSE ET SES AVENTURES GALANTES**, 1 vol. in-18, mis en vente par Rousseau.

Outrages aux bonnes mœurs. — Destruction ordonnée par arrêt de la Cour royale de Paris, du 16 novembre 1822. – (*Moniteur du 26 mars* 1825.

Voy. *Rousseau*.

**MAUVAIS** (le) **SUJET**, chanson publiée dans le recueil intitulé: *La Chanson au* 19e *siècle* (11e livraison), mise en vente par Durand.

Outrage à la morale publique et aux bonnes mœurs contenu dans cette chanson commençant par ces mots : *Ah! vraiment c'est charmant*, et finissant par ceux-ci : *Je suis de votre sexe ; ah! vraiment.* — Destruction ordonnée par arrêt de la Cour d'assises de la Seine, du 10 février 1847. — (*Moniteur du* 1er *août* 1847.)

Voy. *la Chanson au* XIXe *siècle*, et *Durand* (Charles).

**MÉMOIRES DE SUZON**, 1 vol., mis en vente par Regnier Becker, commissionnaire en marchandises.

Outrages aux bonnes mœurs et à la morale publique. — Destruction ordonnée par arrêt de la Cour d'assises de la Seine, du 9 août 1842. — (*Moniteur du* 15 *décembre* 1843.)

Voy. *Regnier Becker*.

**MÉMOIRES HISTORIQUES ET PHILOSOPHIQUES** *sur la vie et les ouvrages de Diderot*, par Naigeon ; publiés par Brière.

Outrages à la morale publique et religieuse.—Destruction ordonnée par jugement du tribunal correctionnel de la Seine, du 23 décembre 1823. — (*Moniteur du 7 novembre* 1826.)

Voy. *Brière.*

MÉMOIRE *justificatif de Fournier-Verneuil.*

Outrage à la morale publique. — Destruction ordonnée par arrêt de la Cour royale de Paris, du 15 juin 1826. — (*Moniteur du 7 novembre* 1826.)

Voy. *Fournier-Verneuil.*

MÉMOIRE POUR SERVIR A L'HISTOIRE DE FRANCE, 1 vol.; mis en vente par Rousseau.

Outrages à la morale publique. — Destruction ordonnée par arrêt de la Cour royale de Paris, du 16 novembre 1822. — (*Moniteur du 26 mars* 1825.)

Voy. *Rousseau.*

MÉMOIRES SUR LA COUR DE LOUIS XIV, *extraits d'une correspondance allemande de Mme Elisabeth-Charlotte de Bavière, duchesse d'Orléans, précédée d'une notice sur cette princesse et accompagnée de notes*; 1 v. in-8°. Imprim. de Plassan, à Paris; chez Ponthieu, libraire.

Outrages à la morale publique et religieuse. — Destruction ordonnée par arrêt de la Cour royale de Paris, du 26 juin 1825. — (*Moniteur du 26 mars* 1825.)

Voy. *Ponthieu* et *Schubart.*

MÉMOIRES DE SATURNIN, *portier des Chartreux.*

Outrages aux bonnes mœurs et à la morale publique et religieuse. — Destruction ordonnée par arrêt de la Cour royale de Paris, des 29 décembre 1821 et 28 juin 1825. — (Point d'insertion au Moniteur.)

MERCURE DU XIXe SIÈCLE, recueil périodique, publié à Paris.

Outrage à la morale publique et religieuse contenu dans un article inséré à la 48e livraison de ce recueil. — Destruction ordonnée par arrêt de la Cour royale de Paris, du 25 novembre 1824. — (*Moniteur du 26 mars* 1825.)

Voy. *Année* et *Tablettes Romaines.*

MESSALINE (la) FRANÇAISE, 1 vol. in-18, mis en vente par Régnier Becker, commissionnaire en marchandises.

Outrage à la morale publique et religieuse et aux bonnes mœurs. — Destruction ordonnée par arrêt de la Cour d'assises de la Seine, du 9 août 1842. — (*Moniteur du 15 décembre* 1843.)

Voy. *Regnier Becker*

MEURSIUS (le) FRANÇAIS, avec figures.

Outrages aux bonnes mœurs et à la morale publique. — Destruction ordonnée :

1° Par arrêt de la Cour d'assises de la Seine, du 29 décembre 1821. — (Point d'insertion au Moniteur.)

2° Par jugement du tribunal correctionnel de la Seine, du 6 juin 1822. — (*Moniteur du 7 novembre* 1826.)

Voy. *Leroux*.

3° Par arrêt de la Cour royale de Paris, du 9 août 1822. — (Point d'insertion au Moniteur.)

4° Par jugement du tribunal correctionnel de la Seine, du 25 février 1825. — (*Moniteur du 7 novembre* 1826.)

Voy. *Besson*, *Bourrul*, *Cottenet*, et *Merlot*.

5° Par arrêt de la Cour d'assises de la Seine, du 9 août 1842. — (*Moniteur du* 15 *décembre* 1843.)

Voy. *Regnier Becker*.

MILLE (les) ET UNE FAVEURS, ouvrage exposé par Gambart.

Outrage aux bonnes mœurs et à la morale publique. — Destruction ordonnée par arrêt de la Cour royale de Paris, du 25 août 1827. — (Point d'insertion au Moniteur.)

Voy. *Gambart*.

MISSIONNAIRES (les), chanson de Béranger, publiée dans un recueil ou supplément, mis en vente par Rousseau et Furcy-Devaux.

Outrage à la morale publique et religieuse. — Destruction ordonnée :

1° Par arrêt de la Cour d'assises de la Seine, du 8 décembre 1821. — (*Moniteur du* 17 *mars* 1822.)

Voy. *Béranger*.

2° Par arrêt de la Cour royale de Paris, du 16 novembre 1822. — (*Moniteur du* 26 *mars* 1823.)

Voy. *Rousseau*.

3° Par jugement du tribunal correctionnel de la Seine, du 31 mai 1826. — (*Moniteur du* 6 *août* 1826.)

Voy. *Furcy-Devaux*.

MISSIONIDE (la), par Cahaigne.

Outrages à la religion et aux bonnes mœurs. — Destruction ordonnée par arrêt de la Cour royale de Paris, du 5 décembre 1826. — (Point d'insertion au Moniteur.)

MOEURS FRANÇAISES, ou *Académie des Dames*, avec figures.

Voy. *Académie des Dames*, et *Rousseau*.

MŒURS (les) DE PARIS PAR ARRONDISSEMENT, cahier de douze dessins, mis en vente par Regnier Becker et Bon.

Outrages aux bonnes mœurs et à la morale publique. — Destruction ordonnée :

1° Par arrêt de la Cour d'assises de la Seine, du 9 août 1842. — (*Moniteur du* 15 *décembre* 1843.)

Voy. *Regnier Becker.*

2° Par arrêt de la Cour d'assises de la Seine-Inférieure, du 8 septembre 1844. — (*Moniteur du* 3 *décembre* 1844.)

Voy. *Bon.*

MOINES (les trois), ouvrage licencieux, mis en vente par Lagier.

Destruction ordonnée par arrêt de la Cour royale de Paris, du 21 décembre 1822. — (*Moniteur du* 26 *mars* 1825.)

Voy. *Lagier.*

MOMUS REDIVIVUS, avec figures obscènes, mis en vente par Rousseau.

Destruction ordonnée par arrêt de la Cour royale de Paris, du 16 novembre 1822. — (*Moniteur du* 26 *mars* 1825.)

Voy. *Rousseau.*

M. ET M^me^ MAYEUX, chanson publiée dans le recueil intitulé : *Les Gaudrioles de M. Gaillard*, mises en vente par Rameau.

Outrages à la morale publique et aux bonnes mœurs.—Destruction ordonnée par arrêt de la Cour d'assises de la Seine, du 30 mars 1843. — (*Moniteur du* 15 *décembre* 1843.)

Voy. *les Gaudrioles de M. Gaillard*, et *Rameau.*

MONUMENTS DU CULTE SECRET DES DAMES ROMAINES, avec gravures obscènes.

Destruction ordonnée :

1° Par arrêt de la Cour royale de Paris, du 19 mai 1815. — (Point d'insertion au Moniteur.)

2° Par arrêt de la même Cour, en date du 19 septembre 1826. — (Point d'insertion au Moniteur.)

MONUMENTS DE LA VIE PRIVÉE DES DOUZE CÉSARS, ouvrage avec gravures obscènes.

Destruction ordonnée par arrêt de la Cour royale de Paris, du 19 septembre 1826. — (Point d'insertion au Moniteur.)

MUSÉE DES FAMILLES, recueil de gravures licencieuses avec

texte, mis en vente par Regnier Becker, commissionnaire en marchandises.

Destruction ordonnée par arrêt de la Cour d'assises de la Seine, du 9 août 1842. — (*Moniteur du* 15 *décembre* 1843.)

Voy. *Regnier Becker*.

NAIN (le), journal publié à Paris. — Gérant, Soulé.

Nos 5, 7, 10, 11, 12 et 13. — Outrages à la morale publique et religieuse dans un article intitulé : *Le Cardinal et le Capucin*. — Destruction ordonnée par arrêt de la Cour royale de Paris, du 23 juin 1825. — (*Moniteur du* 30 *novembre* 1825.)

Voy. *Soulé*, et *le Cardinal et le Capucin*.

NOUVEL (le) ENFANT DE LA GOGUETTE, recueil de chansons, par Debraux; publié par Lecouvey, éditeur.

Outrages aux bonnes mœurs contenus dans les chansons de ce recueil qui sont intitulées : 1° *C'est du nanan*; 2° *la Belle main*; 3° *Lisa*; 4° *mon Cousin Jacques*. — Destruction ordonnée par arrêt de la Cour royale de Paris, du 29 mai 1823. — (*Moniteur du* 26 *mars* 1825.)

Voy. *Debraux* et *Lecouvey*.

NOUVELLE JUSTINE, 1 vol. in-18, mis en vente par Regnier Becker, commissionnaire en marchandises.

Outrage à la morale publique et religieuse et aux bonnes mœurs. — Destruction ordonnée par arrêt de la Cour d'assises de la Seine, du 9 août 1842. — (*Moniteur du* 15 *décembre* 1843.)

Voy. *Regnier Becker*.

OEUVRES DE PARNY, 4 volumes.

Outrages aux bonnes mœurs et dérision envers la religion de a majorité des Français. — Destruction ordonnée :

1° Par arrêt de la Cour d'assises du Nord, du 2 février 1835. — (*Moniteur du* 7 *août* 1835.)

Voy. *Artigues*.

2° Par arrêt de la Cour d'assises de la Seine, du 24 août 1840. — (*Moniteur du* 25 *juin* 1845 )

Voy. *Goin*.

OEUVRES BADINES D'ALEXIS PIRON.

Outrages aux bonnes mœurs. — Destruction ordonnée :

1° Par arrêt de la Cour royale de Lyon, du 23 avril 1817. — Point d'insertion au Moniteur.)

2° Par arrêt de la Cour royale de Paris, du 5 janvier 1828. — (Point d'insertion au Moniteur.)

3° Par arrêt de la Cour d'assises de la Seine, du 24 novembre 1834. — (*Moniteur du* 26 *juin* 1836.)

Voy. *Jean*.

4° Par arrêt de la Cour d'assises du Nord, du 2 février 1835. — (*Moniteur du* 7 *août* 1835.)

Voy. *Artigues*.

5° Par arrêt de la Cour d'assises de la Vienne, du 12 décembre 1835. (*Moniteur du* 9 *juin* 1839.)

Voy. *Clouzot*, *Porterié* (Antoine) et *Porterié* (Bertrand).

OEUVRES BADINES DE GRÉCOURT, 1 volume, mis en vente par Artigues.

Outrages aux bonnes mœurs, et à la morale publique et religieuse. — Destruction ordonnée par arrêt de la Cour d'assises du Nord, du 2 février 1835. — (*Moniteur du* 7 *août* 1835.)

Voy. *Artigues*.

OEUVRES BADINES DE PIRON, GRÉCOURT, VOLTAIRE, MIRABEAU, etc., mises en vente par Jean.

Outrages aux bonnes mœurs. — Destruction ordonnée par arrêt de la Cour d'assises de la Seine, du 24 novembre 1834. — (*Moniteur du* 26 *juin* 1836.)

Voy. *Jean*.

OEUVRES COMPLÈTES DE BÉRANGER, tome 5e. *Supplément, chansons érotiques*, mises en vente par Chantpie père, Chantpie fils et Regnier Becker.

Outrages aux bonnes mœurs et à la morale publique. — Destruction ordonnée :

1° Par arrêt de la Cour d'assises de la Seine, du 24 octobre 1834. (*Moniteur du* 30 *décembre* 1834.)

Voy. *Chantpie* père et *Chantpie* fils.

2° Par arrêt de la même cour, en date du 9 août 1842. (*Moniteur du* 15 *décembre* 1843.)

Voy. *Regnier Becker*.

ORIGINE DES PUCES, ou *les P...... es conquis;* ouvrage obscène et licencieux.

Destruction ordonnée par arrêt de la Cour royale de Paris, du 19 mai 1836. — (Point d'insertion au Moniteur.)

PANORAMA DES PAILLARDS ; gravure obscène, mise en vente par Mayer.

Destruction ordonnée par arrêt de la Cour d'assises de la Seine, du 11 août 1843. — (*Moniteur du 15 décembre* 1843.)
Voy. *Mayer.*

**PARADIS** (le) **PERDU**, poëme par Parny.
Destruction ordonnée par jugement du tribunal correctionnel de Coutances, du 30 août 1826. — (Point d'insertion au Moniteur.)

**PARCHEMINS** (les) **ET LA LIVRÉE**, par Garay de Monglave.
Outrage à la morale publique et religieuse et aux bonnes mœurs. — Destruction ordonnée par jugement du tribunal correctionnel de la Seine, du 30 juin 1825. — (*Moniteur du* 20 *septembre* 1825.)
Voy. *Monglave.*

**PARIS, TABLEAU MORAL ET PHILOSOPHIQUE**, par Fournier-Verneuil.
Outrage à la morale publique et aux bonnes mœurs par les peintures indécentes et les expressions obscènes contenues dans cet ouvrage.—Destruction ordonnée par arrêt de la Cour royale de Paris, du 13 juin 1826. — (*Moniteur du 7 novembre* 1826.)
Voy. *Fournier-Verneuil.*

**PART** (la) **DES FEMMES**, par Meray, feuilleton-roman publié dans *la Démocratie pacifique* (n[os] des 30 juin et 1er juillet 1847).
Outrage à la morale publique et aux bonnes mœurs. — Destruction ordonnée par arrêt de la Cour d'assises de la Seine, du 24 août 1847. — (Point d'insertion au Moniteur.)
Voy. *Meray.*

**PASTEUR** (le) **D'UZÈS**, ou **VALENTINE**, par Ducange, roman en trois volumes.
Outrage à la morale publique et religieuse et aux bonnes mœurs. — Destruction ordonnée par arrêt de la Cour d'assises de la Seine, du 26 juin 1821. — (*Moniteur du 24 mars* 1822.)
Voy. *Ducange.*

**PLAISIRS** (les) **DE TOUS LES AGES**, mis en vente par Regnier Becker, commissionnaire en marchandises.
Outrages à la morale publique et aux bonnes mœurs. — Destruction ordonnée par arrêt de la Cour d'assises de la Seine, du 9 août 1842. — (*Moniteur du* 15 *décembre* 1843.)
Voy. *Regnier Becker.*

**PLAN** (le) **DE PARIS**, mis en vente par Regnier Becker, commissionnaire en marchandises.

Outrage aux bonnes mœurs et à la morale publique. — Destruction ordonnée par arrêt de la Cour d'assises de la Seine, du 9 août 1842. — (*Moniteur du 15 décembre* 1843.)

Voy. *Regnier Becker*.

PRÉMICES (les) DE JAVOTTE, chanson de Pradel.

Outrage aux bonnes mœurs et à la morale publique. — Destruction ordonnée par arrêt de la Cour royale de Paris, des 11 juillet et 16 novemb.—1822. (*Moniteur des* 26 *juillet* 1822 *et* 26 *mars* 1825.)

Voy. *Pradel*.

PRÊTRE (le), pamphlet.

Outrage à la morale publique et religieuse et aux bonnes mœurs. — Destruction ordonnée par arrêt de la Cour royale de Paris, du 5 août 1828.— (Point d'insertion au Moniteur.)

PROGRÈS DU LIBERTINAGE, mis en vente par Regnier Becker, commissionnaire en marchandises.

Outrages à la morale publique et religieuse et aux bonnes mœurs. — Destruction ordonnée par arrêt de la Cour d'assises de la Seine, du 9 août 1842. — (*Moniteur du* 15 *décembre* 1843.)

Voy. *Regnier Becker*.

PROSPECTUS POUR LA MALADIE DE NEUF MOIS; distribution par Langlois.

Outrage à la morale publique. — Destruction ordonnée par arrêt de la Cour d'assises de la Seine, du 6 novembre 1835. — (Point d'insertion au Moniteur.)

Voy. *Langlois*.

PUCELLE (la) D'ORLÉANS, par Voltaire; 1 vol. avec gravures.

Outrages aux bonnes mœurs, et à la morale publique et religieuse. — Destruction ordonnée :

1° Par arrêt de la Cour royale de Paris, du 21 décembre 1822. — (*Moniteur du* 26 *mars* 1825.)

Voy. *Lagier*.

2° Par arrêt de la Cour d'assises de la Seine, du 9 août 1842. — *Moniteur du* 15 *décembre* 1843.)

Voy. *Regnier Becker*.

3° Par arrêt de le même cour, du 28 novembre 1845. — (*Moniteur du* 9 *juin* 1846.)

Voy. *Deshayes*.

P..... (les) CLOITRÉES, avec figures obscènes, mises en vente par Rousseau.

Outrages aux bonnes mœurs et à la morale publique. — Destruction ordonnée par arrêt de la Cour royale de Paris, du 16 novembre 1822. — (*Moniteur du 26 mars 1825.*)

Voy. *Rousseau.*

**RECUEIL DE POÉSIES DIVERSES** *de La Fontaine, Piron, Voltaire et Grécourt*, 1 vol. avec gravures.

Outrages à la morale publique et aux bonnes mœurs. — Destruction ordonnée par arrêt de la Cour d'assises de la Vienne, du 12 décembre 1838. — (*Moniteur du 9 juin* 1839.)

Voy. *Clouzot, Porterié* (Antoine) et *Porterié* (Bertrand).

**RELIGIEUSE** (la), par Diderot, roman licencieux. — Destruction ordonnée :

1° Par jugement du tribunal correctionnel de la Seine, du 20 août 1824. — (Point d'insertion au Moniteur.)

2° Par jugement du même tribunal, en date du 21 novembre 1826. — (Point d'insertion au Moniteur.)

**REVUE DRAMATIQUE**, mise en vente par Regnier Becker, commissionnaire en marchandises.

Outrages à la morale publique et aux bonnes mœurs. — Destruction ordonnée par arrêt de la Cour d'assises de la Seine, du 9 août 1842. — (*Moniteur du 15 décembre* 1843.)

Voy. *Regnier Becker.*

**ROBERVILLE** (M. de), par Pigault-Lebrun, roman en 4 vol. in-12, mis en vente par Barba.

Outrages à la morale publique et religieuse. — Destruction ordonnée par arrêt de la Cour royale de Paris, du 15 janvier 1825. — (*Moniteur du 26 mars* 1825.)

Voy. *Barba.*

**ROI** (le) **CHRISTOPHE**, chanson de Béranger, publiée dans un supplément au recueil et mise en vente par Rousseau et Furcy Devaux.

Outrage à la morale publique et religieuse. — Destruction ordonnée :

1° Par arrêt de la Cour d'assises de la Seine, du 8 décembre 1821. — (*Moniteur du 17 mars* 1822.)

Voy. *Béranger.*

2° Par arrêt de la Cour royale de Paris, du 16 novembre 1822. — (*Moniteur du 26 mars* 1825.)

Voy. *Rousseau.*

3° Par jugement du tribunal correctionnel de Paris, du 31 mai 1826. — (*Moniteur du 6 août* 1826.)
Voy. *Furcy-Devaux.*

ROSÉE (la), gravure obscène, mise en vente par Regnier Becker, commissionnaire en marchandises.
Destruction ordonnée par arrêt de la Cour d'assises de la Seine, du 9 août 1842. — (*Moniteur du 15 décembre* 1843.)
Voy. *Regnier Becker.*

ROSÉE DE TOUTES LES SAISONS, cahier de gravures obscènes, mis en vente par Mayer.
Destruction ordonnée par arrêt de la Cour d'assises de la Seine, du 11 avril 1843. — (*Moniteur du 15 décembre* 1843.)
Voy. *Mayer.*

SAINTE NITOUCHE, mise en vente par Regnier Becker, commissionnaire en marchandises.
Outrages aux bonnes mœurs et à la morale publique et religieuse. — Destruction ordonnée par arrêt de la Cour d'assises de la Seine, du 9 août 1842.—(*Moniteur du* 15 *décembre* 1843.)
Voy. *Regnier Becker.*

SAINT-SIMONIENS, recueil de gravures obscènes, mis en vente par Mayer.
Destruction ordonnée par arrêt de la Cour d'assises de la Seine du 11 avril 1843. — (*Moniteur du 15 décembre* 1843.)
Voy. *Mayer.*

SCÈNES DE LA VIE INTIME, ouvrage immoral, mis en vente par Regnier Becker, commissionnaire en marchandises.
Outrages à la morale publique et aux bonnes mœurs. — Destruction ordonnée par arrêt de la Cour d'assises de la Seine, du 9 août 1842. — (*Moniteur du* 15 *décembre* 1843.)
Voy. *Regnier Becker.*

SENTINELLES (les) EN DÉFAUT, gravure obscène.
Destruction ordonnée par arrêt de la Cour royale de Paris, du 14 septembre 1821. — (Point d'insertion au Moniteur.)

SIÉGE (le) DU PARADIS, mis en vente par Regnier Becker, compagnon menuisier.
Outrages à la morale publique et religieuse et aux bonnes mœurs. — Destruction ordonnée par jugement du tribunal cor-

rectionnel de Senlis, du 9 décembre 1829. — (Point d'insertion au Moniteur.)

Voy. *Regnier Becker.*

**SOIRÉES LUBRIQUES**, mises en vente par Regnier Becker, commissionnaire en marchandises.

Destruction ordonnée par arrêt de la Cour d'assises de la Seine, du 9 août 1842. — (*Moniteur du* 15 *décembre* 1843.)

Voy. *Regnier Becker.*

**SOLLICITEUSE**, chanson publiée dans le recueil intitulé : *Les Gaudrioles de M. Gaillard*, mises en vente par Rameau.

Outrage à la morale publique et aux bonnes mœurs. — Destruction ordonnée par arrêt de la Cour d'assises de la Seine, du 30 mars 1843. — (*Moniteur du* 15 *décembre* 1843.)

Voy. *les Gaudrioles de M. Gaillard*, et *Rameau.*

**SONGE** (le) **TROMPEUR**, gravure obscène.

Destruction ordonnée par arrêt de la Cour royale de Paris, du 14 janvier 1822. — (Point d'insertion au Moniteur.)

**SOURCE** (la) **DES PLAISIRS**, ouvrage licencieux, mis en vente par Regnier Becker, commissionnaire en marchandises.

Destruction ordonnée par arrêt de la Cour d'assises de la Seine, du 9 août 1842. — (*Moniteur du* 15 *décembre* 1043.)

Voy. *Regnier Becker.*

**SOURCES** (les) **DU PLAISIR**, ouvrage immoral, mis en vente par Regnier Becker, commissionnaire en marchandises.

Destruction ordonnée par arrêt de la Cour d'assises de la Seine, du 9 août 1845. — (*Moniteur du* 15 *décembre* 1843.)

Voy. *Regnier Becker.*

**SUITE DE LA BATAILLE DE NOVI**, chanson publiée dans le recueil intitulé : *Les Gaudrioles de M. Gaillard*, mises en vente par Rameau.

Outrage à la morale publique et aux bonnes mœurs. — Destruction ordonnée par arrêt de la Cour d'assises de la Seine, du 30 mars 1843. — (*Moniteur du* 15 *décembre* 1843.)

Voy. *Les Gaudrioles de M. Gaillard*, et *Rameau.*

**SYLPHE** (le) journal publié à Draguignan, gérant Rouband.

N° 2. — Outrage à la morale publique et religieuse, et aux bonnes mœurs, dans une pièce en vers intitulée : *Ce que j'aime et ce que je n'aime pas.* — Destruction ordonnée par arrêt de la Cour royale d'Aix, du 13 décembre 1825, confirmatif d'un jugement du tribunal correctionnel de Draguignan, du 6 août 1825. — (*Moniteur du* 2 *février* 1826.)

Voy. *Roubaud.*

SYNODE (le) CONJUGAL, 2 volumes.

Destruction ordonnée par arrêt de la Cour royale de Paris, du 19 mai 1815. — (Point d'insertion au Moniteur.)

SYSTÈME DE LA NATURE ET DES LOIS DU MONDE PHYSIQUE ET MORAL, par le baron d'Holbach, 4 vol. in-18. — Imprimerie de Gueffier; à Paris, chez Domère.

Outrages à la morale publique et à toutes les religions. — Destruction ordonnée:

1° Par arrêt de la Cour royale de Paris, du 29 mai 1823. — (*Moniteur du* 26 *mars* 1825.)

Voy. *Domère.*

2° Par arrêt de la même Cour, en date du 19 juin 1827. — (Point d'insertion au Moniteur.)

SYSTÈME SOCIAL, ou *principes de la morale et de la politique*, avec un examen de l'influence des gouvernements sur les mœurs, par le baron d'Holbach, 2 vol. édités par Niogret.

Outrages à la religion de l'État, etc., etc., etc. — Destruction ordonnée par arrêt de la Cour royale de Paris, du 1er mars 1823. — (*Moniteur des* 15 *mars* 1823 et 26 *mars* 1825.)

Voy. *Niogret.*

TABLEAU DE L'AMOUR CONJUGAL, avec figures obscènes, mis en vente par Cassé.

Outrage aux bonnes mœurs. — Destruction ordonnée par arrêt de la Cour d'assises de la Haute-Garonne, du 8 juin 1843. — (*Moniteur du* 3 *décembre* 1844.)

Voy. *Cassé.*

TEMPS (le) QUI COURT, brochure, mise en vente par Corréard.

Outrages à la morale publique et religieuse et aux bonnes mœurs. — Destruction ordonnée par arrêt de la Cour d'assises de la Seine, du 28 juin 1820. — (*Moniteur du* 20 *août* 1820.)

Voy. *Corréard.*

THÉATRE (le) GAILLARD, 2 vol. in-12, avec gravures.

Outrages aux bonnes mœurs. — Destruction ordonnée:

1° Par arrêt de la Cour royale de Paris, du 16 novembre 1822. — (*Moniteur du* 26 *mars* 1825.)

Voy. *Rousseau.*

2° Par arrêt de la Cour d'assises de la Seine, du 24 novembre 1834. — (*Moniteur du* 26 *juin* 1836.)

Voy. *Jean.*

3° Par arrêt de la Cour d'assises de la Vienne, du 12 décembre 1838. — (*Moniteur du 9 juin 1839.*)

Voy. *Clouzot*, *Porterié* (Antoine) et *Porterié* (Bertrand.)

THÉMIDORE, ou *mon histoire et celle de ma maîtresse*, pamphlet licencieux avec figures, mis en vente par Rousseau.

Outrages aux bonnes mœurs et à la morale publique. — Destruction ordonnée par arrêt de la Cour royale de Paris, du 16 novembre 1822. — (*Moniteur du 26 mars* 1825.)

Voy. *Rousseau*.

THÉRÈSE PHILOSOPHE.

Outrage à la morale publique et religieuse et aux bonnes mœurs. — Destruction ordonnée :

1° Par jugement du tribunal correctionnel de la Seine, du 6 juin 1822. — (*Moniteur du 7 novembre* 1826.)

Voy. *Leroux*.

2° Par jugement du même tribunal, en date du 25 février 1825. — (*Moniteur du 7 novembre* 1826.)

Voy. *Besson*, *Bourrut*, *Cottenet* et *Merlot*.

TOUJOURS ! TOUJOURS ! gravure obscène. — Publication par Aubert et Besnard.

Destruction ordonnée par arrêt de la Cour d'assises de la Seine, du 31 octobre 1833. — (Point d'insertion au Moniteur.)

TOURELLE (la) DE SAINT-ÉTIENNE, ou *le Séminaire de Vénus*, avec gravures obscènes, mise en vente par Gautier.

Destruction ordonnée par arrêt de la Cour d'assises de la Seine, du 21 août 1831. — (Point d'insertion au Moniteur.)

Voy. *Gautier*.

VEILLÉE (une) DE JEUNE FILLE, gravure licencieuse, mise en vente par Regnier Becker, commissionnaire en marchandises.

Destruction ordonnée par arrêt de la Cour d'assises de la Seine, du 9 août 1842. — (*Moniteur du 15 décembre* 1843.)

Voy. *Regnier Becker*.

VIE DU CHEVALIER DE FAUBLAS, par Louvet de Couvray, roman.

Outrage aux bonnes mœurs et à la morale publique. — Destruction ordonnée :

1° Par jugement du tribunal correctionnel de Vannes, du 29 avril 1822. — (*Moniteur des 24 et 25 mai* 1822.)

Voy. *Redonnet*.

2° Par jugement du tribunal correctionnel de la Seine, du 16 décembre 1825. — (*Moniteur du 9 février* 1826.)
Voy. *Tardieu.*

3° Par arrêt de la Cour d'assises de la Vienne, du 12 décembre 1838. — (*Moniteur du 9 juin* 1839.)
Voy. *Clouzot*, *Porterié* (Antoine) et *Porterié* (Bertrand).

VIE DU DANDY EN EUROPE, mise en vente par Regnier Becker, commissionnaire en marchandises.
Outrages à la morale publique et aux bonnes mœurs. — Destruction ordonnée par arrêt de la Cour d'assises de la Seine, du 9 août 1842. — (*Moniteur du 15 décembbre* 1843.)
Voy. *Regnier Becker.*

VIE (la) DU SOLDAT, mise en vente par Regnier Becker, commissionnaire en marchandises.
Outrages à la morale publique et aux bonnes mœurs. — Destruction ordonnée par arrêt de la Cour d'assises de la Seine, du 9 août 1842. — (*Moniteur du 15 décembre* 1843.)
Voy. *Regnier Becker.*

VINGT ANS DE LA VIE D'UN JEUNE HOMME, 1 vol., mis en vente par Regnier Becker, commissionnaire en marchandises.
Outrages aux bonnes mœurs et à la morale publique. — Destruction ordonnée par arrêt de la Cour d'assises de la Seine, du 9 août 1842. — (*Moniteur du 15 décembre* 1843.)
Voy. *Regnier Becher.*

VINGT ANS DE LA VIE D'UNE FEMME, 1 vol., mis en vente par Regnier Becker, commissionnaire en marchandises.
Outrages à la morale publique et aux bonnes mœurs. — Destruction ordonnée par arrêt de la Cour d'assises de la Seine, du 7 août 1842. — (*Moniteur du 15 décembre* 1843.)

VOUS AVEZ LA CLEF, gravure obscène.
Destruction ordonnée par arrêt de la Cour royale de Paris, du 14 septembre 1821. — (Point d'insertion au Moniteur.)

ZON, MA LIZETTE! chanson publiée dans le recueil intitulé : *La chanson au XIX^e^ siècle* (11^e^ livraison). — Publication par Durand.
Outrage aux bonnes mœurs et à la morale publique et religieuse. — Destruction ordonnée par arrêt de la Cour d'assises de la Seine, du 10 février 1847. — (*Moniteur du 1^er^ août* 1847.)
Voy. *la chanson au XIX^e^ siècle*, et *Durand* (Charles).

## *Errata de la 4e partie.*

DAME (la) DE LA MAISON, mise en vente par Régnier Becker, commissionnaire en marchandises.

Outrages aux bonnes mœurs et à la morale publique. — Destruction ordonnée par arrêt de la Cour d'assises de la Seine, du 9 août 1842. — (*Moniteur du 15 décembre* 1843.)

Voy. *Regnier Becker.*

GUERRE (la) DES DIEUX, par Parny, poëme immoral et obscène. — Destruction ordonnée :

1° Par arrêt de la Cour d'assises de la Seine, du 29 décembre 1821. — (Point d'insertion au Moniteur.)

2° Par jugement du tribunal correctionnel de la Seine, du 31 mai 1826. — (*Moniteur du* 6 *août* 1826 )

Voy. *Furcy Devaux.*

3° Par jugement du tribunal de Coutances, du 30 août 1826. — (Point d'insertion au Moniteur.)

4° Par arrêt de la Cour royale de Paris, du 19 juin 1827. — Point d'insertion au Moniteur.)

5° Par jugements du tribunal correctionnel de Paris, des 10 et 11 août 1829 — (Point d'insertion au Moniteur.)

Voy. *Langlois* et *Lebailli.*

6° Par arrêt de la Cour d'assises de la Vienne, du 12 décembre 1838 — (*Moniteur du* 9 *juin* 1839.)

Voy. *Clouzot, Porterié* (Antoine) et *Porterié* (Bertrand).

7° Par arrêt de la Cour d'assises de la Seine, du 9 août 1842. — (*Moniteur du* 15 *décembre* 1843.)

Voy. *Regnier Becker.*

8° Par arrêt de la même Cour, en date du 23 février 1843. — (*Moniteur du* 15 *décembre* 1843.)

Voy. *Lemière.*

9° Par arrêt de la Cour d'assises de la Seine-Inférieure, du 8 septembre 1844. — (*Moniteur du* 3 *décembre* 1844.)

Voy. *Bon.*

# INDIVIDUS

## CONDAMNÉS

### Depuis 1814 jusqu'au 1er janvier 1850, pour délits de presse.

1. — ADAM, gérant du *Libérateur*, journal publié à Paris.
Condamné à six mois de prison et à 1,000 fr. d'amende. — Provocation au changement du gouvernement. (*Moniteur du 30 décembre* 1831.)
Voy. *le Libérateur* (2e partie), *Gentillon*, *Rousselin*, *Grosseteite* et *Gaillard*.

2. — AIGUEPERSE (Pierre), gérant de *la Gazette d'Auvergne*, journal publié à Clermont-Ferrand.
Condamné :

1° A six mois de prison et à 3,000 fr. d'amende par arrêt de la Cour d'assises du Puy-de-Dôme, du 21 mars 1841. — Excitation à la haine et au mépris du gouvernement du roi ; attaque au respect dû aux lois. — (*Moniteur du* 12 *novembre* 1842.)

2° A quinze jours de prison et à 1,000 fr. d'amende par arrêt de la même Cour, en date du 26 mai 1842. — Diffamation envers un commissaire de police pour des faits relatifs à ses fonctions. — (*Moniteur du* 12 *novembre* 1842.)
Voy. *Gazette d'Auvergne* (2e partie).

3. — AMAND (Jean-Soleil), dit *Saint-Amand*, gérant du *Progressif de l'Aube*, journal publié à Troyes.
Condamné à trois mois de prison et à 2,000 fr. d'amende par arrêt de la Cour d'assises de l'Aube, du 6 mai 1834. — Attaque contre l'autorité constitutionnelle du roi. — (*Moniteur du 7 août* 1835.)
Voy. *le Progressif de l'Aube* (2e partie).

4. — ANNÉE (Antoine), homme de lettres.
Condamné à un mois de prison et à 300 fr. d'amende par arrêt de la Cour royale de Paris, du 25 novembre 1824. — Outrages à la religion de l'Etat et envers les ministres du culte. — (*Moniteur du* 26 *mars* 1825.)

Voy. *le Mercure du XIXe siècle* et *les Tablettes romaines* (1re partie).

5. — ARTIGUES (Jean-Baptiste), dit *Jean Artigues*, colporteur.
Condamné à un an de prison et à 500 fr. d'amende par arrêt de la Cour d'assises du Nord, du 2 février 1835. — Outrages à la morale publique et religieuse et aux bonnes mœurs, en vendant et exposant dans une des rues de Lille : 1° *Bijoux* (les) *indiscrets*, par Diderot, 1 vol ; 2° *Bon* (le) *sens du curé Meslier*, 2 vol. ; 3° *OEuvres badines de Grécourt*, 1 vol.; 4° *OEuvres badines d'Alexis Piron*, 3 vol. ; 5° *OEuvres de Parny*, 4 vol. — (*Moniteur du 7 août* 1835.)

6. — AUBERT (Gabriel), éditeur de *la Caricature*, journal publié à Paris.
Acquitté de la prévention d'offense envers le roi par arrêt de la Cour d'assises de la Seine, du 28 janvier 1833, à l'occasion d'un article et d'une lithographie, publiés par lui et Philippon, dans son journal.
Voy. *la Caricature*, *Projet d'un monument*, et *Philippon* (2e partie).

7. — AUBRY (Paul-Louis-Edouard), rédacteur et gérant par intérim de *la Gazette de France*, journal publié à Paris.
Condamné à un an de prison et à 12,000 fr. d'amende, par arrêt de la Cour d'assises de la Seine, du 12 août 1842. — Attaques contre les droits et l'autorité des Chambres, contre l'ordre de successibilité au trône, les droits et l'autorité constitutionnels du roi ; excitation à la haine et au mépris du gouvernement et tentative de perturbation du repos public. — (*Moniteur du 15 décembre* 1843.)
Voy. *Gazette de France* (2e partie).

8. — AUBRY-FOUCAULT (Louis), gérant de la *Gazette de France*, journal publié à Paris.
Condamné :

1° A six mois de prison et à 1,000 fr. d'amende par arrêt de la Cour d'assises de la Seine, du 5 mars 1833. — Attaque contre l'ordre de successibilité au trône et les droits constitutionnels du roi. — (*Moniteur du 30 octobre* 1833.)
Voy. *Gazette de France* (2e partie).

2° A dix jours de prison et à 1,500 fr. d'amende par arrêt de la Cour d'assises de Maine-et-Loire, du 2 décembre 1833. — Atteinte à l'honneur et à la considération d'un officier. — *Moniteur du 7 août* 1835.) (2e partie).

3° A trois mois de prison et à 4,000 fr. d'amende, par arrêt de la Cour d'assises, du 25 janvier 1834. — Attaque contre les droits constitutionnels du roi. — (*Moniteur du 25 avril* 1834).

Voy. *Gazette de France* (2ᵉ partie).

4° A trois mois de prison et à 5,000 fr. d'amende, par arrêt de la même Cour, du 15 décembre 1834. — Attaque contre les droits constitutionnels du roi et excitation à la haine et au mépris du gouvernement du roi. — (*Moniteur du 7 août* 1835).

Voy. *Gazette de France* (2ᵉ partie).

5° A trois mois de prison et à 3,000 fr. d'amende, par arrêt de la même cour, du 10 février 1835. — Attaques contre les droits constitutionnels du roi. — (*Moniteur du 7 août* 1835.)

Voy. *Gazette de France* (2ᵉ partie).

6° A deux mois de prison et à 4,000 fr. d'amende, par arrêt de la même cour du 26 février 1836. — Excitation à la haine et au mépris du gouvernement du roi. — (*Moniteur du* 18 *janvier* 1837.)

Voy. *Gazette de France* (2ᵉ partie).

7° A six mois de prison et à 4,000 fr. d'amende, par arrêt de la même Cour, du 11 juillet 1836. — Attaques contre les droits constitutionnels du roi, et excitation à la haine et au mépris du gouvernement du roi. — (*Moniteur du* 18 *janvier* 1837.)

Voy. *Gazette de France* (2ᵉ partie).

8° A trois mois de prison et à 1,500 fr. d'amende. — Attaques contre l'ordre de successibilité au trône et les droits constitutionnels du roi; adhésion publique à une autre forme de gouvernement. — (*Moniteur du* 12 *mai* 1837.)

Voy. *Gazette de France* (2ᵉ partie).

9° A un an de prison et à 4,000 fr. d'amende, par arrêt de la même cour, du 14 février 1842. — Excitation à la haine et au mépris du gouvernement du roi ; attaque aux droits qu'il tient du vœu de la nation. — (*Moniteur du* 12 *novembre* 1842.)

Voy. *Gazette de France* (2ᵉ partie).

10° A six mois de prison et à 8,000 fr. d'amende, par arrêt de la même Cour, du 18 avril 1844. — Attaques contre les droits que le roi tient du vœu de la nation ; adhésion publique à une autre forme de gouvernement ; excitation à la haine et au mépris du gouvernement, etc. — (*Moniteur du* 23 *avril* 1845.)

Voy. *Gazette de France* (2ᵉ partie).

9. — AVRIL (Félix).

Condamné à quinze jours de prison et à 50 francs d'amende,

par arrêt de la Cour d'assises de la Seine, du 20 février 1833. — Injures envers un dépositaire de l'autorité publique. (*Moniteur du 7 avril* 1833.)

Voy. *la Tribune* (2e partie).

10. — BARAT, marchand de cirage.

Condamné à quatre mois de prison et à 16 fr. d'amende, par arrêt de la Cour d'assises de l'Orne, du 4 juillet 1820. — Exposition et mise en vente de gravures obscènes. — (*Moniteur du 24 août* 1820.)

Voy. *Gravures obscènes* (4e partie).

11. — BARBA (Jean-Nicolas), libraire à Paris.

Condamné à huit jours de prison et à 16 fr d'amende, par jugement du tribunal correctionnel de la Seine, du 25 juin 1825. — Publication et vente d'un ouvrage contenant des outrages à la morale publique et religieuse. — (*Moniteur du 6 septembre* 1825.)

Voy. l'*Enfant du Carnaval* (4e partie).

12. — BARBEYRAC DE SAINT-MAUR (Charles-François), gérant de *la France*, journal publié à Paris.

Condamné à deux mois de prison et à 1,000 fr. d'amende, par arrêt de la Cour d'assises de la Seine, du 30 juillet 1836. — Apologie de l'attentat commis le 25 juin 1836, par Alibaud, contre la vie du roi. — (*Moniteur du* 18 *janvier* 1837.)

Voy. *la France* (2e partie).

13. — BARON (Auguste).

Acquitté par arrêt de la Cour d'assises du Rhône, du 14 mars 1837, de la prévention d'excitation à la haine et au mépris du gouvernement du roi ; d'apologie du régicide, d'attaques contre le respect dû aux lois, de provocation à la haine entre les diverses classes de la société, etc., à raison d'une brochure de 156 pages. — (*Moniteur du* 12 *mai* 1837.)

Voy. *Almanach populaire de la France* (2e partie), et *Gambert.*

14. — BARRAULT-ROULLON (Charles-Hippolyte), éditeur.

Condamné à six mois de prison et à 500 fr. d'amende par arrêt de la Cour royale de Paris, du 12 juin 1823. — Outrages envers la religion de l'Etat, etc., etc. — (*Moniteur du 26 mars* 1823.)

Voy. *Des peuples et des gouvernements* (1re partie).

15.—BARRIER (Jean), gérant de *l'Univers religieux*, journal publié à Paris.

Condamné à un mois de prison et à 3,000 fr. d'amende, par arrêt de la Cour d'assises de la Seine, du 11 mai 1844.—Provocation à la désobéissance aux lois; attaque contre le respect qui leur est dû; apologie de faits qualifiés délits par le Code pénal. —(*Moniteur du* 23 *juin* 1845.)

Voy. *l'Univers religieux*, *Liberté d'Enseignement*, etc. (2e partie), *Veuillot*.

16. — BARTHÉLEMY (Auguste), homme de lettres.

Condamné à trente mois de prison et à 1,000 fr. d'amende par arrêt de la Cour royale de Paris, du 7 janvier 1830.—Provocation au changement de gouvernement dans un poëme dont il s'est reconnu l'auteur. —(Point d'insertion au Moniteur.)

Voy. *le Fils de l'Homme* (1re partie).

17.—BARTHÉLEMY (Pierre), homme de lettres.

Condamné à trois mois de prison et à 500 fr. d'amende, par arrêt de la Cour royale de Paris, du 17 avril 1825. — Atteinte dans un écrit, dont il s'est reconnu l'auteur, à l'honneur et à la considération du sieur Agard, comte de Mosbourg. — (*Moniteur du* 26 *mars* 1825.)

Voy. *Biographie*, ou *Galerie des Contemporains* (1re partie).

18.—BASCANS (Ferdinand), gérant de *la Tribune*, journal publié à Paris.

Acquitté par arrêt de la Cour d'assises de la Seine, du 21 février 1833, de la prévention d'excitation à la haine et au mépris du gouvernement du roi. —(*Moniteur du* 7 *avril* 1833.)

Voy. *la Tribune* (2e partie), et *Mie*.

19. — BASTIDE (Louis-Barthélemy-Elisabeth), homme de lettres.

Condamné :

1° A six mois de prison et à 500 fr. d'amende par arrêt de la Cour d'assises de la Seine, du 9 avril 1834.—Offense envers la personne du roi. – (*Moniteur du* 30 *décembre* 1834.)

Voy. *Au roi*, 2e *satire* (2e partie).

20.—BAUDOUIN l'aîné (Alexandre), libraire à Paris.

Condamné à six mois de prison et à 500 fr. d'amende, par arrêt de la Cour royale de Paris, du 10 février 1829. — Outrages à la religion de l'Etat et offenses envers le roi, par la publication de trois chansons de Béranger. — (Point d'insertion au Moniteur.)

Voy. *l'Ange gardien*, *les Infiniment petits*, ou *la Gérontocratie*, et *le Sacre de Charles-le-Simple*. (1re partie).

Le même, acquitté par arrêt de la Cour d'assises de la Seine, du 8 décembre 1835, de la prévention d'outrages aux bonnes mœurs portée contre lui à raison d'une brochure saisie chez lui.—(*Moniteur du 7 novembre* 1837.)

Voy. *Fastes, ruses et intrigues de la galanterie* (4e partie), *Terry* et *E. Tesson*.

21.—BEAUFILS DE SAINT VINCENT (Jean-Baptiste), avoué près le tribunal de Senlis.

Condamné par arrêt de la Cour d'assises de l'Oise, du 6 juin 1842, à trois mois de prison et à 300 fr. d'amende. — Injures envers le sieur Bernier, juge de paix du canton de Senlis.— (*Moniteur du 12 novembre* 1842.)

Voy. *Article inédit du journal de Senlis* (2e partie).

22. — BEAUGER (Jean-Chrysostôme), gérant du *Charivari*, journal publié à Paris.

Condamné à huit mois de prison et à 6,000 fr. d'amende, par arrêt de la cour d'assises de la Seine du 10 janvier 1839.— Offenses envers la personne du roi. — (*Moniteur du 9 juin* 1839.)

Voy. *le Charivari* (2e partie).

23. — BELLUC (Jean-Pierre), libraire à Toulon.

Condamné par arrêt de la Cour d'assises du Var, du 18 août 1820, à un mois de prison et à 100 fr. d'amende.—Vente d'un ouvrage immoral.—(*Moniteur du 7 septembre* 1820.)

Voy. *Histoire des Missionnaires* (4e partie), et *Guyon*.

24. — BÉRARD (Pierre-Clément.)

Condamné :

1° A un an de prison et à 500 fr. d'amende par arrêt de la Cour d'assises de la Seine, du 5 février 1833. — Publication et composition d'un écrit séditieux. (*Moniteur du 7 avril* 1833.)

Voy. *Cancans indignés* (2e partie).

2° A un an de prison et à 500 fr. d'amende par arrêt de la Cour d'assises de la Seine, du 5 février 1833. —Offense envers la personne du roi, et attaque contre ses droits constitutionnels. —(*Moniteur du 7 avril* 1833.)

Voy. *Cancans véridiques* (2e partie).

3° à six ans de prison et à 1,000 fr. d'amende par arrêt de la Cour d'assises de la Seine, du 26 mars 1833. —Publication d'un écrit séditieux. — (*Moniteur du 29 juin* 1833.)

Voy. *Cancans persévérante* (2e partie).

4° à deux ans de prison et à 5,000 fr. d'amende, par arrêt de la Cour d'assises de la Seine, du 22 avril 1834. — Offense envers la personne du roi et excitation à la haine et au mépris de son gouvernement par la composition et la publication d'un écrit. — (*Moniteur du 30 décembre* 1834.)

Voy. *Cancans révoltés* (2e partie), et *Gérard*.

5° à deux ans de prison et à 2,000 fr. d'amende, par arrêt de la Cour d'assises de la Seine, du 26 mai 1834. — Offense envers la personne du roi. — (*Moniteur du 30 décembre 1834.*)

Voy. *Cancans fidèles* (2e partie), et *Gérard*.

25. – BÉRANGER (Pierre-Jean), chansonnier et poëte.

Condamné :

1° à trois mois de prison et à 50 fr. d'amende, par arrêt de la Cour d'assises de la Seine, du 8 décembre 1821.—Outrages à la morale publique et religieuse. — (*Moniteur du 17 mars* 1822.)

Voy. *les Capucins, les Chantres de paroisse, Mon Curé, le Bon Dieu, Deo gratias, Descente aux Enfers, les Missionnaires, le Roi Christophe* (4e partie).

2° à neuf mois de prison et à 10,000 fr. d'amende, par jugement du tribunal correctionnel de la Seine, du 10 décembre 1828. — Outrages à la religion de l'Etat et offenses envers la personne du roi —(Point d'insertion au Moniteur.)

Voy. *l'Ange gardien ; les Infiniment petits*, ou *la Gérontocratie, le Sacre de Charles-le-Simple* (1re partie).

26.—BERGER, gérant de *l'Echo de la Fabrique*, journal publié à Lyon.

Condamné à 50 fr. d'amende, par arrêt de la Cour royale de Lyon, du 8 mai 1833. — Diffamation envers des particuliers.— (*Moniteur du 29 juin* 1833.)

Voy. *l'Echo de la Fabrique* (2e partie).

27. — BERNARD (Victor), sans profession.

Condamné à quatre mois de prison, par arrêt de la Cour d'assises de la Seine, du 21 mai 1833. — Vente de gravures obscènes. — (*Moniteur du 30 octobre* 1833.)

28. — BERT (Pierre-Nicolas), gérant du *Commerce*, journal publié à Paris.

Condamné à un mois de prison et à 500 fr. d'amende, par arrêt de la Cour royale du 1er avril 1830. — Excitation à la haine et au mépris du gouvernement. – (Point d'insertion au Moniteur.)

Voy. *le Commerce* et *Association bretonne* (1re partie).

29. — BERTAU (Edmond), gérant et imprimeur du ***Journal de Dunkerque.***

Condamné :

1° A un mois de prison et à 1,000 fr. d'amende, par arrêt de la Cour d'assises du Nord, du 30 juillet 1844. — Diffamation envers le préfet du Nord. — (*Moniteur du 3 décembre* 1844.)

Voy. *le Journal de Dunkerque* (2e partie).

2° A six mois de prison et 500 fr. d'amende, par arrêt de la Cour d'assises du Nord, du 25 juillet 1849. — Attaques contre la constitution et les institutions républicaines. — (*Moniteur du 2 octobre* 1849.)

Voy. *le Journal de Dunkerque* (3e partie).

30. — BERTRAND, gérant du *Citoyen*, journal publié à Dijon.

Condamné à trois mois de prison et à 2,000 fr. d'amende, par arrêt de la Cour d'assises de la Côte-d'Or, du 24 mai 1849. — Excitation au mépris et à la haine des citoyens les uns contre les autres. — (*Moniteur du 2 octobre* 1849.)

Voy. *le Citoyen* et *le Bourreau* (3e partie).

31. — BESSON (André), marchand colporteur.

Condamné à trois mois de prison et 200 fr. d'amende, par jugement du tribunal correctionnel de la Seine, du 25 février 1825. — Fabrication et vente des ouvrages suivants : 1° *Arétin* (l') *français*; — 2° *Fille* (la) *de joie*; — 3° *Meursius* (le) *français*; — 4° *Thérèse philosophe.* Et les gravures sous les désignations qui suivent : 1° *Extase de l'Amour*; — 2° *Lanterne magique.* — Outrage aux bonnes mœurs et à la morale publique. — (*Moniteur du 7 novembre* 1826.)

Voy. *Bourrut*, *Cottenet* et *Merlot.*

32. — BICHAT (André-Antoine-Hector), gérant de *la Tribune*, journal publié à Paris.

Condamné :

1° A un an de prison et 6,000 fr. d'amende, par arrêt de la Cour d'assises de la Seine, du 11 octobre 1834. — Offense à la personne du roi et excitation à la haine et au mépris du gouvernement. — (*Moniteur du 7 août* 1835.)

Voy. *la Tribune* (2e partie).

2° A six mois de prison et à 6,000 fr. d'amende, par arrêt de la même Cour du 10 janvier 1835. — Offense à la personne du roi. — (*Moniteur du 7 août* 1835.)

Voy. *la Tribune* (2e partie).

3° A un an de prison et à 8,000 fr. d'amende, par arrêt de la même Cour, du 26 mars 1835. — Offense à la personne du roi et provocation, non suivie d'effet, au changement du gouvernement. — (*Moniteur du 7 août* 1835.)
Voy. *la Tribune* (2e partie).

4° A six mois de prison et à 1,000 fr. d'amende, par arrêt de la même Cour, du 22 mai 1835. — Excitation à la haine et au mépris du gouvernement du roi. — (*Moniteur du 7 août* 1835.)
Voy. *la Tribune* (2e partie).

5° A dix-huit mois de prison et à 5,000 fr. d'amende, par arrêt de la même Cour, du 12 juin 1835. — Offense à la personne du roi. — (*Moniteur du 20 juin* 1836.)
Voy. *la Tribune* (2e partie).

6° A trois mois de prison, par arrêt de la même Cour, du 15 juillet 1835. — Attaque contre les droits constitutionnels du roi. — (*Moniteur du 26 juin* 1836.)
Voy. *la Tribune* (2e partie).

33. — BIGNON (Jacques), coutelier à Paris.
Condamné à deux mois de prison et à 16 fr. d'amende, par arrêt de la Cour d'assises de la Seine, du 27 avril 1820. — Vente de gravures obscènes. — (*Moniteur du 27 juillet* 1820.)

34. — BILLOTEY (Nicolas), hommes de lettres.
Condamné à trois mois de prison et à 1,000 fr. d'amende, par arrêt de la Cour d'assises de la Seine, du 28 juin 1820. — Auteur d'un écrit séditieux. — (*Moniteur du 20 août* 1820.)
Voy. *Aperçus historiques* (1re partie).

35. — BLACHE, praticien.
Condamné à un an de prison et à 500 fr. d'amende, par arrêt de la Cour d'assises de la Seine, du 27 mai 1833. — Publication d'un écrit contenant offense à la personne du roi et aux membres de la famille royale. — (*Moniteur du 30 octobre* 1833.)
Voy. *Lettre confidentielle*, etc. (2e partie), *Hénée, Lachassagne* et *Boker.*

36. — BLANC (Eugène), propriétaire et rédacteur de *la Lecture* et de *la Censure*, journaux publiés à Paris.
Condamné à un an de prison et à 4,000 fr. d'amende, par arrêt de la Cour d'assises de la Seine, du 30 avril 1846. — Publication en janvier 1846 d'un ouvrage contenant offense envers la personne du roi. — (*Moniteur du 9 juin* 1846.)
Voy. *Pandœmonium français* (2 partie).

37. — BLANC (Jean-Baptiste-Aimé), dit *Boileau*, ouvrier imprimeur, gérant de *la Feuille de Commerce*, journal publié à Marseille.

Condamné à trois mois de prison et à 1,000 fr. d'amende, par arrêt de la Cour d'assises des Bouches-du-Rhône, du 25 septembre 1835. — Attaque contre la dignité royale, offense à la personne du roi, excitation à la haine et au mépris du gouvernement du roi. — (*Moniteur du* 26 *juin* 1836.)

Voy. *Feuille de Commerce*, etc. (2^e^ partie).

38. — BOCCAS (Jean-Marie-Théodore), homme de lettres.

Condamné à deux ans de prison et à 4,000 fr. d'amende, par arrêt de la Cour d'assises de la Seine, du 26 juin 1849. — Provocation, en avril 1849, à la désobéissance aux lois. — (*Moniteur du 7 décembre* 1849.)

Voy. *Quatre Hommes et un Caporal*. (3^e^ partie).

39. — BOHAIN (Alexandre-Victor), homme de lettres et gérant du *Figaro*, journal publié à Paris.

Condamné à six mois de prison et à 1,000 fr. d'amende, par arrêt de la Cour royale de Paris, du 25 février 1830. — Offense envers la personne du roi. — (Point d'insertion au Moniteur.)

Voy. *le Figaro* (1^re^ partie).

40. — BOISDIN (Emile), ouvrier.

Condamné à un mois de prison et à 16 fr. d'amende, par arrêt de la Cour d'assises de la Seine, du 18 décembre 1830. – Mise en vente de gravures obscènes. — (Point d'insertion au Moniteur.)

41. — BOKER (Félix).

Condamné à un an de prison et à 200 fr. d'amende, par arrêt de la Cour d'assises de la Seine, du 25 juin 1833. — Offense à la personne du roi. — (*Moniteur du* 30 *octobre* 1833.)

Voy. *Lettre confidentielle*, etc. (2^e^ partie), *Blache*, *Hénée* et *Lachassagne*.

42. — BON (Pierre), colporteur.

Condamné à cinq ans de prison et à 6,000 fr. d'amende par arrêt de la Cour d'assises de la Seine-Inférieure du 8 septembre 1844. — Outrage à la morale publique et religieuse, et aux bonnes mœurs par la mise en vente de :

1° *Amours* (les) *secrètes de M. Mayeux, écrites par lui-même*, avec des dessins intercalés.

2° *Chansonnier* (le) *des filles d'amour.*

3° *Dix ans de la vie d'une femme*, avec douze dessins.

4° *Galerie des Gardes françaises*, cahier de six dessins.

5° *Je m'abandonne à toi*, cahier de six dessins.

6° *Mœurs* (les) *de Paris par arrondissement*, cahier de douze dessins.

7° *La guerre des Dieux*, poëme en douze chants. La mise en vente de ce dernier ouvrage a eu lieu malgré les condamnations dont il a été l'objet et qui ont été publiées dans le *Moniteur* des 6 août 1826, 26 juillet 1827 et 26 juin 1836. — (*Moniteur du 5 décembre* 1844.)

43. — BONNIN (Charles-Jean), homme de lettres.

Condamné à treize mois de prison et à 3,000 fr. d'amende, par arrêt de la Cour royale de Paris, du 7 novembre 1822. — Outrages graves contre toutes les religions. — (*Moniteur du 17 décembre* 1822 )

Voy. *Etudes législatives* (1re partie), et *Kleffer*.

44. — BONNELIER (Hippolyte), homme de lettres.

Condamné à 50 fr. d'amende par jugement du tribunal correctionnel de Paris, du 22 août 1826. — Outrage à la morale publique et aux bonnes mœurs par la composition de deux articles dans *la Petite Biographie des gens de lettres*. — (*Moniteur du 7 novembre* 1826.)

Voy. *Biographie* (*petite*) *des gens de lettres*, etc. (4e partie), *Ledoux* et *Taillard*.

45. — BORDEAUX (François-Marie-Jules).

Condamné à six mois de prison et à 3,000 fr. d'amende, par arrêt de la Cour d'assises de la Seine, du 15 mars 1836. — Publication d'un ouvrage contenant : 1° Attaque envers le respect dû aux lois; 2° apologie de faits qualifiés crimes par la loi pénale; 3° excitation des citoyens au mépris et à la haine contre plusieurs classes de la société; 4° outrage à la morale publique et religieuse. — (*Moniteur du 26 juin* 1836.)

Voy. *Justine*, ou *les Malheurs de la vertu* (4e partie).

46. — BOUBÉE, gérant de l'*Hermine*, journal publié à Nantes.

Condamné :

1° A un mois de prison et à 200 fr. d'amende, par arrêt de la Cour d'assises de la Seine-Inférieure du 9 mars 1836. — Outrage envers le corps de la gendarmerie. (*Moniteur du 26 juin* 1836.)

Voy. *l'Hermine* (2e partie).

2° A trois mois de prison et à 2,000 fr. d'amende, par un autre arrêt de la même Cour, du 9 mars 1836. — Outrage envers le sieur Lacoste, brigadier de gendarmerie. — (*Moniteur du 26 juin* 1836.)

Voy. *l'Hermine* 2e partie).

47. — BOUILLY, femme *Seignier*.

Condamnée à trois mois de prison et à 150 fr. d'amende, par arrêt de la Cour d'assises de la Seine, du 23 mars 1833. — Mise en vente, dans un lieu public, de gravures obscènes. — (*Moniteur du 29 juin* 1833.)

48. — BOUQUIN (Paul-Joseph), libraire à Paris.

Condamné à 16 fr. d'amende, par jugement du tribunal correctionnel de la Seine, du 12 août 1826. — Publication et mise en vente d'un ouvrage contenant outrage à la morale publique et aux bonnes mœurs. — (*Moniteur du 10 septembre* 1826.)

Voy. *Aventures divertissantes du duc de Roquelaure* (4e partie), et *Lottin*.

49.—BOURGUIN (Ambroise-Félix), imprimeur en taille-douce, à Paris.

Condamné à quinze mois de prison et à 50 fr. d'amende, par arrêt de la Cour d'assises de la Seine, du 4 mars 1842. — Exposition et vente publique de gravures obscènes. — (*Moniteur du 12 novembre* 1842.)

50. — BOURRUT (Jean-Hémerie), fabricant à Paris.

Condamné à un an de prison et à 3,500 fr. d'amende, par jugement du tribunal correctionnel de la Seine, du 25 février 1825. — Fabrication, mise en vente, vente et distribution de :

1° *Arétin* (l') *français* ;
2° *Fille* (la) *de joie* ;
3° *Meursius* (le) *français* ;
4° *Thérèse philosophe*.

Et des gravures portant les désignations de : 1° *Extase de l'amour* ; 2° *Lanterne magique*. — (*Moniteur du 7 novembre* 1826.)

Voy. *Besson*, *Cottenet* et *Merlot*.

51. — BOUSQUET-DESCHAMPS (Jacques-Lucien), homme de lettres, l'un des rédacteurs de *l'Aristarque*, journal publié à Paris.

Condamné :

1° A trois mois de prison et à 1,500 fr. d'amende, par arrêt de la Cour d'assises de la Seine, du 12 juin 1820. — Publication d'un écrit contenant des attaques contre l'autorité des chambres et du roi. — (*Moniteur du 1er août* 1820.)

Voy. *Réflexions d'un patriote* (1re partie).

2° A un an de prison et à 3,000 fr. d'amende, par arrêt de la Cour d'assises de la Seine, du 14 juin 1820. — Publication d'un écrit contenant provocation à la désobéissance aux lois et au changement du gouvernement. — (*Moniteur du 15 août* 1820.)

Voy. *Questions à l'ordre du jour* (1re partie).

3° A cinq ans de prison et à 6,000 fr. d'amende, par arrêt de la Cour d'assises de la Seine, du 25 juin 1820. — Publication d'un écrit contenant provocation à un attentat contre la personne du roi. — (*Moniteur du 20 août* 1820.)

Voy. *Attention* (1re partie), et *Corréard*.

4° A , par arrêt de la Cour d'assises de la Seine, du 14 juillet 1820. — Publication d'un écrit contenant des attaques contre le gouvernement du roi. — (Point d'insertion au Moniteur.)

Voy. *Avis aux citoyens* (1re partie).

52. — BOUTON (Victor), éditeur en librairie, à Paris.

Condamné à un an de prison et à 500 fr. d'amende, par arrêt de la Cour d'assises de la Seine, du 7 décembre 1846. — Mise en vente d'un écrit contenant provocation à la haine entre les diverses classes de la société. — (*Moniteur du 1er août* 1847.)

Voy. *Almanach de la France démocratique pour* 1847 (2e partie).

53. — BOUVET (Francisque).

Condamné à trois mois de prison et à 300 fr. d'amende, par arrêt de la Cour d'assises de la Seine, du 5 janvier 1833. — Distribution et vente d'un écrit contenant attaques contre la dignité royale, etc. — (*Moniteur du 7 avril* 1833.)

Voy. *République et monarchie*, etc. (2e partie).

54. — BRÉE (Jean-Baptiste-Emile-Joseph), écrivain.

Condamné à dix-huit mois de prison et à 300 fr. d'amende, par arrêt de la Cour d'assises de la Seine, du 31 décembre 1845. — Provocation, par un écrit, à la haine entre les diverses classes de la société, etc., etc. — (*Moniteur du 9 juin* 1846.)

Voy. *Almanach-catéchisme*, etc. (2e partie), et *Delcambre*.

55. — BRÉMONT (de), rédacteur du *Vendéen*, journal publié à Niort.

Condamné à six semaines de prison et à 500 fr. d'amende, par arrêt de la Cour d'assises de la Seine, du 12 juillet 1834. — Excitation à la haine et au mépris du gouvernement. — (*Moniteur du* 30 *décembre* 1834.)

Voy. *le Vendéen*, (2<sup>e</sup> partie) et *Brunet de Lagrange.*

56. — BRIAN (François-Amable de), gérant de *la Quotidienne*, journal publié à Paris.

Condamné :

1° A six mois de prison et à 1,000 fr. d'amende, par arrêt de la Cour d'assises de la Seine, du 23 novembre 1830.— Attaque à l'autorité constitutionnelle du roi, excitation à la haine et au mépris du gouvernement, etc. — (Point d'insertion au Moniteur.)

Voy. *la Quotidienne* (2<sup>e</sup> partie).

2° A quatre mois de prison et à 600 fr. d'amende, par arrêt de la Cour d'assises de la Seine, du 9 mars 1831. —Offense envers la personne du roi. —(Point d'insertion au Moniteur.)

Voy. *la Quotidienne* (2<sup>e</sup> partie).

3° A six mois de prison et à 8,000 fr. d'amende, par arrêt de la Cour d'assises de la Seine, du 9 avril 1831. — Excitation à la haine et au mépris du gouvernement du roi. — (Point d'insertion au Moniteur.)

Voy. *la Quotidienne* (2<sup>e</sup> partie).

57. — BRIÈRE (Emile), gérant du *Journal de Rouen.*

Condamné à deux mois de prison et à 3,000 fr. d'amende, par arrêt de la Cour d'assises de la Seine-Inférieure, du novembre 1836. — Compte-rendu infidèle et de mauvaise foi d'une audience judiciaire. — (*Moniteur du* 23 *avril* 1837.)

Voy. *le Journal de Rouen* (2<sup>e</sup> partie).

58. — BRIÈRE (Jean-Louis), libraire à Paris.

Condamné à 500 fr. d'amende par jugement du tribunal correctionnel de la Seine, du 23 décembre 1823. — Publication d'un ouvrage contenant outrages à la morale publique et religieuse. — (*Moniteur du 7 novembre* 1826.)

Voy. *Mémoires sur la vie de Diderot* (4<sup>e</sup> partie).

59. — BRUNET (Pierre), gérant de *la Gazette du Midi*, journal publié à Marseille.

Condamné :

1° A un mois de prison, 500 fr. d'amende et à 3,000 fr. de dommages-intérêts, par arrêt de la Cour d'assises des Bouches-du-Rhône, du 26 janvier 1833. — Outrages dans son

journal envers un magistrat. — (*Moniteur du* 29 *juin* 1833.)
Voy. *Gazette du Midi* (2e partie).

2° A 2,000 fr. d'amende, par arrêt de la même cour, du 9 mai 1833.—Excitation à la haine et au mépris du gouvernement du roi. — (*Moniteur du* 30 *octobre* 1833.)
Voy. *la Gazette du Midi* (2e partie).

3° A un mois de prison et à 1,200 fr. d'amende par arrêt de la même Cour, du 18 juin 1833. - Excitation à la haine et au mépris du gouvernement.—(*Moniteur du* 30 *octobre* 1833.)
Voy. *la Gazette du Midi* (2e partie).

60.—BRUNET DE LAGRANGE, gérant du *Vendéen*, journal publié à Niort.
Condamné à un mois de prison et à 300 fr. d'amende, par arrêt de la Cour d'assises des Deux-Sèvres, du 12 juillet 1834. —Excitation par la voie de la presse au mépris et à la haine du gouvernement.—(*Moniteur du* 30 *décembre* 1834.)
Voy. *le Vendéen* (2e partie), et *Brémont*.

61.—CABET (Etienne), député et gérant du *Populaire*, journal publié à Paris.
Condamné à deux ans de prison, à 4,000 fr. d'amende et à deux ans d'interdiction des droits mentionnés en l'article 42 du Code pénal, par arrêt de la Cour d'assises de la Seine, du 28 février 1834.—Offense envers la personne du roi. — (*Moniteur du* 25 *avril* 1834.)
Voy. *le Populaire* (2e partie).

62. — CAPPÉ (Jean-Marie).
Acquitté par arrêt de la Cour d'assises de la Seine, du 14 mars 1834, de la prévention d'offense envers la personne du roi dans un écrit dont néanmoins la destruction a été ordonnée par le même arrêt. — (*Moniteur du* 25 *avril* 1834.)
Voy. *Moyen infaillible* (2e partie).

63. — CAPRY (Denis).
Condamné :
1° A un mois de prison et à 600 fr. d'amende, par arrêt de la Cour d'assises des Bouches-du-Rhône, du 23 janvier 1833.— Excitation à la haine et au mépris du gouvernement du roi. — (*Moniteur du* 29 *juin* 1833.)
Voy. *Cancans historiques* (2e partie).

2° A trois mois de prison et à 1,000 fr. d'amende, par arrêt de la même Cour, du 24 janvier 1833.—Excitation à la haine et au mépris du gouvernement et offense à la personne du roi. — (*Moniteur du* 29 *juin* 1833.)

Voy. *Cancans infatigables* (2ᵉ partie).

3° A trois mois de prison et à 1,000 fr. d'amende, par arrêt de la Cour d'assises des Bouches du-Rhône, du 20 mars 1833. — Attaques contre les droits que le roi tient du vœu de la nation. — (*Moniteur du* 29 *juin* 1833.)

Voy. *Cancans persévérants* (2ᵉ partie).

4° A un an de prison et à 1,200 fr. d'amende, par arrêt de la même cour, du 13 mai 1833. — Excitation à la haine et au mépris du gouvernement du roi. — (*Moniteur du* 30 *octobre* 1833.)

Voy. *Cancans en liberté sans caution* (2ᵉ partie).

5° A 500 fr. d'amende, par arrêt de la même Cour, du 19 juin 1833. — Excitation à la guerre civile et offense envers la personne du roi, etc. — (*Moniteur du* 30 *octobre* 1833.)

Voy. *Cancans anti-comédiens* (2ᵉ partie).

64. — CARION (Henri), homme de lettres, rédacteur-gérant de *l'Emancipation*, journal publié à Cambrai.

Condamné à 200 fr. de dommages-intérêts, par arrêt de la Cour de Douai, du 20 juin 1841. — Injures et calomnies, dans son journal, envers le sieur Lefrancq, professeur au collége de Cambrai. — (*Moniteur du* 12 *mars* 1842.)

Voy. *l'Emancipation* (2ᵉ partie).

65. — CARLIER (Jean-François), compagnon serrurier, à Paris.

Condamné à 10 fr. d'amende, par arrêt de la Cour d'assises de la Seine, du 25 mai 1820. — Vente de gravures obscènes. — (*Moniteur du* 26 *juillet* 1820.)

66. — CARREL (Armand), homme de lettres, gérant du *National* de 1834, journal publié à Paris.

Condamné :

1° A deux mois de prison et à 2,000 fr. d'amende, par arrêt de la Cour d'assises de la Seine, du 31 mai 1834. — Délits prévus par les articles 26 de la loi du 26 mai 1819, 11 de la loi du 9 juin 1819, et 7 de la loi du 25 mars 1822. — (*Moniteur du* 30 *décembre* 1834.)

Voy. *le National de* 1834 (2ᵉ partie), *Conseil* et *Scheffer*.

2° A deux mois de prison et à 2,000 fr. d'amende, par arrêt de la même Cour, du 13 août 1834. — Délit prévu et réprimé par l'art. 7 de la loi du 25 mars 1822. — (*Moniteur du* 30 *décembre* 1834.)

Voy. *le National de* 1834 (2e partie).

3° A deux mois de prison et à 2,000 fr. d'amende, par arrêt de la même Cour, du 29 août 1834. — Délit prévu et réprimé par l'art. 7 de la loi du 25 mars 1822. — (*Moniteur du* 30 *décembre* 1834.)

Voy. *le National de* 1834.

67. — CASSÉ (Jean-Baptiste), libraire à Saint-Gaudens.

Condamné à un mois de prison et à 50 fr. d'amende, par arrêt de la Cour d'assises de la Haute-Garonne, du 8 juin 1843. — Outrages aux bonnes mœurs en exposant en vente un ouvrage. — (*Moniteur du* 3 *décembre* 1844.)

Voy. *Tableau de l'amour conjugal* (4e partie).

68. — CAUCHOIS-LEMAIRE (Louis-Augustin-François), homme de lettres.

Condamné à quinze mois de prison et à 2,000 fr. d'amende, par arrêt de la Cour royale de Paris, du 14 février 1828. — Provocation, dans un écrit, au changement de gouvernement. — (Point d'insertion au Moniteur.)

Voy. *Crise* (sur la) *actuelle* (1re partie).

69. — CAUVILLE (Adolphe-Louis), libraire-éditeur à Paris.

Condamné par arrêt de la Cour d'assises de la Seine, du 5 avril 1845, à deux ans de prison et à 3,000 fr. d'amende. — Offense envers la personne du roi et les membres de la famille royale; attaques contre les droits que le roi tient du vœu de la nation, contre la dignité royale, l'inviolabilité de la personne du roi; adhésion publique à une autre forme de gouvernement; apologie de faits qualifiés crimes par la loi pénale, en continuant à vendre un ouvrage condamné le 26 février précédent. — (*Moniteur du* 23 *juin* 1845.)

Voy. *la Famille d'Orléans*, etc. (2e partie), *Marchal* et *Cauville* (Edouard).

70. — CAUVILLE (Edouard), libraire-éditeur à Paris.

Condamné, par arrêt de la Cour d'assises de la Seine, du 5 avril 1845, à deux ans de prison et à 3,000 fr. d'amende. — Offenses envers la personne du roi et les membres de la famille royale; attaques contre les droits que le roi tient du vœu de la nation, contre la dignité royale, l'inviolabilité de la personne du roi; adhésion publique à une autre forme de gauvernement; apologie de faits qualifiés crimes par la loi pénale, en continuant à vendre un ouvrage condamné le 25 février précédent. — (*Moniteur du* 23 *juin* 1845.)

Voy. *la Famille d'Orléans*, etc. (2e partie), *Marchal* et *Cauville* (Adolphe).

71. CHAMBON (Aimé), avocat à Montpellier, gérant des *Mélanges occitaniques*, journal publié à Montpellier.

Condamné à trois mois de prison et à 300 fr. d'amende, par arrêt de la Cour d'assises du Gard, du 13 février 1833. — Diffamation dans son journal envers les dépositaires de l'autorité à raison de leurs fonctions. — (*Moniteur du 14 mars* 1833.)

Voy. *Mélanges occitaniques* (2e partie).

72. — CHAMPSEIX, rédacteur-gérant du *Peuple*, journal publié à Limoges.

Condamné à dix-huit mois de prison et à 2,000 fr. d'amende, par arrêt de la Cour d'assises de la Haute-Vienne, du 28 mai 1849. — Excitation au mépris et à la haine des citoyens les uns contre les autres, et diffamation envers des volontaires de la Haute-Vienne. — (*Moniteur du 2 octob.* 1849.).

Voy. *le Peuple*, de Limoges (3e partie).

Le même. — Condamné à quatre ans de prison et à 5,000 fr. d'amende, par arrêt de la Cour d'assises de la Haute-Vienne, du 30 mai 1849. — Excitation à la haine et au mépris du gouvernement de la république. — (*Moniteur du 2 octobre* 1849.)

Voy. *le Peuple*, de Limoges (3e partie).

73. — CHANTPIE père (Jean-Baptiste-Constant), imprimeur à Paris.

Condamné :

1° A un mois de prison et à 150 fr. d'amende, par arrêt de la Cour royale de Paris, du 6 mai 1824. — Impression, au nombre de 4,000 exemplaires, d'un article sous le titre de *Prospectus*, contenant excitation à la haine et au mépris du gouvernement du roi. — (*Moniteur du 26 mars* 1825.)

Voy. *Tablettes universelles*, *Bulletin politique* (1re partie), et *Coste*.

2° A un mois de prison et à 500 fr. d'amende, par arrêt de la Cour d'assises de la Seine, du 24 octobre 1834. — Vente et distribution d'un ouvrage contenant outrage à la morale publique et aux bonnes mœurs. — (*Moniteur du 30 décembre* 1834.)

Voy. *OEuvres complètes de Béranger* (4e partie), et *Chantpie* fils.

74. — CHANTPIE fils, imprimeur à Paris.

Condamné à un mois de prison et à 500 fr. d'amende, par arrêt de la Cour d'assises de la Seine, du 24 octobre 1834. — Vente et distribution d'un ouvrage contenant outrage à la morale publique et aux bonnes mœurs. — (*Moniteur du 30 décembre* 1834.)

Voy. *OEuvres complètes de Béranger* (4e partie), et *Chantpie père.*

75.—**CHARPENTIER DE DAMERY**, homme de lettres.

Condamné à six mois de prison et à 500 fr. d'amende, par arrêt de la Cour d'assises de la Seine, du 27 octobre 1834.—Excitation par la voie de la presse à la haine et au mépris du gouvernement.— (*Moniteur du 30 décembre* 1834.)

Voy. *l'Anniversaire*, etc. (2e partie.

76.—**CHASSAIGNON** (François), imprimeur à Paris.

Condamné :

1° Par jugement du tribunal correctionnel de Paris, du 19 novembre 1816, comme publicateur d'un écrit séditieux. Sur son appel, la cour royale l'a renvoyé de la plainte, mais, par arrêt du 30 décembre 1816, l'a condamné pour contravention à l'article 14 de la loi du 21 octobre 1814.

Voy. *Discours prononcé par S. M.* etc. (1re partie).

2° A un mois de prison et à 100 fr. d'amende, par arrêt de la Cour d'assises de la Seine, du 26 avril 1842. – Outrages à la morale publique et aux bonnes mœurs par l'exposition d'un ouvrage licencieux.—(*Moniteur du* 12 *novembre* 1842.)

Voy. *les Aventures divertissantes du duc de Roquelaure* (4e partie).

77.—**CHASSERIAU** (Adolphe), libraire à Paris.

Renvoyé par arrêt de la Cour royale de Paris, du 26 juin 1823, de la prévention d'outrages à la religion de l'Etat et à la morale publique, comme éditeur d'un ouvrage dont la destruction a néanmoins été ordonnée par le même arrêt.—(*Moniteur du* 26 *mars* 1825.)

Voy. *Abrégé de l'origine de tous les cultes* (1re partie).

78.—**CHATELAIN** (René-Théophile), gérant du *Courrier français*, journal publié à Paris.

Condamné à quinze jours de prison et à 500 fr. d'amende, par jugement du tribunal correctionnel de la Seine, du 10 février 1830.—Outrages dans un article envers un fonctionnaire public. — (Point d'insertion au Moniteur.)

Voy. *le Courrier Français* et *Philanthropie de M. Mangin* (1re partie).

79.—**CHAUVIN-BEILLARD**, avocat.

Condamné à quatre mois de prison et à 300 fr. d'amende,

par arrêt de la Cour d'assises de la Seine, du 29 avril 1831. — Attaque, dans un écrit, à la dignité royale. — (Point d'insertion au Moniteur.)

Voy. *le Droit et la Liberté* (2e partie).

80.—CHOLLET (Fortuné de), homme de lettres.

Condamné à deux mois de prison et à 1,000 fr. d'amende, par arrêt de la Cour d'assises de la Seine, du 5 mars 1833. — Excitation à la haine et au mépris du gouvernement du roi, par la publication d'un ouvrage. — (*Moniteur du* 29 *juin* 1833.)

Voy. *Madame*, *Nantes*, etc. (2 partie), et *Heyvert*.

81.—CLERC, imprimeur libraire à Belfort.

Condamné à un mois de prison et à 500 francs d'amende, par arrêt de la cour royale de Colmar, du novembre 1823.— Publication d'un écrit contenant excitation à la haine et au mépris du gouvernement du roi, etc., etc.— (Point d'insertion au Moniteur.)

Voy. *le Grand Messager Boiteux*, etc. (1re partie).

82. — CLOUZOT (Henri), marchand libraire, demeurant à Niort.

Condamné à 10 fr. d'amende par arrêt de la Cour d'assises de la Vienne, du 12 décembre 1838. — Mise en vente sur la voie publique des ouvrages suivants, contenant outrages aux bonnes mœurs et à la morale publique et religieuse.

1° *Le Bon Sens du curé Meslier*; 2° *l'Enfant du B*......., 1 vol. in-12 avec 6 gravures; 3° *la Guerre des Dieux*, 1 vol. in-18; 4° *le Libertin de qualité*, 2 vol. in-12 avec 12 gravures; 5° *OEuvres badines d'Alexis Piron*; 6° *OEuvres de Parny*, tome 5e contenant *la Guerre des Dieux*; 7° *Recueil de poésies diverses de La Fontaine*, *Piron*, *Voltaire et Grécourt*; 8° *le Rideau levé*, ou *l'Education de Laure*, 2 vol. in-12 avec 6 gravures; 9° *Théâtre gaillard*, 2 vol. in-12 avec gravures; 10° *La Vie du chevalier de Faublas*. — (*Moniteur du* 9 *juin* 1839.)

Voy. *Porterié* (Antoine) et *Porterié* (Bertrand.)

83. — COCHET, demeurant à Marchenoir (Loir-et-Cher).

Condamné à quinze jours de prison et à 50 fr. d'amende, par arrêt de la Cour d'assises de Loir-et-Cher, du 11 août 1849. — Outrages publics au Président de la république, en distribuant et en placardant, le 3 juillet 1849, sur la voie publique et un des piliers de l'église de Marchenoir, une affiche intitulée : *Propagande électorale*, etc. — (*Moniteur du* 2 *octobre* 1849.)

Voy. *Raccouillat*.

84. — COLLETTE (Félix-Alexandre).

Condamné à six mois de prison et à 500 fr. d'amende, par arrêt de la Cour d'assises de la Seine, du 29 janvier 1833. — Offense, par la publication de plusieurs gravures, à la personne du roi et les membres de la famille royale, et outrage envers la morale publique et les bonnes mœurs. — (*Moniteur du 14 mars 1833.*)

Voy. *Gravures attentatoires aux bonnes mœurs* (4e partie).

85. — COMBALOT (Théodore), abbé, missionnaire apostolique.

Condamné à quinze jours de prison et à 4,000 fr. d'amende, par arrêt de la Cour d'assises de la Seine, du 6 mars 1844. — Publication d'une brochure contenant diffamation, injures et outrages envers une administration, et provocation à la haine entre les citoyens. — (*Moniteur du 23 juin* 1844.)

Voy. *Mémoire adressé aux évêques*, etc. (2e partie).

86. — CONSEIL (Louis-Prosper), homme de lettres, gérant du *National* de 1834, journal publié à Paris.

Condamné à deux mois de prison et à 2,000 fr. d'amende, par arrêt de la Cour d'assises de la Seine, du 31 mai 1834. — Délits prévus par les articles 26 de la loi du 26 mai 1819, 11 de la loi du 9 juin 1819 et 7 de la loi du 25 mars 1822.— (*Moniteur du 30 décembre* 1834.)

Voy. *le National* de 1834 (2e partie), *Carrel* et *Scheffer*.

87. — CONSTANT (Alphonse), prêtre.

Condamné à huit mois de prison et à 300 fr. d'amende, par arrêt de la Cour d'assises de la Seine, du 11 mai 1841.—Publication d'un écrit contenant attaques envers la propriété et outrage à la morale publique et religieuse. — (*Moniteur du 12 mars* 1842.)

Voy. *Bible de la Liberté* (4e partie), et *Legallois*.

Le même. — Condamné à un an de prison et à 1,000 fr. d'amende, par arrêt de la Cour d'assises de la Seine, du 8 février 1847.— Publication d'un écrit contenant tentatives de troubler la paix publique, et excitation au mépris et à la haine des citoyens contre plusieurs classes de personnes. — (*Moniteur du 1er août* 1847.)

Voy. *la Voix de la Famine* (2e partie), et *Legallois*.

88. — CORRÉARD (Alexandre), libraire à Paris.

Condamné :

1° A quatre mois de prison et à 1,200 fr. d'amende, par

arrêt de la Cour d'assises de la Seine, du 23 juin 1820. — Vente et distribution d'un écrit séditieux. — (*Moniteur du 15 août 1820.*)

Voy. *Attention* (1re partie), et *Bousquet-Deschamps.*

2° A quatre mois de prison et à 1,000 fr. d'amende, par arrêt de la Cour d'assises de la Seine, du 14 juin 1820. — Mise en vente d'un écrit contenant provocation à la désobéissance aux lois et à la destruction du gouvernement. — (*Moniteur du 15 août* 1820.)

Voy. *Questions à l'ordre du jour* (1re partie), et *Bousquet-Deschamps.*

3° A 400 fr. d'amende, par arrêt de la même Cour, du 28 juin 1820. — Vente d'un écrit immoral. — (*Moniteur du* 20 *août* 1820.)

Voy. *Le temps qui court* (4e partie).

89. — COSTE (Jacques), journaliste.

Condamné par arrêt de la Cour royale de Paris, du 29 janvier 1824, à un mois de prison et à 150 fr. d'amende.—Publication d'un article contenant excitation à la haine et au mépris du gouvernement du roi. – (*Moniteur du* 26 *mars* 1825.)

Voy. *Tablettes universelles*, *Bulletin politique* (1re partie), et *Chantpie* père.

90. — COTTENET (Jean-Pierre), imprimeur en taille-douce.

Condamné à trois mois de prison et à 200 fr. d'amende, par jugement du tribunal correctionnel de la Seine, du 25 février 1825. — Fabrication et vente des ouvrages intitulés: 1° *Arétin* (l') *français* ; — 2° *Fille* (la) *de joie* ; — 3° *Meursius* (le) *français* ; — 4° *Thérèse philosophe*, et des gravures sous les désignations : 1° *Extase de l'amour* ; — 2° *Lanterne magique*. — (*Moniteur du 7 novembre* 1826.)

Voy. *Besson*, *Bourrut* et *Merlot.*

91. — COUDÉ (Charles-Anne-Louis-Ferdinand), gérant de *la Gazette de Bretagne*, journal publié à Rennes.

Condamné :

1° A trois mois de prison et à 2,000 fr. d'amende, par arrêt de la Cour d'assises d'Ille-et-Vilaine, du 9 février 1835. — Excitation à la haine et au mépris du gouvernement du roi. — (*Moniteur du* 7 *août* 1835).

Voy. *Gazette de Bretagne* (2e partie).

2° A un mois de prison et à 1,500 fr. d'amende, par arrêt de la même Cour, du 10 février 1835. — Diffamation envers

deux fonctionnaires publics. — (*Moniteur du 7 août 1833.*)
Voy. *Gazette de Bretagne* (2e partie).

3° A un mois de prison et à 2,000 fr. d'amende, par un autre arrêt de la même Cour et du même jour. — Excitation à la haine et au mépris du gouvernement du roi. — (*Moniteur du 7 août* 1833.)
Voy. *Gazette de Bretagne* (2e partie)

92. — COULANGES (Louis), gérant de la *Gazette du Bas-Languedoc*, journal publié à Nîmes.
Condamné à huit jours de prison et à 500 fr. d'amende, par arrêt de la Cour d'assises du Puy-de-Dôme, du 25 février 1835. — Offenses envers la personne du roi. — (*Moniteur du* 26 *juin* 1836.)
Voy. *Gazette du Bas-Languedoc* (2e partie).

93. — CRUCHET (Isidore-Mathias), gérant du *Charivari*, journal publié à Paris.
Condamné à trois mois de prison et à 300 fr. d'amende, par arrêt de la Cour d'assises de la Seine, du 11 juillet 1834. — Attaque contre la dignité royale. — (*Moniteur du* 30 *décembre* 1834.)
Voy. *le Charivari* (2e partie).

94. — CULIÉ (Jean-Alexandre), gérant du *Journal de la Guyenne*, publié à Bordeaux.
Condamné :
1° A six mois de prison et à 5,000 fr. d'amende, par arrêt de la Cour d'assises de la Gironde, du 25 juin 1833. — Provocation au renversement du gouvernement. — (*Moniteur du* 30 *octobre* 1833).
Voy. *Journal de la Guyenne* (2e partie).

2° A huit mois de prison et à 6,000 fr. d'amende, par arrêt de la même Cour, du 10 juin 1834. — Excitation à la haine et au mépris du gouvernement. — (*Moniteur du* 30 *décembre* 1834.)
Voy. *Journal de la Guyenne* (2e partie).

95. — DARDOUVILLE (Michel).
Condamné à un mois de prison et à 500 fr. d'amende, par arrêt de la Cour royale de Paris, du 7 décembre 1822.—Excitation, dans un écrit, à la haine du gouvernement du roi. — (*Moniteur du* 26 *mars* 1825.)
Voy. *Quelques réflexions sur la trahison* (1re partie).

96. — DAUTY (Augustin-Emmanuel), marchand d'estampes à Paris.

Condamné :

1° A 600 fr. d'amende, par arrêt de la Cour d'assises de la Seine, du 22 juin 1820. — Fabrication et vente d'une gravure séditieuse. — (*Moniteur du* 15 *août* 1820.)

Voy. *Famille impériale* (1re partie).

2° A un an de prison et à 500 fr. d'amende, par arrêt de la Cour d'assises de la Seine, du 30 août 1837. — Mise en vente, en septembre 1836, de dessins et gravures obscènes. — (*Moniteur du 7 novembre* 1837.)

Voy. *Gravures obscènes* (4e partie).

97. — DAVAU, gérant de l'*Indépendant*, journal publié à Angers.

Condamné à un mois de prison et à 1,500 fr. d'amende, par arrêt de la Cour d'assises de Maine-et-Loire, du 6 mai 1834.— Excitation à la haine et au mépris du gouvernement du roi. — (*Moniteur du* 7 *août* 1835.)

Voy. *l'Indépendant* (2e partie).

98. — DEBRAUX (Emile), chansonnier.

Condamné à un mois de prison et à 16 fr. d'amende, par jugement du tribunal correctionnel de la Seine, du 21 février 1823. — Outrages aux bonnes mœurs et à la morale publique dans les chansons suivantes dont il s'est reconnu l'auteur :

1° *Belle* (la) *main* ; — 2° *C'est du nanan ;* — 3° *Lisa;* — 4° *mon Cousin Jacques.*—(*Moniteur du* 26 *mars* 1823.)

Voy. *Nouvel Enfant de la goguette* (1e partie).

99.—DEDINEUR (Alexandre-Joseph), sans état.

Condamné à un mois de prison et à 500 fr. d'amende, par jugement du tribunal correctionnel de la Seine, du 2 février 1830.—Diffamation, dans un journal, envers plusieurs personnes.—(Point d'insertion au Moniteur.)

Voy. *Pauvre Jacques* (1re partie).

100. — DEGOUVE-DENUNCQUES, rédacteur-gérant du *Progrès*, journal publié à Arras.

Condamné à un mois de prison et à 3,000 fr. d'amende, par arrêt de la Cour d'assises du Pas-de-Calais, du 12 février 1838. —Compte-rendu infidèle et de mauvaise foi d'une audience judiciaire. — (*Moniteur du* 18 *mai* 1838.)

Voy. *le Progrès* (2e partie).

101. — DELAPELOUZE, gérant du *Courrier français*, journal publié à Paris.

Condamné par arrêt de la Cour royale de Paris, du 1er avril 1830, à un mois de prison et à 500 fr. d'amende. — Excitation, dans un article, à la haine et au mépris du gouvernement. — (Point d'insertion au Moniteur.)

Voy. *Courrier français*, *Association bretonne* (1re partie).

102. — DELAROCHE (Pierre-Antoine), gérant du *National de* 1834, journal publié à Paris.

Condamné :

1° A quatre mois de prison et à 5,000 fr. d'amende, par arrêt de la Cour d'assises de la Seine, du 2 octobre 1841. — Excitation à la haine et au mépris du gouvernement du roi. — (*Moniteur du* 12 *mars* 1842.)

Voy *le National de* 1834 (2e partie).

2° A un an de prison et à 4,000 fr. d'amende, par arrêt de la même Cour, du 30 mars 1842. — Attaque contre les droits que le roi tient du vœu de la nation. — (*Moniteur du* 12 *novembre* 1842.)

Voy. *National de* 1834 (2e partie).

103. — DELARUE, marchand de gravures à Paris.

Acquitté par arrêt de la Cour d'assises de la Seine, du 23 juin 1846, de la prévention d'exposition et de mise en vente de gravures obscènes, dont, par le même arrêt, la destruction a été ordonnée. — (Point d'insertion au Moniteur.)

Voy. *Gravures obscènes* (4e partie).

104. — DELCAMBRE (Adrien), imprimeur à Montmartre.

Condamné à 300 fr. d'amende et à trois mois de prison, par arrêt de la Cour d'assises de la Seine, du 31 décembre 1845. — Provocation par l'impression d'un écrit, à la haine entre les diverses classes de la société, etc., etc. — (*Moniteur du* 9 *juin* 1846.)

Voy. *Almanach-Catéchisme*, etc. (2e partie), et *Brée*.

105. — DENTU (Gabriel-André) imprimeur-libraire à Paris.

Condamné :

1° A six mois de prison et à 500 fr. d'amende, par arrêt de la Cour d'assises de la Seine, du 5 février 1833. — Impression de trois écrits séditieux. — (*Moniteur du* 29 *juin* 1833.)

Voy. *Cancans décisifs*, *cancans flétrissants* et *cancans inflexibles* (2e partie).

2° A trois mois de prison et à 500 fr. d'amende, par arrêt de la Cour d'assises de la Seine, du 6 mai 1833. — Impression et vente de deux écrits contenant excitation à la haine et au mépris du gouvernement. — (*Moniteur du* 30 *octobre* 1833.)

Voy. *Atrocité*, etc. et *Henri, duc de Bordeaux* (2e partie).

106.—DESCRIVIEUX (François), gérant du *Brid'oison*, journal publié à Paris.

Condamné :

1° A six mois de prison et à 1,500 fr. d'amende, par arrêt de la Cour d'assises de la Seine, du 22 octobre 1834. — Offenses, dans son journal, envers la personne du roi.—(*Moniteur du 7 août* 1835.)

Voy. *Brid'oison* (2e partie).

2° A six mois de prison et à 3,000 fr. d'amende, par arrêt de la Cour d'assises de la Seine, du 10 janvier 1835. — Offense envers la personne du roi — (*Moniteur du 7 août* 1835.)

Voy. *Brid'oison* (2e partie).

3° A six mois de prison et à 3,000 fr. d'amende, par arrêt de la même Cour, du 14 mars 1835.— Offense envers la personne du roi. — (*Moniteur du 7 août* 1835.)

Voy. *Brid'oison* (2e partie).

107. — DESESSART (Louis-Marie-Xavier-Basquin), administrateur de *la Revue démocratique*, recueil périodique publié à Paris.

Condamné à trois ans de prison et à 6,000 fr. d'amende, par arrêt de la Cour d'assises de la Seine, du 30 novembre 1840.— Attaques contre les droits constitutionnels du roi, contre la propriété; outrages à la morale publique ; excitation à la haine et au mépris du gouvernement; provocation à la haine entre les diverses classes de la société ; apologie de faits qualifiés crimes par la loi. — (*Moniteur du* 12 *mars* 1842.)

Voy. *Revue démocratique* (2e partie).

108.—DESHAYES (Louis-Victor), marchand d'estampes, à Paris.

Condamné à huit mois de prison et à 500 fr. d'amende, par arrêt de la Cour d'assises de la Seine, du 23 novembre 1845. — Outrage à la morale publique et aux bonnes mœurs, commis en 1845, en vendant *la Pucelle d'Orléans*, avec gravures obscènes, des figures licencieuses pour les chansons de Béranger et les contes de La Fontaine, et une gravure immorale avec cette légende : *Après la victoire*. — (*Moniteur du* 9 *juin* 1846.)

Voy. *la Pucelle d'Orléans* et *Après la victoire* (4e partie).

109. — DESMAISONS (Edme), marchand de gravures à Paris.

Acquitté par arrêt de la Cour d'assises de la Seine, du 29 octobre 1833, de la prévention de mise en vente de gravures, dont, par le même arrêt, la destruction a été ordonnée.—(Point d'insertion au Moniteur.)

Voy. *Gravures attentatoires aux bonnes mœurs* (4^e partie).

110. — DESPUJOLETS (Dominique), marchand colporteur.

Condamné par jugement du tribunal correctionnel de Bar-sur-Aube, du 12 juin 1830, à trois mois de prison et à 2,000 fr. d'amende. — Vente d'un ouvrage, avec gravures, contenant outrages à la morale publique et aux bonnes mœurs (1).—Point d'insertion au Moniteur.)

111. — DESTIGNY, homme de lettres.

Condamné par arrêt de la Cour d'assises de la Seine, du 5 octobre 1833, à un an de prison et à 2,000 fr. d'amende.— Offense, dans un écrit, envers la personne du roi; attaque contre la dignité royale, etc. — (*Moniteur du 25 avril* 1834.)

Voy. *l'Abdication et le Duel* (2^e partie).

112. — DEZAMY (Alexandre-Théodore), homme de lettres.

Condamné à quatre mois de prison et à 200 fr. d'amende, par arrêt de la Cour d'assises de la Seine, du 22 mars 1844. — Publication d'un écrit contenant outrages à la morale publique et religieuse ; attaques contre la propriété et le respect dû aux lois, etc. — (*Moniteur du* 23 *juin* 1845.)

Voy. *Almanach de l'organisation sociale* (2^e partie).

113. — DIEUDÉ (Jérôme), gérant de *la Quotidienne*, journal publié à Paris.

Condamné :

1° A un an de prison et à 5,000 fr. d'amende, par arrêt de la Cour d'assises de la Seine, du 11 octobre 1834. — Excitation à la haine et au mépris du gouvernement ; offenses envers la personne du roi et provocation, non suivie d'effet, au changement du gouvernement. — (*Moniteur du 7 août* 1835).

Voy. *la Quotidienne* (2^e partie).

2° A huit mois de prison et à 1,500 fr. d'amende, par arrêt de la même Cour, du 26 novembre 1834.— Diffamation envers le directeur et les officiers de santé de la maison centrale de Fontevrault pour faits relatifs à leurs fonctions. — (*Moniteur du 7 août* 1835.)

Voy. *la Quotidienne* (2^e partie).

3° A six mois de prison et à 5,000 fr. d'amende, par arrêt de la même Cour, du 20 mars 1835. — Attaque contre les droits constitutionnels du roi. — (*Moniteur du 7 août* 1835.)

Voy. *la Quotidienne* (2^e partie).

(1) Cet ouvrage était un recueil des *OEuvres badines de Piron*.

4° A un an de prison et à 10,000 fr. d'amende, par arrêt de la Cour d'assises de la Seine, du 22 mars 1835. — Offense envers la personne du roi. — (*Moniteur du 7 août* 1835.)

Voy. *la Quotidienne* (2e partie).

5° A treize mois de prison et à 4,000 fr. d'amende, par arrêt de la même Cour, du 12 juin 1835. — Offenses envers la personne du roi. — (*Moniteur du 26 juin* 1836.)

Voy. *la Quotidienne* (2e partie).

6° A quatre mois de prison et à 2,000 fr. d'amende, par arrêt de la même Cour, du 10 octobre 1835. — Attaque contre les droits constitutionnels du roi et provocation à la désobéissance aux lois. — (*Moniteur du 26 juin* 1836.)

Voy. *la Quotidienne*, *les Accusés de Niort* (2e partie), et *Kergorlay*.

114. — DOLLÉ (Frédéric), gérant de *la France*, journal publié à Paris.

Condamné à huit mois de prison et à 8,000 fr. d'amende, par arrêt de la Cour d'assises de la Seine, du 26 février 1844. — Offense envers la personne du roi ; adhésion publique à une autre forme de gouvernement, etc. — (*Moniteur du 23 juin* 1845.)

Voy. *la France* (2e partie).

115. — DOMÈRE (Paul), libraire à Paris.

Condamné :

1° A six mois de prison et à 1,000 fr. d'amende, par arrêt de la Cour d'assises de la Seine, du 25 octobre 1819. — Publication d'un ouvrage contenant des offenses envers le roi et les membres de la famille royale. — (*Moniteur du 23 juin* 1820.)

Voy. *Histoire des Cent-Jours* (1re partie), et *Regnault-Warin*.

2° A six mois de prison et à 1,000 fr. d'amende, par arrêt de la Cour royale de Paris, du 29 mai 1823. — Publication d'un ouvrage immoral. — (*Moniteur du 26 mars* 1825.)

Voy. *Système de la nature et des lois du*, etc. (4e partie).

116. — DONNADIEU (Gabriel), lieutenant-général.

Condamné à deux ans de prison et à 5,000 fr, d'amende, par arrêt de la Cour d'assises de la Seine, du 24 juillet 1837, à l'expiration de cette peine, à une interdiction, pendant deux ans, des droits mentionnés dans les trois premiers paragraphes de l'article 42 du Code pénal. — Offenses, dans un écrit, à la personne du roi et attaques contre ses droits constitutionnels. — (*Moniteur du 7 novembre* 1837.)

Voy. *De la vieille Europe*, etc. (2e partie).

117. — DROUIN DES VARENNES (Pierre), propriétaire à Parçay, canton de l'île Bouchard.

Condamné à quinze jours de prison et à 200 fr. d'amende, par arrêt de la Cour royale de Paris, du 7 août 1822. — Composition et distribution d'un écrit contenant excitation à la haine contre les nobles. — (*Moniteur du 26 septembre* 1822.)

Voy. *Electeurs* (aux) *des arrondissements de Loches et de Chinon* (1re partie).

118. — DUBOIS (Lazare), directeur-gérant de *l'Etudiant*, journal publié à Paris.

Condamné à six mois de prison et à 1,000 fr. d'amende, par arrêt de la Cour d'assises de la Seine, du 25 février 1839. — Outrages à la morale publique et religieuse. — (*Moniteur du* 9 *juin* 1839.)

Voy. *l'Etudiant* et *Elégie de l'Etudiant* (4e partie).

119. — DUGAILLON, gérant du *Patriote de la Meuse et des Vosges*, journal publié à Nanci.

Condamné à un mois de prison et à 200 fr. d'amende, par arrêt de la Cour d'assises de la Meurthe, du 4 août 1836.—Publication, dans son journal, d'un article contenant outrage à la morale publique et apologie de faits qualifiés crimes par la loi pénale. —(*Moniteur du* 18 *janvier* 1837.)

Voy. *le Patriote de la Meurthe*, etc. et *Encore une tête* (2e partie).

120. — DUCANGE (Henri-Joseph-Victor), homme de lettres.

Condamné :

1° A six mois de prison et à 500 fr. d'amende, par arrêt de la Cour d'assises de la Seine, du 26 juin 1821.—Outrage à la morale publique, etc., par la composition d'un roman. — (*Moniteur du* 24 *mars* 1822.)

Voy. *Pasteur d'Uzès*, ou *Valentine* (4e partie).

2° A quarante jours de prison et à 300 fr. d'amende, par arrêt de la Cour royale de Paris, du 23 novembre 1822. — Publication sans cautionnement d'un journal politique (1). — (*Moniteur du* 17 *décembre* 1822.)

3° A deux mois de prison et à 100 fr. d'amende, par jugement du tribunal correctionnel de la Seine, du 29 janvier 1824. — Outrages à la morale publique et aux bonnes mœurs par la

(1) Ce journal avait pour titre : *Le Diable rose*.

composition d'un roman. — (*Moniteur du* 7 *novembre* 1826.)
Voy. *Amour et la guerre* ou *Thélène* (4e partie).

121. — DUPLAN (Jean), avocat à Paris.

Condamné à trois mois de prison et à 300 fr. d'amende, par arrêt de la Cour royale de Paris, du 23 juin 1829. — Attaque contre la dignité royale et l'autorité constitutionnelle du roi, par la composition et la distribution d'un écrit. — (*Moniteur du* 23 *avril* 1829.)

Voy. *Pétition aux fins du rétablissement*, etc. (1re partie).

122. — DUPONT, libraire-éditeur, à Paris.

Acquitté par arrêt de la Cour d'assises de la Seine, du 28 février 1833, de la prévention de provocation, non suivie d'effet, à la rébellion et au meurtre, par la mise en vente d'un ouvrage. — (*Moniteur du* 7 *avril* 1833.)

Voy. *Cloître Saint-Merry* (2e partie), et *Rey-Dusseuil*.

123. — DUPOTY (Auguste), gérant du *Réformateur*, journal publié à Paris.

Condamné à deux mois de prison et à 4,000 fr. d'amende, par arrêt de la Cour d'assises de la Seine, du 27 avril 1835. — Excitation à la haine et au mépris du gouvernement du roi. — (*Moniteur du* 26 *juin* 1836.)

Voy. *le Réformateur* (2e partie).

124. — DURAND (Charles).

Condamné à un mois de prison et à 100 fr. d'amende, par arrêt de la Cour d'assises de la Seine, du 10 février 1847. — Outrage, en 1846, aux bonnes mœurs, à la morale publique et religieuse, par la vente et la distribution d'un recueil de chansons intitulées : 1° *la Femme d'un homme public* ; 2° *le Mauvais sujet* ; 3° *Zon, ma Lisette !* — (*Moniteur du* 1er *août* 1847.)

Voy. *Chanson* (la) *au* XIXe *siècle* (4e partie.)

125. — DURAND (Henri) gérant du *Peuple souverain*, journal publié à Bordeaux.

Condamné :

1° A un an de prison et à 1,500 fr. d'amende par arrêt de la Cour d'assises de la Gironde, du 5 mai 1849. — Excitation, dans son journal, à la haine et au mépris du gouvernement de la république, attaques contre les institutions républicaines et la Constitution. — (*Moniteur du* 2 *octobre* 1849.)

Voy. *le Peuple souverain* (3e partie).

2° A huit mois de prison et à 1,000 fr. d'amende, par un autre arrêt de la même Cour, rendu le même jour. — Excitation, dans son journal, au mépris et à la haine des citoyens les uns contre les autres; attaque aux droits de l'Assemblée nationale; provocation à la désobéissance et aux lois. — (*Moniteur du 2 octobre* 1849.)

Voy. *le Peuple souverain* (3ᵉ partie).

3° A quatre mois de prison et à 500 fr. d'amende, par un troisième arrêt de la même Cour et à la même date. — Excitation au mépris et à la haine des citoyens les uns envers les autres; provocation à la guerre civile, non suivie d'effet. — (*Moniteur du 2 octobre* 1849.)

Voy. *le Peuple souverain* (3ᵉ partie).

126. — DURAND (Jacques-François), gérant et propriétaire de *la Nation*, journal publié à Paris.

Condamné :

1° A six mois de prison et à 6,000 fr. d'amende, par arrêt de la Cour d'assises de la Seine, du 25 mars 1844. — Adhésion publique à un autre forme de gouvernement par la publication de divers articles dans son journal. — (*Moniteur du 23 avril* 1845).

Voy. *la Nation* (2ᵉ partie).

2° A quatre mois de prison et à 6,000 fr. d'amende, par arrêt de la Cour d'assises de la Seine, du 13 avril 1844. — Attaque contre les droits que le roi tient du vœu de la nation ; adhésion publique à une autre forme de gouvernement, etc., etc., en publiant un article dans son journal. — (*Moniteur du 23 juin* 1845.)

Voy. *la Nation* (2ᵉ partie).

3° A trois mois de prison et à 2,000 fr. d'amende, par arrêt de la Cour d'assises de la Seine, du 13 septembre 1847. — Attaque contre la paix publique ; excitation à la haine et au mépris du gouvernement du roi, par la publication d'un article, dans *la Gazette de France*, dont il était devenu le gérant. — (Point d'insertion au Moniteur.)

Voy. *la Gazette de France* (2ᵉ partie).

127. — ÉLIÇAGARAY (Édouard), hommes de lettres.

Condamné à un mois de prison et à 100 fr. d'amende, par jugement du tribunal correctionnel de la Seine, du 2 avril 1829. — Diffamation, dans un écrit, envers la famille de Larochejaquelein. — (Point d'insertion au Moniteur.)

Voy. *Duel* (le), ou *l'Homme à la longue barbe* (1ʳᵉ partie).

128. — ESQUIROS (Henri-Alphonse), homme de lettres.

Condamné par arrêt de la Cour d'assises de la Seine, du 30 janvier 1841, à huit mois de prison et à 500 fr. d'amende. — Outrage à la morale publique et religieuse, et aux bonnes mœurs, dans un écrit dont il est l'auteur. — (*Moniteur du 12 mars* 1842.)

Voy. *l'Evangile du peuple* (4e partie.)

129. — FAZY (Jean-James), gérant et rédacteur en chef de *la Révolution de* 1830, journal publié à Paris.

Condamné à quatre mois de prison et à 6,000 fr. d'amende, par arrêt de la Cour d'assises de la Seine, du 15 janvier 1831. — Attaque, dans son journal, contre les droits et l'autorité de la Chambre des députés. — (Point d'insertion au Moniteur.)

Voy. *la Révolution de* 1830 (2e partie).

130. — FINOT, vigneron.

Condamné à un mois de prison et à 25 fr. d'amende, par arrêt de la Cour d'assises de l'Aube, du 11 août 1843. — Outrage à la morale publique et aux bonnes mœurs, par la vente et la distribution d'une chanson dans des lieux publics. — (*Moniteur du* 15 *décembre* 1843.)

131. — FIGUET (Jean-Louis), gérant du *Producteur vinicole*, journal mensuel publié à Paris.

Condamné à 300 fr. d'amende, par arrêt de la Cour d'assises de la Seine, du 24 juillet 1849. — Publication et distribution d'un article contenant provocation à la désobéissance aux lois.— (*Moniteur du 7 décembre* 1849.)

Voy. *le Producteur vinicole*, et *Vive le Président* (3e partie) !

132. — FONROUGE, imprimeur-lithographe, à Paris.

Condamné à trois mois de prison et à 1,000 fr. d'amende, par la Cour d'assises de la Seine, du 25 avril 1833. — Mise en vente d'un ouvrage contenant des attaques contre les droits constitutionnels du roi. — (*Moniteur du* 29 *juin* 1833.)

Voy. *Album anecdotique* (2e partie).

133. — FONTAN (Louis-Marie), homme de lettres.

Condamné :

1° A quinze jours de prison et à 200 fr. d'amende, par arrêt de la Cour royale de Paris, du 18 août 1829. — Attaque, dans un journal, contre la religion de l'Etat et outrage envers un ministre pour fait relatif à ses fonctions. — (Point d'insertion au Moniteur.)

Voy. *Album, l'Ane béni et pendu, Galotti et M. Portalis* (1re partie), et *Magalon.*

2° A cinq ans de prison et à 10,000 fr. d'amende, par arrêt de la Cour royale de Paris, du 4 mars 1830. — Outrages pour la personne du roi et à la dignité royale. — (Point d'insertion au Moniteur.)

Voy. *l'Album, le Mouton enragé* (1re partie), et *Magalon.*

134. — FORET (Jean), marchand libraire à Bordeaux.

Condamné par arrêt de la Cour d'assises de la Gironde, du 2 septembre 1822, à un an de prison et à 500 fr. d'amende. — Vente d'un ouvrage contenant le délit d'offenses envers le roi. — (*Moniteur du* 28 *février* 1823.)

Voy. *Huit années du règne de Napoléon* (1re partie).

135 — FOURNIER-VERNEUIL (Vincent).

Condamné à six mois de prison et à 25 fr. d'amende, par arrêt de la Cour royale de Paris, du 13 juin 1826. — Composition et publication d'un ouvrage immoral et obscène. — (*Moniteur du* 7 *novembre* 1826.)

Voy. *Paris, tableau moral et philosophique*, et *Mémoire justificatif* (4e partie).

136. — FURCY-DEVAUX, colporteur et étalagiste.

Condamné à un mois de prison et à 16 fr. d'amende, par arrêt du tribunal correctionnel de la Seine, du 31 mai 1826. — Mise en vente des ouvrages suivants : *Abrégé de l'origine des cultes*; *Chanson de Béranger*; *Guerre des Dieux*; *Jacques le fataliste.* — (*Moniteur du* 6 *août* 1826.)

137. — GAILLARD, crieur public.

Condamné à trois de prison et à 50 fr. d'amende, par arrêt de la Cour d'assises de la Seine, du 29 avril 1834. — Vente et distribution d'un journal contenant une provocation au changement de gouvernement. — (*Moniteur du* 30 *décembre* 1834.)

Voy. *le Libérateur* (1re partie), *Adam, Gentillon, Grossetete* et *Rousselin.*

138. — GALLOIS (Léonard-Charles-André), homme de lettres.

Condamné à trois mois de prison et à 500 fr. d'amende, par arrêt de la Cour royale de Paris, du 11 novembre 1822. — Composition d'un écrit séditieux. — (*Moniteur du* 26 *mars* 1825.)

Voy. *Parapluie patrimonial* (1re partie).

139. — GAMBART (Claude-Marie), libraire à Paris.

Condamné à un an de prison et à 50 fr. d'amende, par jugement du tribunal correctionnel de la Seine, du 12 juillet 1827, confirmé par arrêt de la Cour royale de Paris, du 25 août suivant. — Distribution et location d'ouvrages contraires aux bonnes mœurs et à la morale publique (1). — (Point d'insertion au Moniteur.)

Voy. *Mille et une faveurs* (4e partie).

140. — GARNIER (Alexandre), gérant de *l'Occitanique*, journal publié à Montpellier.

Condamné à un mois de prison et à 300 fr. d'amende, par arrêt de la Cour d'assises de l'Hérault, du 5 août 1834. — Publication d'un article contenant excitation à la haine et au mépris du gouvernement. — (*Moniteur du* 30 *décembre* 1834.)

Voy. l'*Occitanique* (2e partie).

141. — GAUTIER, ancien bouquiniste.

Acquitté par arrêt de la Cour d'assises de la Seine, du 23 août 1841, de la prévention d'outrage aux bonnes mœurs, par la mise en vente d'un ouvrage avec gravures obscènes dont, par le même arrêt, la destruction a été ordonnée. — (Point d'insertion au Moniteur.)

Voy. *la Tourelle de St-Etienne*, etc. (4e partie).

142. — GENTILLON, crieur public.

Condamné par arrêt de la Cour d'assises de la Seine, du 29 avril 1834, à trois mois de prison et à 50 fr. d'amende. — Vente et distribution d'un journal contenant provocation au changement du gouvernement. — (*Moniteur du* 30 *décembre* 1834.)

Voy. *le Libérateur* (2e partie), *Adam*, *Gaillard*, *Grosseteite* et *Rousselin*.

143. — GENOUDE (Eugène de), propriétaire et gérant de *la Gazette de France*.

Condamné à quinze jours de prison et à 500 fr. d'amende, par arrêt de la Cour royale de Paris, du 15 mai 1830. — Atteinte, dans un écrit, à l'honneur et à la considération du baron Méchin. — (Point d'insertion au Moniteur.)

144. — GÉRARD (Frédéric-Guillaume), éditeur.

(1) Ces livres, saisis chez Gambart au nombre de 59 volumes, étaient loués aux élèves des colléges. C'est sur la dénonciation d'un maître de pension que cette saisie fut opérée.

Condamné à dix-huit mois de prison et à 2,000 fr. d'amende, par arrêt de la Cour d'assises de la Seine, du 11 juillet 1834. — Offenses envers la personne du roi, attaque contre ses droits constitutionnels, et excitation à la haine et au mépris de son gouvernement, en publiant deux écrits. — (*Moniteur du 30 décembre* 1834.)

Voy. *Cancans fidèles, Cancans révoltés* (2e partie), et *Bérard.*

145. — GERVAIS (Frédéric-Guillaume).

Condamné à deux mois de prison et à 500 fr. d'amende par arrêt de la Cour d'assises de la Seine, du 12 juin 1834. — Diffamation, dans un journal, envers des agents de l'autorité publique. — (*Moniteur du 30 décembre* 1834.)

Voy. *le Messager* (2e partie).

146. – GILBERT, directeur des *Annales du commerce*, journal publié à Paris.

Condamné à cinq ans de prison et à 6,000 fr. d'amende par arrêt de la Cour royale de Paris, du 29 avril 1829. — Outrages aux bonnes mœurs et à la morale publique et religieuse par la publication d'un fragment de poëme. — (Point d'insertion au Moniteur.)

Voy. *Annales du Commerce* (4e partie).

147. — GODEFROY (Charles-Adolphe), gérant de l'*Ami de la vérité*, journal publié à Caen.

Condamné :

1° A six mois de prison et à 1,000 fr. d'amende, par arrêt de la Cour d'assises du Calvados, du 7 décembre 1832. — Excitation à la désobéissance aux lois, à la haine et au mépris du gouvernement du roi, par la publication d'un article. — (*Moniteur du 7 avril* 1833.)

Voy. *l'Ami de la Vérité* et *le Drapeau blanc*, etc. (2e partie).

2° A trois mois de prison et à 1,000 fr. d'amende, par un autre arrêt de la même Cour et rendu le même jour. — Publication d'un article contenant excitation à la haine et au mépris du gouvernement du roi. — (*Moniteur du 7 avril* 1833.)

Voy. *l'Ami de la vérité* et *Encore une douceur du*, etc., (2e partie).

3° A six mois de prison et à 2,000 fr. d'amende, par un troisième arrêt de la même Cour et du même jour. — Publication d'un article contenant excitation à la haine et au mépris du gouvernement, etc. — (*Moniteur du 7 avril* 1833.)

Voy. *l'Ami de la vérité*, et *Journée* (2e partie).

4° A six mois de prison et à 2,000 d'amende, par arrêt de la Cour d'assises du Calvados, du 27 février 1833. — Publication d'un article contenant excitation à la haine et au mépris du gouvernement du roi. — (*Moniteur du 29 juin 1833.*)
Voy. *l'Ami de la Vérité* et *Adieux à l'année* 1832 (2e partie).

5° A six mois de prison et à 3,000 fr. d'amende, par arrêt de la même Cour, du 20 février 1834. — Publication, dans son journal, d'un article contenant excitation au mépris et à la haine du gouvernement du roi. — (*Moniteur du 7 août* 1835.)
Voy. *l'Ami de la Vérité* (2e partie).

6° A un mois de prison et à 1,000 fr. d'amende, par arrêt de la même Cour, du 8 août 1834. — Publication, dans son journal, d'un article contenant excitation à la haine et au mépris du gouvernement du roi. — (*Moniteur du 7 août* 1835.)
Voy. *l'Ami de la Vérité* (2e partie).

7° A un mois de prison et à 3,000 fr. d'amende par arrêt de la même Cour, du 21 novembre 1834. — Excitation, dans son journal, à la haine et au mépris du gouvernement du roi. — (*Moniteur du 7 août* 1835.)
Voy. *l'Ami de la Vérité* (2e partie).

148. — GODIN (Pierre), marchand mercier, gérant de l'*Hermine*, journal publié à Nantes.
Condamné à un mois de prison et à 1,500 fr. d'amende, par arrêt de la Cour d'assises de la Loire-Inférieure, du 13 septembre 1836. — Publication d'articles contenant outrage et diffamation envers un magistrat. — (*Moniteur du 18 janvier* 1837.)
Voy. l'*Hermine* (2e partie).

149. — GOIN (Maurice), imprimeur en taille-douce, à Paris.
Condamné à un an de prison et à 600 fr. d'amende, par arrêt de la Cour d'assises de la Seine, du 24 août 1840. — Vente et distribution d'un ouvrage contenant outrages à la morale publique et religieuse et aux bonnes mœurs. — (*Moniteur du* 23 *juin* 1845.)
Voy. *Œuvres de Parny* (4e partie).

150. — Femme GOIN (Marie-Gabrielle), née *Despréaux*, marchande d'estampes, à Paris.
Condamnée à quatre mois de prison et à 500 fr. d'amende, par arrêt de la Cour d'assises de la Seine, du 23 novembre 1835. — Outrage à la morale publique et aux bonnes mœurs par la

vente d'une brochure licencieuse, avec gravures, et de jeux de cartes obscènes. — (*Moniteur du* 9 *juin* 1846 )

Voy. *Chansonnier du B.....* (4e partie).

151. — GOMBERT, gérant du *Progrès*, journal publié à Arras.

Condamné à cinq mois de prison et à 1,000 fr. d'amende, par arrêt de la Cour d'assises du Pas-de-Calais, du 14 décembre 1856. — Vente, distribution et mise en vente d'un ouvrage contenant l'apologie de faits qualifiés crimes par la loi pénale.— (*Moniteur du* 11 *février* 1857.)

Voy. *Almanach populaire de la France* (2e partie), et *Baron*.

152. — GOULIER (Augustin-César).

Acquitté par arrêt de la Cour d'assises de la Seine, du 8 février 1837, de la prévention de mise en vente d'un écrit contenant offense envers la personne du roi et condamné à la destructruction par le même arrêt. —(*Moniteur du* 25 *avril* 1837.)

Voy. *Chants prolétaires* (2e partie).

153. — GROSSETEITE, imprimeur à Paris.

Condamné par arrêt de la Cour d'assises de la Seine, du 29 avril 1834, à un an de prison et à 1,500 fr. d'amende. — Impression, sciemment faite, d'un journal contenant provocation au changement du gouvernement. — (*Moniteur du* 30 *décembre* 1834.)

Voy. *le Libérateur* (2e partie), *Adam*, *Gaillard*, *Gentillon*, et *Rousselin*.

154. — GUERRIER (Louis-Jules), imprimeur lithographe, à Paris.

Condamné par arrêt de la Cour d'assises de la Seine, du 29 avril 1845, à un an de prison et à 500 fr. d'amende. — Outrages à la morale publique et aux bonnes mœurs par la vente d'imprimés, de dessins, de lithographies, de gravures et de cartonnages à sujets obscènes, compris dans trois séries. — (*Moniteur du* 23 *juin* 1845.)

Voy. *Dessins* et *gravures à sujets obscènes* (4e partie).

155. — GUIRAUDET (Alexandre-Joseph-Eugène), imprimeur à Paris.

Condamné à 200 fr. d'amende, par arrêt de la Cour royale de Paris, du 18 mars 1830, confirmatif d'un jugement du tribunal correctionnel de la Seine, en date du 27 janvier précédent. — Impression, sciemment faite, d'un écrit contenant des outrages envers le préfet de police, etc. — (Point d'insertion au Moniteur.)

Voy. *Etrennes d'un Mendiant* (1re partie), et *Roussy*.

156. — GUYON (Louis), ex-lieutenant au 58e de ligne, à Paris.

Condamné à deux mois de prison et à 200 fr. d'amende, par arrêt de la Cour d'assises de la Seine, du 27 juin 1820. — Outrage, dans un écrit, aux bonnes mœurs et à la morale publique et religieuse. — (*Moniteur du 20 août* 1820.)

Voy. *les Missionnaires* (4e partie), et *Plancher*.

157. — HÉBERT, s'étant dit *baron de Richemont*.

Condamné à douze ans de détention, par arrêt de la Cour d'assises de la Seine, du 4 novembre 1834. — Excitation à la guerre civile, à la haine et au mépris du gouvernement du roi, etc., par divers écrits autographiés et distribués en 1832 et en 1833. — (*Moniteur du 30 décembre* 1834.)

Voy. *Pastorale* (2e partie).

158. — HÉNÉE, typographe à Paris.

Condamné à six mois de prison et à 500 fr. d'amende, par arrêt de la Cour d'assises de la Seine, du 27 mai 1833. — Publication d'un écrit portant offenses envers le roi et les membres de la famille royale. — (*Moniteur du 30 octobre* 1833.)

Voy. *Lettre confidentielle* (2e partie), *Blache* et *Lachassagne*.

159.—HERBIGNY (François d'), propriétaire.

Condamné à trois mois de prison et à 300 fr. d'amende, par arrêt de la Cour royale de Paris, du 20 juin 1826. — Outrages, dans un écrit, à la religion de l'Etat et à la dignité royale.— (*Moniteur du 7 novembre* 1826.)

Voy. *Lettres* (nouvelles) *provinciales* (1re partie).

160. — HILBEY (Constant), tailleur d'habits d'enfants à Paris.

Condamné à quinze jours de prison et à 100 fr. d'amende, par arrêt de la Cour d'assises, de la Seine du 9 janvier 1847. —Affichage d'écrits traitant de matières politiques.—(Point d'insertion au Moniteur.)

Voy. *Discours de Marat au peuple* (2e partie).

161. HUE (Jean-Joseph), gérant de *l'Orléanais*, journal publié à Orléans.

Condamné :

1° A six mois de prison et à 5,000 fr. d'amende, par arrêt de la Cour d'assises du Loiret, du 26 décembre 1832.—Publication d'un article contenant excitation à la haine et au mépris du gouvernement du roi. — (*Moniteur du 7 avril* 1833.)

Voy. *l'Orléanais* (2e partie).

2° A un an et à 3,000 fr. d'amende, par arrêt de la même Cour du 31 octobre 1833. — Excitation, dans un article, au mépris et à la haine du gouvernement du roi. (*Moniteur du 25 avril* 1834.)

Voy. *l'Orléanais* (2e partie).

162. — HUET-DU-PAVILLON, gérant du *Rénovateur breton et vendéen*, journal publié à Nantes.

Condamné :

1° A treize mois de prison, à 1.500 fr. d'amende et à 5,000 fr. de dommages-intérêts, par arrêt de la Cour d'assises de la Loire-Inférieure, du 12 juin 1833. — Excitation, dans son journal, à la haine et au mépris du gouvernement du roi, diffamation envers un agent de l'autorité publique, à raison de ses fonctions.—(*Moniteur du 30 octobre* 1833.)

Voy. *le Rénovateur*, etc. (2e partie).

2° A trois mois de prison et à 3,000 fr. d'amende, par arrêt de la même Cour, du 14 juin 1833.—Excitation, dans son journal, à la haine d'une classe de citoyens.—(*Moniteur du 30 octobre* 1833.

Voy. *le Rénovateur* (2e partie).

3° A dix-huit mois de prison et à 3,000 fr. d'amende par un autre arrêt de la même Cour, du 14 juin 1833. — Excitation à la haine et au mépris du gouvernement du roi. —(*Moniteur du 30 octobre* 1833.)

Voy. *le Rénovateur* (2e partie).

163. HIVERT, libraire à Paris.

Condamné à deux mois de prison et à 1,000 fr. d'amende, par arrêt de la Cour d'assises de la Seine, du 5 mars 1833.— Publication et vente d'un écrit séditieux. — (*Moniteur du 29 juin* 1833.)

Voy. *Madame*, *Nantes* (2e partie), et *Chollet*.

164. —IMBERT (Jacques), gérant du *Peuple Souverain*, journal publié à Marseille.

Condamné :

1° A quinze jours de prison et à 200 fr. d'amende, par arrêt de la Cour d'assises des Bouches-du-Rhône, du 16 novembre 1835.—Outrages, dans son journal, envers le sieur Roux, maire de la commune de Barbantanne.— (*Moniteur du 26 juin* 1836.)

Voy. *le Peuple Souverain* (2e partie).

2° A six mois de prison et à 600 fr. d'amende, par arrêt de la même Cour, en date du même jour. — Excitation, dans son journal, à la haine et au mépris du gouvernement du roi, etc.— (*Moniteur du 26 juin* 1836.)

Voy. *le Peuple Souverain* (2e partie).

3° A 200 fr. d'amende, par arrêt de la même Cour, du 16 novembre 1835.—Diffamation, dans son journal, envers le sieur Verry, brigadier de gendarmerie.—(*Moniteur du 26 juin* 1836.)

Voy. *le Peuple Souverain* (2e partie).

165.—JAFFRENOU (Yves), gérant du *Réformateur*, journal publié à Paris.

Condamné :

1° A trois mois de prison et à 3,000 fr. d'amende, par arrêt de la Cour d'assises de la Seine, du 21 juillet 1835. — Publication d'un article diffamatoire envers le préfet de police et son administration.—(*Moniteur du 26 juin* 1836.)

Voy. *le Réformateur* (2e partie).

2° A quatre mois de prison et à 6,000 fr. d'amende, par arrêt de la même Cour, du 27 août 1836. — Publication d'un article contenant provocation non suivie d'effet, à un attentat ayant pour but de détruire et de changer le gouvernement, et excitation des citoyens à s'armer les uns contre les autres. — (*Moniteur du 26 juin* 1836.)

Voy. *le Réformateur* (2e partie).

3° A un mois de prison et à 500 fr. d'amende, par arrêt de la même Cour du 26 septembre 1835. — Publication d'un article contenant attaque contre le respect dû aux lois. —(*Moniteur du 26 juin* 1836.)

Voy. *le Réformateur* (2e partie).

4° A trois mois de prison et à 10.000 fr. d'amende, par arrêt de la même Cour, du 28 septembre 1835. — Publication d'un article contenant provocation à la désobéissance aux lois et excitation à la haine et au mépris du gouvernement du roi, etc. — (*Moniteur du 26 juin* 1836.)

Voy. *le Réformateur* (2e partie).

5° A trois mois de prison et à 6,000 fr. d'amende, par arrêt de la Cour d'assises de la Seine du 7 octobre 1835. — Publication d'un article contenant provocation au changement de gouvernement.— (*Moniteur du 26 juin* 1836.)

Voy. *le Réformateur* (2e partie).

6° A un mois de prison et à 3,000 fr. d'amende, par arrêt de la même Cour, du 23 novembre 1835. — Publication d'un article contenant excitation à la haine et au mépris du gouvernement du roi.—*Moniteur du* 26 *juin* 1836.)

Voy. *le Réformateur* (2e partie).

166.—JAY (Antoine), homme de lettres.

Condamné à un mois de prison et à 16 fr. d'amende, par arrêt de la Cour royale de Paris, du 10 avril 1823. — Outrage à la morale publique par la publication d'un article dans un recueil biographique. — (*Moniteur du* 26 *mars* 1823.)

Voy. *Biographie des Contemporains* (1re partie).

167. JEAN (Auguste), commis libraire.

Condamné à trois mois de prison et à 300 fr. d'amende, par arrêt de la Cour d'assises de la Seine, du 24 novembre 1834.— Outrages aux bonnes mœurs et aux cultes chrétiens, reconnus en France, par la vente publique de : 1° *la Guerre des Dieux* avec gravures obscènes ; 2° *Œuvres badines de Piron*, *Voltaire*, *Grécourt*, *Mirabeau*, etc.; 3° *Théâtre gaillard.*—(*Moniteur du* 26 *juin* 1836.)

168. — JOSSELIN (Joseph de), gérant de *la Gazette du Périgord*, journal publié à Périgueux.

Condamné à six mois de prison et à 5,000 fr. d'amende, par arrêt de la Cour d'assises de la Dordogne, du 21 janvier 1833. — (*Moniteur du* 14 *mars* 1833.)

Voy. *Gazette du Périgord* (2e partie).

169. — JOUY (Joseph-Etienne), membre de l'Académie française.

Condamné à un mois de prison et à 150 fr. d'amende, par arrêt de la Cour royale de Paris, du 10 avril 1825. — Excitation à la haine et au mépris du gouvernement du roi, par la publication d'un article dans une biographie. — (*Moniteur du* 26 *mars* 1825.)

Voy. *Biographie des contemporains* (1re partie).

170. — KERGAN, gérant de *la Mode*, journal publié à Paris.

Condamné à six mois de prison et à 3,000 fr. d'amende, par arrêt de la Cour d'assises de la Seine, du 10 mai 1843.— Publication d'articles contenant offenses envers la personne du roi, adhésion publique à une autre forme de gouvernement, etc.— (*Moniteur du* 15 *décembre* 1843.)

Voy. *la Mode* (2e partie).

171. — KERGORLAY (de), gérant de *la Quotidienne*, journal publié à Paris.

Condamné à quatre mois de prison et à 2,000 fr. d'amende, par arrêt de la Cour d'assises de la Seine, du 10 octobre 1835. — Publication d'un article contenant attaques contre les droits constitutionnels du roi et provocation à la désobéissance aux lois. — (*Moniteur du* 26 *juin* 1836.)

Voy. *Accusés de Niort*, *Quotidienne* (2e partie), et *Dieudé*.

172. — KLEFFER (Jean-Erasme, libraire à Paris.

Condamné :

A trois mois de prison et à 1,500 fr. d'amende, par arrêt de la Cour royale de Paris, du 7 novembre 1822.—Outrages à la morale publique et religieuse par la vente d'un écrit (1). — (*Moniteur du* 17 *décembre* 1822.)

Voy. *Etudes législatives* (4e partie), et *Bonnin*.

173. — KLEPER (Jean-Baptiste), colporteur.

Condamné à un mois de prison et à 16 fr. d'amende, par arrêt de la Cour d'assises de la Seine, du 22 février 1831. — Mise en vente de gravures obscènes. — (Point d'insertion au Moniteur.)

174. — KOECHLIN, député du Haut-Rhin.

Condamné à six mois de prison et à 3,000 fr. d'amende, par arrêt de la Cour royale de Paris, du 17 juillet 1823. — Publication d'un écrit contenant excitation à la haine et au mépris du gouvernement du roi. — (*Moniteur du* 26 *mars* 1825.)

Voy. *Relation historique des*, etc. (1re partie.)

175. — LACHASSAGNE, homme de lettres.

Condamné à deux ans de prison et à 500 fr. d'amende, par arrêt de la Cour d'assises de la Seine, du 27 mai 1833. — Publication d'un écrit contenant offenses envers le roi et les membres de la famille royale. — (*Moniteur du* 30 *octobre* 1833.)

Voy. *Lettre confidentielle*, etc. (2e partie.), *Blache* et *Hénée*.

176. — LAFORCE (Nicolas-Eugène), gérant de *la Solidarité démocratique de Loir-et-Cher*, journal publié à Blois.

Condamné à trois mois de prison et à 300 fr. d'amende, par arrêt de la Cour d'assises de Loir-et-Cher, du 16 août 1849. —

(1) L'administration retira, à la suite de cette condamnation, le brevet de libraire qu'elle avait accordé au sieur Kleffer.

Attaque, dans son journal, contre la Constitution et les institutions républicaines. — (*Moniteur du 7 décembre* 1849.)

Voy. *Solidarité démocratique* (3e partie).

177. — LAGARDE (Alexis).

Condamné :

1° A     de prison et à     d'amende, par arrêt de la Cour royale de Paris, du 13 mars 1823. — Outrages aux bonnes mœurs et à la religion par la publication d'un écrit. — (Point d'insertion au Moniteur.)

2° A un mois de prison et à 100 fr d'amende, par arrêt de la même cour, du 13 mai 1823. — Outrages aux bonnes mœurs et à la morale publique et religieuse par la publication d'un écrit. — (*Moniteur du* 26 *mars* 1826.)

Voy. *Epître à mon curé* (4e partie).

178. — LAGIER (Pierre), libraire à Paris.

Condamné en police correctionnelle de la Seine, le 18 octobre 1822, à un mois de prison et à 100 fr. d'amende, mais acquitté par arrêt de la Cour royale de Paris, du 21 décembre 1822, de la prévention d'outrage à la morale publique et aux bonnes mœurs, pour mise en vente de : 1° *Chandelle d'Arras ;* 2° *Félicia ;* 3° *les Trois moines*, dont la destruction a été néanmoins ordonnée. — (*Moniteur du* 26 *mars* 1823.)

179. — LAITY (Armand-François-Ruppert), ex-lieutenant d'artillerie.

Condamné à cinq ans de détention et à 10,000 d'amende, par arrêt de la Cour des Pairs, du 10 juillet 1838. — Auteur d'un écrit contenant provocation au renversement du gouvernement. — (*Moniteur du* 11 *juillet* 1838.)

Voy. *Relation historique des événements du* 30 *octobre* 1836 (2e partie).

180. — LAMENNAIS (Félicité-Robert), prêtre et homme de lettres.

Condamné :

1° A 30 fr. d'amende, par jugement du tribunal correctionnel de la Seine, du 22 avril 1826.—Provocation, dans un écrit, à la désobéissance aux lois. —(*Moniteur du* 31 *mai* 1826.)

Voy. *De la Religion*, etc. (1re partie).

2° A un an de prison et à 2,000 fr. d'amende, par arrêt de la Cour d'assises de la Seine, du 26 décembre 1840. —Publication, dans une brochure, de passages contenant excitation à la haine et au mépris du gouvernement du roi. — (*Moniteur du* 12 *mars* 1842.)

Voy. *Le Pays et le Gouvernement* (2e partie).

181. — LANGE-LÉVY, imprimeur à Paris.

Condamné à six mois de prison et à 2,000 fr. d'amende, par arrêt de la Cour d'assises de la Seine, du 15 janvier 1842. — Complicité d'injures publiques envers un fonctionnaire de l'ordre judiciaire, par l'impression sciemment faite du journal *le Charivari*. — (*Moniteur du 12 novembre 1842*.)

Voy. *Le Charivari* (2e partie), et *Mahy*.

182. — LANGLOIS, ancien chef de bureau au ministère des cultes.

Condamné à de prison et à fr. d'amende, par arrêt de la Cour d'assises de la Seine, du 6 novembre 1835. — Distribution d'un prospectus *pour la maladie de neuf mois* (1). — (Point d'insertion au Moniteur.)

Voy. *Prospectus*, etc. (2e partie).

183. — LAPONNERAIE (Albert), professeur.

Condamné à trois mois de prison et à 50 fr. d'amende, par arrêt de la Cour d'assises de la Seine, du 27 juin 1833. — Provocation, dans un écrit, au renversement du gouvernement. — (*Moniteur du 30 octobre* 1833.)

Voy. *Lettre aux prolétaires* (2e partie).

184. — LAROZE (Marcellin), gérant de *la Gazette du Maine*, journal publié au Mans.

Condamné à six mois de prison et à 6,000 fr. d'amende, par arrêt de la Cour d'assises de la Sarthe, du 13 mars 1834. — Excitation, dans son journal, au mépris et à la haine du gouvernement du roi. —(*Moniteur du 30 décembre* 1834.)

Voy. *Gazette du Maine* (2e partie).

186. — LAURENT, gérant de *la Gazette du Berry*, journal publié à Bourges.

Condamné à un mois de prison et à 1,000 fr. d'amende, par arrêt de la Cour d'assises du Cher, du 2 mai 1833. — Publication de plusieurs articles contenant injure et diffamation envers un magistrat à l'occasion de ses fonctions. — (*Moniteur du 29 juin* 1833.)

Voy. *Gazette du Berry* (2e partie), et *Rancourt-Mimerand*.

187. — LAURIER (Léon), gérant de l'*Indiscret*, journal publié à Rouen.

(1) Langlois, alors âgé de 89 ans, déclara à l'audience que depuis plus de quarante ans il s'occupait de la guérison en question.

Condamné à trois mois de prison et à 500 fr. d'amende, par arrêt de la Cour d'assises de la Seine-Inférieure, du 22 décembre 1855. — Outrages à la morale publique et aux bonnes mœurs dans son journal. — (*Moniteur du* 18 *janvier* 1857.)

Voy. *L'Indiscret* (4e partie).

187. — LEBAILLI, libraire à Paris.

Condamné à un an de prison et à 500 fr. d'amende, par jugements du tribunal correctionnel de la Seine, des 10 et 11 août 1829. — Mise en vente d'un ouvrage contenant outrages à la morale publique et religieuse. — (Point d'insertion au Moniteur.)

Voy. *Guerre des Dieux* (4e partie, *à l'errata*).

188. — LE BIGRE (François-Hippolyte), libraire à Paris.

Acquitté par arrêt de la Cour d'assises de la Seine, du 17 septembre 1855, de la prévention d'outrage à la morale publique pour vente d'un ouvrage dont, par le même arrêt, la destruction a été ordonnée. — (*Moniteur du* 26 *juin* 1856.)

Voy. *Chandelle d'Arras* (4e partie), et *Locquin*.

189. — LECORNUÉ (Hippolyte-Armand), gérant du *Courrier de la Sarthe*, journal publié au Mans.

Condamné à trois mois de prison et à 2,000 fr. d'amende, par arrêt de la Cour d'assises de la Sarthe, du 16 mars 1855. — Excitation, dans son journal, à la haine et au mépris du gouvernement du roi. — (*Moniteur du* 7 *août* 1855.)

Voy. *Le Courrier de la Sarthe* (2e partie).

190. — LECOUTRE DE BEAUVAIS, gérant du *Journal de la Guyenne*, publié à Bordeaux.

Condamné :

1° A six mois de prison et à 4,000 fr. d'amende par arrêt de la Cour d'assises de la Gironde, du 15 décembre 1832. — Provocation dans son journal au renversement du gouvernement. — (*Moniteur du* 29 *juin* 1833.)

Voy. *Journal de la Guyenne* (2e partie).

2° A un an et un jour de prison et à 8,000 fr. d'amende, par arrêt de la Cour d'assises de la Gironde, du 16 décembre 1832. — Offense, dans son journal, à la personne du roi. — (*Moniteur du* 7 *avril* 1833.)

Voy. *Journal de la Guyenne* (2e partie).

3° A six mois de prison et à 5,000 fr. d'amende, par arrêt de la Cour d'assises de la Dordogne, du 22 janvier 1833. — Excitation, dans son journal, à la haine et au mépris du gouvernement du roi. — (*Moniteur du* 29 *juin* 1833.)

Voy. *Journal de la Guyenne* (2e partie).

4° A quatre ans de prison et à 8,000 fr. d'amende, comme étant en état de récidive, par arrêt de la Cour d'assises de la Gironde, du 20 juin 1833. — Excitation à la haine et au mépris du gouvernement du roi. — (*Moniteur du 30 octobre* 1833.)

Voy. *Journal de la Guyenne* (2 partie).

191. — LECOUVEY (Charles), libraire à Paris.

Condamné à un mois de prison et à 15 fr. d'amende, par jugement du tribunal correctionnel de la Seine, du 21 février 1823, confirmé par arrêt de la Cour royale de Paris, du 29 mai 1829. — Mise en vente des chansons intitulées : *la Belle main*, *C'est du nanan*, *Lisa*, *mon Cousin Jacques*, contenant outrages aux bonnes mœurs et à la morale publique. — (*Moniteur du 26 mars* 1825.)

Voy. *le Nouvel Enfant de la goguette* (4e partie), et *Debraux*.

192. — LEDOUX (Paul-Charles-Marie), libraire à Paris.

Condamné à un mois de prison et à 25 fr. d'amende, par jugement du tribunal correctionnel de la Seine, du 22 août 1825. — Publication et mise en vente d'un recueil biographique contenant outrages à la morale publique et diffamation. — (*Moniteur du 7 novembre* 1826.)

Voy. *Biographie* (petite) *des gens de lettres* (4e partie).

193. — LEGALLOIS (Auguste-Pierre), éditeur d'ouvrages de librairie, à Paris.

Condamné :

1° A trois mois de prison et à 300 fr. d'amende, par arrêt de la Cour d'assises de la Seine, du 11 mai 1841. Attaques contre la propriété et outrages à la morale religieuse par la vente et la distribution d'un écrit. — (*Moniteur du 12 mars* 1842.)

Voy. *Bible de la liberté* (4e partie), et *Constant*.

2° A un an de prison et à 1,000 fr. d'amende, par arrêt de la même Cour, du 15 mars 1847. — Excitation à la haine et au mépris du gouvernement du roi et provocation à la haine et au mépris des citoyens contre une ou plusieurs classes de personnes, en publiant un écrit. — (*Moniteur du 9 novembre* 1847.)

Voy. *la Voix de la Famine* (2e partie), et *Constant*.

194. — LEJEUNE (Antoine-Hubert).

Condamné à un mois de prison et à 16 fr. d'amende, par arrêt de la Cour d'assises de la Seine, du 3 février 1831. — Vente de gravures obscènes. — (Point d'insertion au Moniteur.)

195. — LELEUX (Jacques-Vincent), propriétaire-gérant de *l'Echo du Nord*, journal publié à Lille.

Condamné à un mois de prison et à 100 fr. d'amende, par la Cour d'assises du Nord, du 12 novembre 1836. — Apologie, par la publication d'un article, de faits qualifiés crimes par la loi pénale. — (*Moniteur du 23 avril 1837.*)

Voy. *l'Echo du Nord* et *Encore une tête* (2e partie).

196. — LELOUTRE (Jean), libraire à Paris; — Prodhomme, associé.

Condamné à deux mois de prison et à 50 fr. d'amende, par arrêt de la Cour royale de Paris, du 19 juin 1827. — Outrages à la morale publique et religieuse, et aux bonnes mœurs par la mise en vente des ouvrages suivants: 1° *Chansons de Béranger*; — 2° *Guerre des Dieux*; — 3° *Histoire de Faublas*; — 4° *Système de la nature*; — 5° *Système social.*

Voy. *Prodhomme.*

197. — LEMIÈRE (Louis-François), libraire à Paris.

Condamné à cinq ans de prison et à 500 fr. d'amende, par arrêt de la Cour d'assises de la Seine, du 23 février 1843. — Outrages à la religion de l'Etat et aux autres cultes, légalement reconnus en France, par la mise en vente de deux exemplaires d'un ouvrage déjà condamné par arrêt de la Cour d'assises de la Seine, du 24 novembre 1834. — (*Moniteur du 15 décembre 1843.*)

Voy. *la Guerre des Dieux* (4e partie, *à l'errata*).

198. — LEMOINE (Jean-Baptiste-François), gérant de *l'Indépendant de l'Ouest*, journal publié à Alençon.

Condamné à un mois de prison et à 150 fr. d'amende. — Excitation, par la voie de son journal, à la haine et au mépris du gouvernement de la république. (*Moniteur du 7 décembre 1849.*

Voy. *l'Indépendant de l'Ouest* (3e partie).

199. — LEMOINE, commissaire-priseur à Moulins.

Condamné à quinze jours de prison et à 100 fr. d'amende, par jugement du tribunal correctionnel de Moulins, du 28 mai 1830. — Diffamation et outrage envers l'évêque de Moulins, par le fait de la distribution d'un écrit. — (Point d'insertion au Moniteur.)

Voy. *Commentaire en raccourci*, etc. (1re partie).

200. — LENOIR (Marie-Eugène-Dominique).

Condamné à deux ans de prison et à 500 fr. d'amende par arrêt de la Cour d'assises de la Seine, du 5 juillet 1842. — Offense, en mars 1842, envers la personne du roi par des placards exposés aux regards du peuple. — (*Moniteur du 12 novembre 1842.*)

Voy. *Mort au tyran Louis-Philippe* (2e partie).

201. — LEROY (Gustave-Jean-Ernest).

Condamné à six mois de prison et à 300 fr. d'amende, par arrêt de la Cour d'assises de la Seine, du 11 août 1849. — Excitation à la haine et au mépris du gouvernement de la république, par la publication d'un écrit. — (*Moniteur du 7 décembre* 1849.)

Voy. *le Bal et la Guillotine* (3e partie).

202. — LEROUX (Jean-François), libraire à Paris.

Condamné par jugement du tribunal correctionnel de la Seine, du 6 juin 1822, à deux mois de prison et à 500 fr. d'amende. — Outrages à la morale publique et religieuse, et aux bonnes mœurs, par l'exposition et la vente des ouvrages suivants : *le Meursius français* et *Thérèse philosophe*, livres licencieux et contenant des gravures obscènes. — (*Moniteur du 7 novembre* 1826.)

203. — LESGUILLON (Jean-Pierre), sans état.

Condamné à trois mois de prison et à 300 fr. d'amende, par jugement du tribunal correctionnel de la Seine, du 1er juillet 1824. — Outrages à la religion de l'État et attaques contre la dignité royale, par la publication d'un écrit. — (*Moniteur du 7 novembre* 1826.)

Voy. *Épître à M. N. Lemercier* (1re partie).

204. — LÉVÊQUE (Louis), ouvrier imprimeur.

Condamné à trois mois de prison et à 16 fr. d'amende, par arrêt de la Cour d'assises du 23 mars 1831. — Vente de gravures obscènes. — (Point d'insertion au Moniteur.)

205. — LHUILLIER (Sulpice-Charles), libraire à Paris.

Condamné à six mois de prison et à 1,200 fr. d'amende, par arrêt de la Cour royale de Paris, du 16 novembre 1822. — Provocation à la haine et au mépris du gouvernement du roi, à la rebellion, au renversement du gouvernement, au meurtre, et diffamation envers un conseil de guerre, par la distribution d'un écrit. — (*Moniteur des 17 décembre* 1822 et 26 *mars* 1825.)

Voy. *Relation détaillée des Faits*, etc. (1re partie), et *Pillet* (François).

206. — LIONNE (Pierre), gérant de *la Tribune*, journal publié à Paris.

Condamné :

1° A un an de prison et à 4,000 fr. d'amende, par arrêt de la Cour d'assises de la Seine, du 12 septembre 1833. — Attaque, dans son journal, à l'inviolabilité de la personne du roi. — (*Moniteur du* 25 *avril* 1834.)

Voy. *la Tribune* (2e partie).

2° A cinq ans de prison et à 20,000 fr. d'amende, par arrêt de la même Cour, du 23 septembre 1833. — Offenses, dans son journal, à la personne du roi. — (*Moniteur du* 25 *avril* 1834.)

Voy. *la Tribune* (2e partie).

3° A trois mois de prison et à 1,000 fr. d'amende, par arrêt de la Cour d'assises de la Seine, du 8 octobre 1833. — Provocation, dans son journal, à la désobéissance aux lois. — (*Moniteur du* 25 *avril* 1834.)

Voy. *la Tribune* (2e partie).

4° A six mois de prison et à 12,000 fr. d'amende (récidive), par arrêt de la même Cour, du 26 avril 1834. — Provocation à la désobéissance aux lois, à raison d'un article publié dans son journal. — (*Moniteur du* 30 *décembre* 1834.)

Voy. *la Tribune* (2e partie).

5° A deux ans de prison et à 3,000 fr. d'amende, par arrêt de la même Cour, du 30 août 1834. — Provocation, dans son journal, à la désobéissance aux lois et offense envers la personne du roi. — (*Moniteur du* 30 *décembre* 1834.)

Voy. *la Tribune* (2e partie).

207. — LOCQUIN (Germain-Félix), imprimeur à Paris.

Acquitté par arrêt de la Cour d'assises de la Seine, du 17 septembre 1835, de la prévention d'outrages à la morale publique et religieuse, par l'impression et la publication d'un écrit, dont, par le même arrêt, la destruction a été ordonnée. — (*Moniteur du* 26 *juin* 1836.)

Voy. *Chandelle d'Arras* (4e partie), et *Lebigre*.

208. — LOSTANGES (Charles, comte de), gérant de *la Quotidienne*, journal publié à Paris.

Condamné :

1° A trois mois de prison et à 1,500 fr. d'amende, par arrêt de la Cour d'assises de la Seine, du 14 mars 1837. — Attaques contre l'ordre de successibilité au trône, etc., etc. — (*Moniteur du* 12 *mai* 1837.)

Voy. *la Quotidienne* (2e partie).

2° A deux mois de prison et à 2,000 fr. d'amende par un autre arrêt de la même Cour, du 14 mars 1837. — Excitation,

dans son journal, à la haine et au mépris du gouvernement du roi. — (*Moniteur du* 12 *mai* 1837.)
Voy. *la Quotidienne* (2e partie).

209. — LOTTIN (Jean-Pierre-Auguste), imprimeur à Paris.
Condamné à 16 fr. d'amende, par jugement du tribunal correctionnel de la Seine, du 12 août 1826. — Publication et impression d'un ouvrage contraire aux bonnes mœurs. — (*Moniteur du* 16 *septembre* 1826.)
Voy. *Aventures de Roquelaure*, etc. (4e partie).

210. — LUCHET (Auguste), homme de lettres.
Condamné à deux ans de prison et à 1,000 fr. d'amende, par arrêt de la Cour d'assises de la Seine, du 10 mars 1842. — Outrages à la morale publique et à la religion de la majorité des Français, etc., etc., par la publication d'un ouvrage en 1841. — (*Moniteur du* 12 *novembre* 1842.)
Voy. *Nom de Famille* (2e partie).

211. — MACHUREAU (Jean-Pierre-Gaspard).
Condamné à un mois de prison et à 1,000 fr. d'amende, par arrêt de la Cour d'assises des Bouches-du-Rhône, du 10 août 1836. — Excitation à la haine et au mépris du gouvernement du roi, par la distribution d'un écrit séditieux dans des lieux ou des réunions publiques. — (*Moniteur du* 18 *janvier* 1837.)

212. — MAGALON (Joseph-Dominique), homme de lettres, gérant de l'*Album*, journal publié à Paris.
Condamné :
1° A treize mois de prison et à 2,000 fr. d'amende, par arrêt de la Cour royale de Paris, du 15 mars 1823. — Outrages envers des ministres de la religion, envers plusieurs généraux ; excitation à la haine et au mépris du gouvernement, par la publication, dans *l'Album*, des articles intitulés : *Extrait de l'Almanach royal pour* 1830, *Scènes de Bourse* et *Tribulations de l'homme de Dieu*. — (*Moniteur du* 2 *avril* 1823.)
Voy. *l'Album* (1re partie).

2° A quinze jours de prison et à 200 fr. d'amende par arrêt de la Cour royale de Paris, du 18 août 1829. — Dérision envers la religion, la personne du roi et M. Portalis. — (Point d'insertion au Moniteur.)
Voy. *Album*, *l'Ane béni*, etc., *Galotti et M. Portalis* (1re partie), et *Fontan*.

3° A cinq ans de prison et à 10,000 fr. d'amende solidairement avec Fontan, par arrêt de la Cour royale de Paris, du 4 mars 1830. — Allusions outrageantes pour la personne du roi, par la publication d'un article. — (Point d'insertion au Moniteur.)

Voy. *l'Album*, *le Mouton enragé* (1re partie), et *Fontan*.

213. — MAGNANT, gérant du *Populaire-Royaliste*, journal publié à Paris.

Condamné à trois mois de prison et à 1,000 fr. d'amende, par arrêt de la Cour d'assises de la Seine, du 25 février 1837. — Excitation, dans son journal, à la haine et au mépris du gouvernement du roi, etc. — (*Moniteur du 23 avril* 1837.)

Voy. *le Populaire-Royaliste* (2e partie).

214. — MANDEMENT (Jean-Marie).

Condamné à six mois de prison et à 16 fr. d'amende, par arrêt de la Cour d'assises du Gard, du 27 novembre 1835. — Outrages à la morale publique et religieuse et aux bonnes mœurs, par la distribution et l'exposition publique, à Beaucaire, en juillet 1835, de gravures obscènes. — (*Moniteur du* 18 *janvier* 1837.)

Voy. *Gravures obscènes* (4e partie).

215. — MANGIN, gérant du *National de l'Ouest*, journal publié à Nantes.

Condamné à un an de prison et à 3,000 fr. d'amende, par arrêt de la Cour d'assises de la Loire-Inférieure, du 2 juillet 1849. — Excitation à la haine et au mépris du gouvernement de la république. — (*Moniteur du* 2 *octobre* 1849.)

Voy. *National de l'Ouest* (3e partie).

216. — MARCELLIN DE BONNAL (Antoine), homme de lettres.

Condamné à quatre mois de prison et 200 fr. d'amende, par arrêt de la Cour d'assises de la Seine, du 17 mars 1842. — Outrages aux bonnes mœurs, commis en 1841, par la publication d'un ouvrage. — (*Moniteur du* 12 *novembre* 1842.)

Voy. *Lamentations* (4e partie).

217. — MARCHAL (Charles-Félix), homme de lettres à Paris.

Condamné :

1° A cinq ans de prison et à 10,000 fr. d'amende, par arrêt de la Cour d'assises de la Seine, du 26 février 1845. — Offenses envers la personne du roi et les membres de la famille royale ; attaques contre la dignité royale, l'inviolabilité de la personne du roi, contre les droits qu'il tient du vœu de la nation ; adhésion publique à une autre forme du gouvernement, et apologie de faits qualifiés crimes par la loi pénale, etc., etc., par la publication d'un ouvrage. — (*Moniteur du* 29 *mars* 1845 (2e partie).

2° A trois mois de prison et 200 fr. d'amende, par arrêt de la même Cour, du 20 décembre 1848. — Excitation, dans un écrit, à la haine et au mépris des citoyens les uns contre les autres. — (*Moniteur du* 26 *mars* 1849.)

Voy. *Lettre à Raspail*, etc. (3e partie).

218. — MARÉCHAL (Claude-Balthasar-Manuel), coloriste, demeurant à Paris.

Condamné à six mois de prison et à 500 fr. d'amende, par arrêt de la Cour d'assises de la Seine, du 29 avril 1845. — Vente d'imprimés, de dessins, gravures, lithographies obscènes. — (*Moniteur du* 9 *juin* 1846.)

219. — MARTIN, gérant de *la Mode*, journal publié à Paris.

Condamné à six mois de prison et à 3,000 fr. d'amende, par arrêt de la Cour d'assises de la Seine, du 4 août 1834. – Publication d'articles contenant attaques contre les droits constitutionnels du roi et offenses envers sa personne. — (*Moniteur du* 30 *décembre* 1834.)

Voy. *la Mode* (2e partie).

220. — MARTIN (Jean-Joseph), correcteur-typographe et gérant de *l'Union des Provinces et du Réparateur*, journal publié à Paris.

Condamné à six mois de prison et à 1,000 fr. d'amende, par arrêt de la Cour d'assises de la Seine, du 13 août 1844. — Apologie de fait qualifié délit par la loi pénale, et provocation à la haine entre les diverses classes de la société. — (*Moniteur du* 3 *décembre* 1844.)

Voy. *l'Union des Provinces* (2e partie).

221. — MARTIN DE LA RIVIÈRE, demeurant à Acquigny (Eure).

Condamné à trois mois de prison et à 100 fr. d'amende, par arrêt de la Cour d'assises de l'Eure, du 28 mai 1849. — Excitation, dans une brochure, au mépris et à la haine des citoyens les uns contre les autres. — (*Moniteur du* 2 *octobre* 1849.)

Voy. *Point de milieu*, etc. (3e partie).

222. — MASSY (Auguste-Désiré), gérant du *Charivari*, journal publié à Paris.

Condamné à deux ans de prison et à 4,000 fr. d'amende, par arrêt de la Cour d'assises de la Seine, du 15 janvier 1842. — Diffamation, dans son journal, et injures publiques envers un fonctionnaire dépositaire de l'autorité publique, pour des faits

relatifs à ses fonctions. — (*Moniteur du 12 novembre 1842.*)
Voy. *le Charivari* (2e partie), et *Lange-Lévi*.

223. — MAURETTE (J.-Z.), curé de Serres (Ariége).
Condamné à de prison et à d'amende, par arrêt de la Cour d'assises de l'Ariége, du 17 mai 1844. — Outrage et dérision envers la relgion catholique ; excitation à la haine et au mépris contre une ou plusieurs classes de citoyens, par la publication d'une brochure. — (Point d'insertion au Moniteur.) (1).
Voy. *Pape et l'Evangile* (4e partie).

224. — MAYER.
Condamné à un an de prison et à 500 fr. d'amende, par arrêt de la Cour d'assises de la Seine, du 11 avril 1843. — Outrage, en 1842, à la morale publique et aux bonnes mœurs, par la vente publique de dessins et de gravures obscènes, notamment des suivantes : *Panorama des Paillards*; *Bibliothèque des romans*; *Saint-Simoniens*; *Rosée de toutes les saisons*; *Etrennes mignonnes*; *le Jour et la Nuit*. — Vente encore d'étuis renfermant des cartes à jouer, dont la transparence laisse apercevoir des obscénités. — (*Moniteur du 15 décembre 1843.*)

225. — MÉHÉE DE LATOUCHE (Jacques-Hippolyte), homme de lettres.
Condamné à 100 fr. d'amende, par arrêt de la Cour royale de Paris, du 25 novembre 1824. — Diffamation, dans un écrit, envers le sieur Salgues. — (*Moniteur du 26 mars 1825.*)
Voy. *Deux pièces importantes à joindre*, etc. (1re partie.)

226. — MENARD (Louis), rédacteur du *Peuple*, journal publié à Paris.
Condamné à 15 mois de prison et à 10,000 fr. d'amende, solidairement avec Duchêne, par arrêt de la Cour d'assises de la Seine, du 7 avril 1849. — Excitation, dans un article dont il s'est reconnu l'auteur, à la haine et au mépris des citoyens les uns contre les autres. — (*Moniteur du 13 juin 1849.*)

(1) En 1841, Maurette se fit protestant ; mais, étant resté dans son ancienne paroisse, il se trouva plusieurs fois exposé à des outrages et à des charivaris. Fatigué de cette situation, il avait pris le parti de se joindre aux missionnaires protestants qui vont prêcher le protestantisme au Canada. C'est alors qu'il publia sa brochure, comme adieux à ses anciens paroissiens. Cet écrit, condamné, fut saisi partout où il avait été publié. Maurette s'est pourvu en cassation, mais son pourvoi a été rejeté. Depuis, il a renoncé au protestantisme pour rentrer dans le catholicisme et se soumettre à l'évêque de Pamiers, son diocésain,

Voy. *le Peuple, Prologue d'une Révolution* (3e partie), et *Duchêne.*

227. — MÉNARD DE ROCHECAVE, gérant du *Revenant*, journal publié à Paris.

Condamné à un an de prison et à 500 fr. d'amende, par arrêt de la Cour d'assises de la Seine, du 27 juin 1833. — Offense envers la personne du roi ; excitation à la haine et au mépris du gouvernement par la publication d'un article. — (*Moniteur du 30 octobre* 1833.)

Voy. *le Revenant* (2e partie).

Le même, condamné à un mois de prison et à 150 fr. d'amende, par arrêt de la Cour d'assises de la Loire-Inférieure, du 3 septembre 1833. — Excitation à la haine et au mépris du gouvernement du roi. — (*Moniteur du* 30 *octobre* 1833.)

Voy. *le Revenant* (2e partie).

228. — MERCIER (Balthasar), garçon boulanger.

Condamné six mois de prison et à 16 fr. d'amende, par jugement du tribunal correctionnel de la Seine, du 13 novembre 1827. — Outrages aux bonnes mœurs et à la morale publique, par la mise en vente de deux ouvrages licencieux. — (Point d'insertion au Moniteur.)

Voy. *Arétin français* et *OEuvres badines de Piron* (4e partie).

229. — MERLOT (Jean-Jacques), peintre.

Condamné à trois mois de prison et à 200 fr. d'amende, par jugement du tribunal correctionnel de la Seine, du 23 février 1825. — Outrages aux bonnes mœurs et à la morale publique, pour fabrication et vente des ouvrages intitulés : 1° *Arétin français* ; — 2° *Fille de joie* ; — 3° *Meursius français* ; — 4° *Thérèse philosophe* ; ainsi que les gravures avec ces désignations : 1° *Extase de l'amour* ; 2° *Lanterne magique.* — (*Moniteur du* 7 *novembre* 1826.)

Voy. *Besson*, *Bourrut* et *Cottenet.*

230. — MEVREL (Jacques-Désiré), imprimeur à Paris.

Condamné à trois mois de prison et à 200 fr. d'amende, par arrêt de la Cour d'assises de la Seine, du 7 novembre 1835. — Complicité de provocation, non suivie d'effet, au changement de gouvernement, en imprimant sciemment un écrit composé par Bastide. — (*Moniteur du* 26 *juin* 1836.)

Voy. *le Peuple déchirant*, etc. (2e partie), et *Bastide.*

231. — MICHEL (Joseph-Toussaint), correcteur typographe à Paris.

Condamné à six mois de prison et à 2,000 fr. d'amende, par arrêt de la Cour d'assises de la Seine, du 15 mars 1845. — Outrage à la morale publique et à la religion par la publication et la mise en vente d'un écrit. — (*Moniteur du 23 juin* 1845.)

Voy. *Caducité des religions*, etc. (4e partie).

232. — MIE (Louis-Auguste), imprimeur de *la Tribune*, journal publié à Paris.

Acquitté par arrêt de la Cour d'assises de la Seine, du 21 février 1833, de la prévention d'excitation à la haine et au mépris du gouvernement du roi, en imprimant les numéros des 2, 3, 27 et 29 juillet 1832 de *la Tribune*. — (*Moniteur du 7 avril* 1833.)

Voy. *la Tribune* (2e partie), et *Bascans*.

233. — MONBRIAL DE BASSIGNAC, homme de lettres.

Condamné à six mois de prison et à 1,000 fr. d'amende, par arrêt de la Cour d'assises de la Seine, du 27 novembre 1848.— Publication d'un écrit contenant excitation à la haine ou au mépris des citoyens les uns contre les autres. — (*Moniteur du 26 mars* 1849.)

Voy. *Casquette du Père Duchêne* (3e partie).

234. — MONGLAVE (Eugène, Garay de), homme de lettres.

Condamné à quinze jours de prison et à 300 fr. d'amende, par jugement du tribunal de police correctionnelle de la Seine, dn 30 juin 1825.— Outrages à la morale publique et religieuse, et aux bonnes mœurs, par la publication d'un ouvrage.— (*Moniteur du* 20 *septembre* 1825.)

Voy. *Les Parchemins et la livrée* (4e partie).

235. — MORTILLET (Louis-Laurent-Gabriel).

Condamné à deux ans de prison et à 2,000 fr. d'amende, par arrêt de la Cour d'assises de la Seine, du 23 juin 1849. — Attaque contre le principe de la propriété et provocation, non suivie d'effet, au vol, en composant et en publiant une brochure. — (*Moniteur du 7 décembre* 1849.)

Voy. *Politique et socialisme*, etc. (3e partie).

236. — NADAU (Jean-Marie-André), libraire à Paris.

Condamné à treize mois de prison et à 1,000 fr. d'amende, par arrêt de la Cour royale de Paris, du 19 août 1822. — Mise en vente d'un ouvrage contenant excitation à la haine du gouvernement du roi et offense envers la famille royale. — (*Moniteur du 26 mars* 1825.)

Voy, *Histoire véritable*, etc. (2e partie).

237. — NARBONNE-LARA (Jacques-François-Joseph Catheux, comte de).

Condamné à un mois de prison et à 150 fr. d'amende, par arrêt de la Cour d'assises de la Gironde, du 25 mars 1833. — Complicité d'excitation à la haine et au mépris du gouvernement, commise par la voie de la presse. — (*Moniteur du 29 juin* 1833.)

238. — NIOGRET (Jean-Marie-Auguste), libraire à Paris.

Condamné à trois mois de prison et à 1,000 fr. d'amende, par arrêt de la Cour royale de Paris, du 1er mars 1823. — Mise en vente d'un ouvrage contenant attaque contre la dignité royale. — (*Moniteur des* 15 *et* 26 *mars* 1823.)

Voy. *Système social* (4e partie).

239. — NOIRET (Charles-Louis-Joseph), tisserand à Rouen.

Condamné à un an de prison et à 100 fr. d'amende, par arrêt de la Cour d'assises de la Seine-Inférieure, du 31 juillet 1841. — Attaque à la propriété en publiant et en distribuant dans la boutique de Lefrançois, libraire à Rouen, un ouvrage signé de lui. — (*Moniteur du* 12 *mars* 1842.)

Voy. *Deuxième lettre*, etc. (2e partie).

240. — NUGENT (Sigismond-Joseph de) gérant de *la Mode*, journal publié à Paris.

Condamné à un mois de prison et à 3,000 fr. d'amende, par arrêt de la Cour d'assises de la Seine, du 10 janvier 1837. - Publication d'articles contenant l'apologie de faits qualifiés crimes par la loi pénale, etc. — (*Moniteur du* 12 *mai* 1837.)

Voy. *La Mode* (2e partie).

241. — NUGENT (Nicolas-Charles de), ancien auditeur au conseil-d'Etat.

Condamné à trois mois de prison et à 300 fr. d'amende, par arrêt de la Cour d'assises du 9 novembre 1830.—Attaque contre l'autorité constitutionnelle du roi, et excitation à la haine et au mépris du gouvernement, dans un écrit publié et composé par lui. — (Point d'insertion au Moniteur.)

Voy. *Considérations politiques* (2e partie).

242. — ODDOULT, libraire à Avallon (Yonne).

Condamné à      de prison et à      fr. d'amende, par jugement du tribunal correctionnel d'Auxerre, du 4 janvier 1823. — Location, en 1820, à un élève du collége d'Avallon, des livres obscènes suivants : 1° *Arétin français;* 2° *Fille de joie;* 3° *Meursius français;* 4° *Saturnin*, ou *le Portier des Chartreux*; 5° *Théâtre gaillard*; avec gravures (1). — (Point d'insertion au Moniteur.)

243. — ORBAND (Jean-Paul), ancien juge à Draguignan, propriétaire à Correns (arrondissement de Brignoles).

Condamné à huit mois de prison et à 100 fr. d'amende, par arrêt de la Cour d'assises du Var, du 31 mai 1820. — Attaque à l'inviolabilité de la personne du roi et à l'ordre de successibilité au trône, dans un écrit publié par lui. — (*Moniteur du* 13 *juillet* 1820.)

Voy. *Pétition à la chambre des députés* (1re partie).

244. — PAGNERRE (Antoine-Laurent), éditeur à Paris.

Condamné à six mois de prison et à 500 fr. d'amende, par arrêt de la Cour d'assises de la Seine, du 6 novembre 1835. — Offenses à la personne du roi par la mise en vente d'un recueil où se trouvaient trois chansons intitulées : 1° *De quoi vous plaignez-vous?* 2° *le Père la Poire*; 3° *Pétition d'un voleur à un roi son voisin.* — (*Moniteur du* 26 *juin* 1836.)

Voy. *les Républicaines* (2e partie).

245. — PARFAIT (Noël), homme de lettres.

Condamné à deux ans de prison et à 500 fr. d'amende, par arrêt de la Cour d'assises de la Seine, du 13 septembre 1833. — Offenses envers la personne du roi et excitation à la haine et au mépris du gouvernement par la publication d'un écrit. — (*Moniteur du* 30 *octobre* 1833.)

Voy. *Aurore d'un beau jour*, etc. (2e partie).

246. — PAULIN, gérant du *National*, journal publié à Paris.

Condamné à un mois de prison et à 5,000 fr. d'amende, par arrêt de la Cour d'assises de Seine-et-Oise, du 10 août 1833. — Compte-rendu, dans son journal, d'une audience judiciaire, d'une matière infidèle et de mauvaise foi. — (*Moniteur du* 25 *avril* 1834.)

Voy. *le National* (2e partie).

247. — PERRINT (Pierre-Auguste), architecte à Paris.

Condamné à trois jours de prison et à 100 fr. d'amende, par

(1) L'administration retira alors le brevet de libreire à Oddoult.

arrêt de la Cour royale de Paris, du 22 mars 1823. — Provocation, non suivie d'effet, à commettre le délit prévu par l'art. 8 de la loi du 25 mars 1832, par la publication d'une cantate. — (*Moniteur du* 26 *mars* 1823.)

Voy. *Cantate sur l'appui des Braves* (2ᵉ partie), et *Armand Pillet*.

248. — PERSAT (Maurice), gérant du *National de* 1834, journal publié à Paris.

Condamné à trois mois de prison et à fr. d'amende, par arrêt de la Cour d'assises de la Seine, du 30 juillet 1836. — Apologie, dans son journal, de l'attentat commis par Alibaud contre la personne du roi. — (*Moniteur du* 18 *janvier* 1837.)

Voy. *Le National de* 1834 (2ᵉ partie).

249. — PERU (Victor), marchand ambulant.

Condamné à six mois de prison et à seize fr. d'amende, par arrêt de la Cour d'assises de la Seine, du 4 mars 1842.— Outrage à la morale publique et aux bonnes mœurs, par la vente de gravures obscènes. — (*Moniteur du* 12 *novembre* 1842.)

250. — PETETIN (Anselme), gérant du *Précurseur*, journal publié à Lyon.

Condamné à deux mois de prison et à 3.000 fr. d'amende, par arrêt de la Cour d'assises du Rhône, du 25 mars 1833. — Excitation à la haine et au mépris du gouvernement du roi, par la voie de son journal.— (*Moniteur du* 29 *juin* 1833.)

Voy. *le Précurseur* (2ᵉ partie.)

251. — PHILIPPON (Charles).

Acquitté par arrêt de la Cour d'assises de la Seine, du 28 janvier 1833, de la prévention d'offenses à la personne du roi, par la publication d'un article et d'une lithographie, dont, par le même arrêt, la destruction a néanmoins été ordonnée. — (*Moniteur du* 14 *mars* 1833.)

Voy. *Caricature* et *Projet d'un monument*, etc. (2ᵉ partie).

252.— PIGNÉ-CHATEAU (Georges), imprimeur à Angers.

Condamné à trois mois de prison et à 300 fr. d'amende, par arrêt de la Cour d'assises de Maine-et-Loire, du 14 février 1837. — Mise en vente, dans son magasin, de plusieurs exemplaires d'un livre contenant attaques aux droits que le roi tient du vœu de la nation, etc. — (*Moniteur du* 15 *mars* 1837.)

Voy. *le Bon Français*, etc. (2ᵉ partie).

253. — PILARD (Auguste), colporteur.

Condamné à un mois de prison et à seize fr. d'amende, par arrêt de la Cour d'assises de la Seine, du 5 mars 1831. — Vente de gravures obscènes. — (Point d'insertion au Moniteur.)

254. PILLET (François), prote d'imprimerie, à Paris.
Condamné à trois mois de prison et à 100 fr. d'amende, par arrêt de la Cour royale de Paris, du 16 novembre 1822. — Impression d'un écrit séditieux. (*Moniteur du 17 décembre* 1822.)
Voy. *Relation détaillée*, etc. (1re partie), et *Lhuillier*.

255. — PILLET (Jean-Baptiste-Armand), imprimeur à Paris.
Condamné à trois mille fr. d'amende et aux frais pour avoir, en contravention de l'art. 17 de la loi du 21 octobre 1814, imprimé un écrit, sans indication du nom d'imprimeur, par arrêt de la Cour royale de Paris, du 22 mars 1825. — (*Moniteur du 26 mars* 1825.)
Voy. *Cantate sur l'appui des braves* (1re partie), et *Perrint*.

256. PINET (Fortuné), avocat à Paris.
Condamné à un mois de prison et à 16 fr. d'amende, par jugement du tribunal correctionnel de la Seine, du 15 juillet 1824. — Outrage, dans un écrit, à la morale publique et injures envers les cours et les tribunaux. — (*Moniteur du 7 novembre* 1826.)
Voy. *Intrigue devant les tribunaux* (1re partie).

257. — PINONDEL, gérant de *la Gazette de Franche-Comté*, journal publié à Besançon.
Condamné à trois mois de prison et à 3,000 fr. d'amende, par arrêt de la Cour d'assises du Doubs, du 28 janvier 1833. — Attaque, dans son journal, contre les droits que le roi tient du vœu de la nation, et excitation à la haine et au mépris du gouvernement. — (*Moniteur du 27 juin* 1833).
Voy. *Gazette de Franche-Comté* (2e partie).

258. — PITRAT (Théodore), gérant de *la Gazette du Lyonnais*, journal publié à Lyon.
Condamné à deux mois de prison et à 200 fr. d'amende, par arrêt de la Cour d'assises du Rhône, du 8 mars 1837. — Excitation à la haine et au mépris du gouvernement du roi. — (*Moniteur du 25 avril* 1837.)
Voy. *Gazette du Lyonnais* (2e partie).

259. — PLANCHET (Pierre-François), libraire, à Paris.
Condamné à deux mois de prison et à 200 fr. d'amende, par

arrêt de la Cour d'assises de la Seine, du 27 juin 1820. — Mise en vente d'un écrit contenant outrage à la morale publique. — (*Moniteur du* 20 *août* 1820).

Voy. *les Missiounaire* (4e partie), et *Guyon.*

260. — POMMIER, gérant de *l'Assemblée nationale*, journal publié à Paris.

Acquitté par arrêt de la Cour d'assises de la Seine, du 14 mai 1849, de la prévention de diffamation envers M. Marrast, maire de Paris. — (*Moniteur du* 13 *juin* 1849.)

Voy. *Assemblée nationale* (3e partie), et *Saint-Genez.*

261. — PONT (Barthélemy), propriétaire-gérant du *Haro*, journal publié à Caen.

Condamné à trois mois de prison et à 5,000 fr. d'amende, par arrêt de la Cour d'assises du Calvados, du 22 février 1842. —Offenses, dans son journal, envers la personne du roi et excitation à la haine et au mépris du gouvernement. — (*Moniteur du* 12 *novembre* 1842.)

Voy. *le Haro* et *la Corruption* (2e partie).

262. — PONTHIEU (Ulfrand), libraire, à Paris.

Acquitté par arrêt de la Cour royale de Paris, du 26 juin 1823, de sa condamnation à un mois de prison et à 50 fr. d'amende, prononcée par jugement du tribunal correctionnel de la Seine, le 22 mars 1823, pour publication d'un ouvrage contenant outrage à la morale publique et religieuse, et dont la destruction a été ordonnée. — (*Moniteur du* 26 *mars* 1825.)

Voy. *Mémoires sur la cour de Louis XIV* (4e partie).

Le même, condamné à trois mois de prison et à 500 fr. d'amende, par arrêt de la Cour royale de Paris, du 14 février 1828, vente et distribution d'un écrit contenant provocation au changement de gouvernement. — (*Moniteur du* 18 *janvier* 1829.)

Voy. *Crise* (sur la) *actuelle* (1re partie), et *Cauchois-Lemaire.*

263. — PORTERIÉ (Jean-Antoine), marchand colporteur.

Condamné à 10 fr. d'amende par la Cour d'assises de la Vienne, du 12 décembre 1838. — Mise en vente, en 1838, sur la voie publique, des ouvrages suivants : 1° *le Théâtre Gaillard*, 2 vol. in-12, avec six gravures ; 2° *le Libertin de qualité*, 2 vol in-12, avec douze gravures; 3° *l'Enfant du b.....*, 1 vol. in-12 avec six gravures ; 4° *le Rideau levé*, ou *l'Education de Laure*, 2 vol. in-12, avec gravures; 5° *Recueil de poésies diverses* de La Fontaine, Piron, Voltaire et Grécourt, 1 vol. in-32, avec six gravures; 6° *la Guerre des Dieux*; 1 vol. in-18; 7° *la Vie du chevalier de Faublas*; 8° *le Bon Sens du curé Meslier*; 9° *OEuvres badines d'Alexis Piron*; 10° *OEuvres de Parny*, tom. 5, contenant *la Guerre des Dieux*.—(*Moniteur du 9 juin* 1837.)

Voy. *Clouzot* et *Porterié* (Bertrand).

264. — PORTERIÉ (Jean-Bertrand), marchand colporteur.

Condamné à dix fr. d'amende, comme le précédent et par le même arrêt. — Vente des mêmes ouvrages. —(*Moniteur du 9 juin* 1839.)

Voy. *Clouzot* et *Porterié* (Antoine).

265. — POULET fils (Charles-Alexandre).

Condamné à six mois de prison et à 3,000 fr. d'amende, par arrêt de la Cour d'assises de la Seine, du 12 juin 1820. — Provocation à la désobéissance aux lois et à la guerre civile, par une chanson imprimée et mise en vente.—(*Moniteur du 1er août* 1820.)

Voy. *Chanson* (1re partie).

266. — PRADEL (Pierre-Marie-Michel-Eugène de), homme de lettres.

Condamné à six mois de prison et à 1,000 fr. d'amende, par arrêt de la Cour royale de Paris, du 11 juillet 1822.—1° Délit d'une attaque contre l'ordre de successibilité au trône, par la composition d'une chanson intitulée : *l'Orphelin royal*; 2° Délit de provocation au port public d'un signe de ralliement non autorisé, par la chanson ayant pour titre : *le Chiffon*; 3° Délit d'outrages aux bonnes mœurs, par les chansons intitulées : *les Prémices de Javotte* et *l'Anguille*; 4° enfin, délit d'excitation au mépris et à la haine des citoyens contre une classe de personnes, par celle intitulée : *les Missionnaires*. — (*Moniteur des* 26 *juillet* 1822 *et* 26 *mars* 1825.)

267. — PRODHOMME (Pierre-Constant), libraire à Paris.

Condamné à deux mois de prison et à 50 fr. d'amende, par arrêt de la Cour royale de Paris, du 19 juin 1827. — Outrages à la morale publique et religieuse, et aux bonnes mœurs,

Par la mise en vente de : 1° *Chansons de Béranger*; 2° *Guerre des Dieux*; 3° *Histoire de Faublas*; 4° *Système de la nature*; 5° *Système social*. — (*Moniteur du* 26 *juillet* 1827.)

Voy. *Leloutre*.

268. — PROUDHON (Pierre-Joseph), né à Besançon, directeur du *Peuple*, journal publié à Paris.

Condamné à trois ans de prison et à 3,000 fr. d'amende, par arrêt de la Cour d'assises de la Seine, du 16 mars 1849. — Composition : 1° d'un article intitulé : *La Guerre,* contenant excitation à la haine et au mépris du gouvernement de la république, et attaques contre la Constitution et les institutions républicaines ; 2° Composition d'un autre article contenant attaques contre les droits et l'autorité du Président de la république, etc. Ces deux articles ont été publiés : le premier, dans le n° 69 (26 janvier 1849), et le deuxième dans le n° 70 (27 janvier 1849) du *Peuple.* — (Point d'insertion au Moniteur.)

Voy. *le Peuple* (3e partie).

269. — PROUX (René-François-Edouard), imprimeur à Paris.

Condamné à trois mois de prison et à 2,000 fr. d'amende, par arrêt de la Cour d'assises de la Seine, du 31 janvier 1842. — Acte d'adhésion à une autre forme de gouvernement en imprimant sciemment deux articles contenus dans le n° de *la Mode* du 22 janvier 1842. — (*Moniteur du* 12 *novembre* 1842.)

Voy. *la Mode* (2e partie), et *Voillet de St-Philbert.*

270. — RABAN (Charles-Louis), homme de lettres.

Condamné :

1° A deux mois de prison et à 16 fr. d'amende, par jugement du tribunal correctionnel de la Seine, du 19 octobre 1824. — Outrage à la morale publique et religieuse et aux bonnes mœurs, par la composition de deux ouvrages. — (*Moniteur du* 9 *octobre* 1825.)

Voy. *le Curé capitaine* et *Mon Cousin Mathieu* (4e partie).

2° A six mois de prison et à 300 fr. d'amende, par arrêt de la Cour royale de Paris, du 14 mars 1825. — Outrage aux bonnes mœurs et à la morale publique et religieuse, par la composition d'un ouvrage. — (*Moniteur du* 26 *mars* 1826.)

Voy. *l'Incrédule,* ou *les deux Tartuefs* (4e partie).

271. — RACCOUILLAT, demeurant à Blois.

Condamné à 15 jours de prison et à 50 fr. d'amende, par arrêt de la Cour d'assises de Loir-et-Cher, du 11 août 1849. — Outrage public au Président de la république, en distribuant et en placardant, le 8 juillet 1849, une affiche sur la voie publique et sur un des piliers de l'église de Marchenoir. — (*Moniteur du* 2 *octobre* 1849.)

Voy. *Propagande électorale* (3e partie), etc., et *Cochet.*

272. — RAMEAU (Eric-Jean), ouvrier bijoutier et colporteur.
Condamné à un mois de prison et à 16 fr. d'amende, par arrêt de la Cour d'assises de la Seine, du 30 mars 1843. — Outrage, en décembre 1841, à la morale publique et aux bonnes mœurs, par la mise en vente d'un recueil de chansons. — (*Moniteur du* 15 *décembre* 1843.)
Voy. *les Gaudrioles de M. Gaillard* (4e partie).

273. — RANCOURT-MIMERAND.
Condamné a un mois de prison et à 1,000 d'amende, par arrêt de la Cour d'assises du Cher, du 2 mai 1833. — Injure et diffamation, dans un journal, envers un magistrat à l'occasion de ses fonctions. — (*Moniteur du* 29 *juin* 1833.)
Voy. *Gazette du Berry* (2e partie), et *Laurent.*

274. — RAPILLY (Charles-Alexandre), libraire à Paris.
Condamné à trois mois de prison et à 300 f. d'amende, par arrêt de la Cour royale de Paris, du 13 mai 1830. — Attaque contre la dignité royale, outrage à la religion de l'Etat et à la morale publique, par la mise en vente d'un ouvrage. — (Point d'insertion au Moniteur.)
Voy. *Mémoires de Levasseur* (1re partie), et *Roche.*

275. — REDONNET (Jean), dit *Garravé*, marchand colporteur à Boulx.
Condamné à un mois de prison et à 16 fr. d'amende, par jugement du tribunal correctionnel de Vannes, du 29 avril 1822. — Vente et distribution de : 1° *Chansons joyeuses* ; — 2° *Chansonnier de la table et du lit* ; — 3° *Petites Gaudrioles* ; — 4° *Vie du chevalier de Faublas.* — (*Moniteur des* 24 *et* 25 *mai* 1822.)

276. — REGNAULT-WARIN (Jean-Baptiste-Innocent-Philadelphe), homme de lettres.
Condamné à un an de prison et à 1,000 fr. d'amende, par arrêt de la Cour d'assises de la Seine, du 25 octobre 1819. — Offense envers la personne du roi et les membres de la famille royale, par la composition d'un ouvrage. — (*Moniteur du* 23 *juin* 1820.)
Voy. *Histoire des Cent-Jours* (1re partie), et *Domère.*

277. — REGNIER BECKER, compagnon menuisier à Méru (Oise).
Condamné à      de prison et à      d'amende, par jugement du tribunal correctionnel de Senlis, du 9 décembre 1829. —

Outrage à la morale publique et religieuse, par la mise en vente d'un écrit (1). — (Point d'insertion au Moniteur.)

Voy. *Siége du Paradis* (4e partie).

Le même, devenu commissionnaire en marchandises à Paris. — Condamné à six mois de prison et à 200 fr. d'amende, par arrêt de la Cour d'assises de la Seine, du 9 août 1842. — Outrages à la morale publique et religieuse, et aux bonnes mœurs, commis en 1839, 1840, 1841 et 1842, en mettant en vente des écrits imprimés, gravures et lithographies, intitulés : 1° *Abrégé de l'Histoire*; 2° *Album hérétique*; 3° *Amours des Dieux païens*; 4° *Apprêts du bal*; 5° *Attente voluptueuse*; 6° *Béranger*; 7° *Cadran de la volupté*; 8° *Chansonnier des B.....*; 9° *Chansonnier des filles d'amour*; 10° *Coup de vent*; 11° *Dame de la maison*; 12° *Diable au corps*; 13° *Don du mouchoir*; 14° *Douze sujets du jour*; 15° *Enfant du plaisir*; 16° *Esquisses morales*; 17° *Felicia, ou mes Fredaines*; 18° *Galerie des gardes françaises*; 19° *Gravures et recueils de gravures*; 20° *Guerre des Dieux*; 21° *Histoire universelle hérétique*; 22° *Ile d'amour*; 23° *Libertin de qualité*; 24° *Mémoires de Suzon*; 25° *Messaline française*; 26° *Meursius français*; 27° *Mœurs de Paris*; 28° *Musée des familles*; 29° *Nouvelle Justine*; 30° *Plaisirs de tous les âges*; 31° *Plan de Paris*; 32° *Progrès du libertinage*; 33° *Pucelle d'Orléans*; 34° *Rosée*; 35° *Sainte-Nitouche*; 36° *Scènes de la vie intime*; 37° *Soirées lubriques*; 38° *Sources du plaisir*; 39° *Revue dramatique*; 40° *Veillée de jeunes filles*; 41° *Vie de soldat*; 42° *Vie du dandy en Europe*; 43° *Vingt ans de la vie d'un jeune homme*; 44° *Vingt ans de la vie d'une femme*. — (*Moniteur du 15 décembre* 1843.)

278. — RENOU (Louis), gérant de *la Gazette du Berry*, journal publié à Bourges.

Condamné à trois jours de prison et à 2,000 fr. d'amende, par arrêt de la Cour d'assises du Cher, du 24 janvier 1837. — Outrages, par son journal, envers des magistrats à raison de leurs fonctions. — (*Moniteur du 23 avril* 1837.)

Voy. *Gazette du Berry* (2e partie).

279. — REVOIL (Auguste).

Condamné à quinze jours de prison et à 100 fr. d'amende, par

(1) Une souscription fut alors ouverte par un journal, en faveur du condamné. Bientôt réalisée, le poëte menuisier put payer son amende et, à sa sortie de prison; il employa le reste à se faire commissionnaire en marchandises. Dans cette position, il se constitua un fonds vraiment considérable de librairie obscène.

arrêt de la Cour d'assises du 3 mars 1834. — Injures et outrages envers plusieurs fonctionnaires publics par la voie de la presse. — (*Moniteur du 25 avril 1834.*)

280. — REY-DUSSEUIL, homme de lettres.

Acquitté par arrêt de la Cour d'assises de la Seine, du 20 février 1833, de la prévention de provocation à la rébellion et au meurtre, en publiant un ouvrage dont la destruction a néanmoins été ordonnée par le même arrêt. — (*Moniteur du 7 avril* 1833.)

Voy. *Cloître St-Merry* (2e partie), et *Dupont.*

281. — RIDOUX (Louis).

Condamné à cinq jours de prison par arrêt de la Cour d'assises de la Seine, du 3 janvier 1831. — Outrage aux bonnes mœurs et à la morale publique, par la vente de gravures obscènes. — (Point d'insertion au Moniteur.)

282. — ROBILLARD (Jacques), gérant de *la Révolution démocratique et sociale,* journal publié à Paris.

Condamné :

1° A deux ans de prison et à 4,000 fr. d'amende, par arrêt de la Cour d'assises de la Seine, du 13 août 1849. — Excitation à la haine et au mépris du gouvernement de la république ; provocation, non suivie d'effet, à la guerre civile, en publiant dans son journal un article intitulé : *M. Bonaparte et l'Assemblée nationale.* — (*Moniteur du 7 décembre* 1849.)

Voy. *la Révolution démocratique*, etc. (3e partie).

2° A trois ans de prison et à 3,000 fr. d'amende, par arrêt de la Cour d'assises de la Seine, du 27 août 1849. — Excitation à la haine et au mépris des citoyens les uns contre les autres ; provocation à la guerre civile, non suivie d'effet, en publiant dans son journal un article intitulé : *Messieurs les royalistes, tirez les premiers.* — (*Moniteur du 7 décembre* 1849.)

Voy. *la Révolution démocratique*, etc. (3e partie).

283. — ROCH (Eugène), directeur de *l'Observateur des Tribunaux*, journal publié à Paris.

Acquitté par arrêt de la Cour d'assises de la Seine, du 26 septembre 1836, de la prévention d'offense envers la personne du roi, en publiant une chanson intitulée : *Pétition d'un voleur à un roi son voisin.* Néanmoins, le même arrêt a ordonné la destruction du 4e couplet de cette chanson. — (*Moniteur du 23 avril* 1837.)

Voy. *l'Observateur des Tribunaux* (2e partie).

284. — ROCHE (Achille), homme de lettres.

Condamné à quatre mois de prison et à 1,000 fr. d'amende, par arrêt de la Cour royale du 13 mai 1830. — Attaque à la dignité royale, outrages à la religion de l'Etat et à la morale publique, en publiant un ouvrage. — Point d'insertion au Moniteur.)

Voy. *Mémoires de Levasseur* (1re partie), et *Rapilly*.

285. — ROCHE (Marie-Antoine), gérant de *la Gazette du Languedoc*, journal publié à Toulouse.

Condamné :

1° A un mois de prison et à 3,000 fr. d'amende, par arrêt de la Cour d'assises de la Haute-Garonne, du 26 mars 1833. — Excitation, dans son journal, à la haine et au mépris du gouvernement du roi. — (*Moniteur du 30 octobre* 1833.)

Voy. *Gazette du Languedoc* (2e partie).

2° A un mois de prison et à 4,000 fr. d'amende, par arrêt de la même cour, du 24 juillet 1833. — Excitation, dans son journal, à la haine et au mépris du gouvernement du roi. — (*Moniteur du* 30 *octobre* 1833.)

Voy. *Gazette du Languedoc* (2e partie).

286. — ROCHEFOUCAULD (François-Louis, Sosthène de la).

Condamné à trois mois de prison et à 1,000 fr. d'amende, par arrêt de la Cour d'assises de la Seine, du 7 janvier 1833. — Attaque contre les droits constitutionnels du roi, etc., etc., par la publication d'une brochure. — (*Moniteur du 14 mars* 1833.)

Voy. *Aujourd'hui et Demain* (2e partie).

287. — ROPOTHE (Irma-Catherine), dite femme *Herbemont*, coloriste, demeurant à Paris.

Condamnée à six mois de prison et à 16 fr. d'amende, par arrêt de la Cour d'assises de la Seine, du 29 avril 1845. — Outrage, commis en 1844, à la morale publique et aux bonnes mœurs, par la vente d'un grand nombre d'imprimés, de dessins, de gravures, de lithographies et de cartonnages, tous à sujets obscènes. — (*Moniteur du* 9 *juin* 1846.)

288. — ROSÉE (Simon-Pierre), gérant de *la Gazette du Maine*, journal publié au Mans.

Condamné à trois mois de prison et à 2,000 fr. d'amende, par arrêt de la Cour d'assises de la Sarthe, du 14 décembre 1835. — Publication, dans son journal, d'un article contenant attaques

contre les droits que le roi tient du vœu de la nation. — (*Moniteur du 26 juin* 1836.)

Voy. *Gazette du Maine* (2e partie).

289. — ROUANET (François), libraire à Paris.

Condamné à six mois de prison et à 2,000 fr. d'amende, par arrêt de la Cour d'assises de la Seine, du 20 novembre 1848. — Publication d'une brochure contenant outrage envers les religions légalement reconnues en France, et à la morale publique. — (*Moniteur du* 26 *mars* 1849.)

Voy. *A l'Immortalité*, etc. (4e partie).

290. — ROUBAUD (Hippolyte).

Condamné par arrêt de la Cour royale d'Aix, du 13 décembre 1825, à un mois de prison et à 16 fr. d'amende. — Publication, dans un journal, d'une pièce de vers contenant outrage à la morale publique et aux bonnes mœurs. — (*Moniteur du 2 février* 1826.)

Voy. *Le Sylphe* et *Ce que j'aime*, etc. (4e partie).

291.—ROUEN (Alphonse), gérant du *National de* 1834, journal publié à Paris.

Condamné à six mois de prison et à 6,000 fr. d'amende, par arrêt de la Cour d'assises de la Seine, du 16 septembre 1834. — Provocation, dans son journal, au changement du gouvernement. — (*Moniteur du* 7 *août* 1835.)

Voy. *le National de* 1834 (2e partie).

292. — ROUGET (Edmond), marchand ambulant.

Condamné à deux ans de prison et à 500 fr. d'amende, par arrêt de la Cour d'assises de la Seine, du 10 août 1847. — Offenses envers la personne du roi, en vendant et en chantant, en avril 1847, dans un lieu public, une chanson manuscrite, en quatre couplets, commençant par ces mots : *Les rois sont des mécaniciens*....., et finissant par des expressions outrageantes contre le roi. Destruction ordonnée des exemplaires saisis. — (*Moniteur du* 9 *novembre* 1847.)

293. — ROUSSEAU (Jean-Baptiste), libraire à Paris.

Acquitté, par défaut de notification, de la prévention dirigée contre lui, à raison de la mise en vente des écrits suivants (1) : 1° *Dictionnaire féodal*, par Colin de Plancy; — 2° *A bon entendeur, salut*; — 3° *Chansons de Béranger*; — 4° *Mémoires pour servir à l'histoire de France*; — 5° *les P...... cloîtrées*;

(1) Arrêt de la cour royale de Paris, du 16 novembre 1822.

— 6° *Académie des Dames*; — 7° *Momus redivivus*, avec figures obscènes; — 8° *les Amours du Saint-Père le Pape*, avec figure obscènes; — 9° *Confessions de Clémentine*, suivies d'*Ormin et Azéma*; — 10° *Margot la ravaudeuse*; — 11° *Histoire philosophique du mal de Naples*; — 12° *les Filles de joie*; — 13° *Contes érotiques et poésies de Grécourt*; — 14° *Thémidore, ou mon Histoire et celle de ma maîtresse*, avec figures; — 15° *Théâtre gaillard*. — (*Moniteur du 26 mars* 1825.)

294. — ROUSSELIN, crieur public.

Condamné à quatre mois de prison et à 100 fr. d'amende par arrêt de la Cour d'assises de la Seine, du 29 avril 1834. — Vente et distribution d'un écrit contenant provocation au changement du gouvernement. — (*Moniteur du 30 décembre* 1834.)

Voy. *le Libérateur* (2e partie), *Adam*, *Gaillard*, *Gentillon et Grossetête*.

295. — ROUSSILLAC (Amédée de), gérant du *Précurseur*, journal publié à Lyon.

Condamné à six mois de prison et à 2,000 fr. d'amende, par arrêt de la Cour d'assises du Rhône, du 25 mars 1835. — Excitation à la haine et au mépris du gouvernement et provocation à la désobéissance aux lois, par la voie de son journal. — (*Moniteur du 26 juin* 1836.)

Voy. *le Précurseur* (2e partie).

296. — ROUSSY (Victor).

Condamné à un mois de prison et à 100 fr. d'amende, par jugement du tribunal correctionnel de la Seine, du 27 janvier 1830. — Outrage, dans un écrit, au préfet de police à l'occasion de ses fonctions. — (Point d'insertion au Moniteur.)

Voy. *Étrennes d'un Mendiant*, etc. (1re partie), et *Guiraudet*.

297. — ROUY, marchand de curiosités.

Condamné à quinze jours de prison et à 100 fr. d'amende, par arrêt de la Cour royale de Paris, du 11 décembre 1829. — Exposition et mise en vente de bustes en bronze représentant le duc de Reichstadt avec une aigle couronnée et autres attributs qui en faisaient un symbole destiné à troubler la paix publique. — (Point d'insertion au Moniteur.)

298. — RUSNOT (Félix), gérant du *Qui vive?* journal publié à Rouen.

Condamné à trois mois de prison et à 500 fr. d'amende, par arrêt de la Cour d'assises de la Seine-Inférieure, du 19 août 1836. — Publication, dans son journal, d'un article contenant un outrage à la morale publique. — (*Moniteur du 18 janvier* 1837.)

Voy. *Qui vive* (4^e^ partie)?

299. — SAINT-CLAIR (baron de), Ecossais.

Condamné à un an de prison et à 500 fr. d'amende, par jugement du tribunal correctionnel de la Seine, du 14 avril 1830.— Diffamation, dans un écrit, contre les ducs Decaze, de Maille, etc. — (Point d'insertion au Moniteur.) (1).

Voy. *Aux Chambres*, etc. (1^re^ partie).

300. — SAINT-GENEZ (Théodore), pharmacien à Paris.

Condamné à 500 fr. d'amende par arrêt de la Cour d'assises de la Seine, du 14 mai 1849. — Diffamation, dans un journal, envers M. Marrast, maire de Paris. — (*Moniteur du* 13 *juin* 1849.)

Voy. *Assemblée nationale* (3^e^ partie), et *Pommier*.

301. — SALAGNAT (Jean-François), marchand colporteur.

Condamné à dix-huit mois de prison et à 100 fr. d'amende, par arrêt de la Cour d'assises de la Seine, du 9 février 1842. — Outrages à la morale publique et aux bonnes mœurs, commis par la vente, en novembre 1841, d'un ouvrage obscène.— (*Moniteur du* 12 *novembre* 1842.)

Voy. *l'Arétin français* (4^e^ partie).

302. — SANTO-DOMINGO (Joseph Hippolyte, comte de).

Condamné à trois mois de prison et à 300 fr. d'amende, par arrêt de la Cour royale de Paris, du 25 novembre 1824. — Outrages envers la religion de l'État et les ministres des cultes, par la publication d'un écrit. — (*Moniteur du* 26 *mars* 1825.)

Voy. *Tablettes romaines* (4^e^ partie).

303. — SAVOIE (Eugène), cuisinier.

Condamné à cinq jours de prison par arrêt de la Cour d'assises de la Seine, du 23 mars 1831. — Vente de gravures obscènes. — (Point d'insertion au Moniteur.)

304. — SCHEFFER (Charles), homme de lettres, gérant du *National* de 1834, journal publié à Paris.

Condamné à deux mois de prison et à 2,000 fr. d'amende, par

(1) Le jugement porte à son 4^e^ considérant que le prévenu, se disant baron de Saint-Clair, a été signalé dans l'instruction comme se nommant *Mac-Leane.*

arrêt de la Cour d'assises de la Seine, du 31 mai 1834. — Délits prévus et réprimés par les articles 26 de la loi du 26 mai 1819, 11 de la loi du 9 juin 1819 et 7 de la loi du 25 mars 1822. — — (*Moniteur du 30 décembre* 1834.)

Voy. *le National de* 1834 (2e partie), *Carrel* et *Conseil.*

Le même. — Condamné à six mois de prison et à 500 fr. d'amende, par arrêt de la même Cour, du 26 juillet 1834. — Offense, dans *le National*, envers la personne du roi. — (*Moniteur du* 30 *décembre* 1834.)

Voy. *le National de* 1834 (2e partie).

Le même. — Condamné à deux mois de prison et à 2,000 fr. d'amende, par arrêt de la Cour d'assises de la Seine, du 31 juillet 1834. — Délit prévu et réprimé par l'article 7 de la loi du 25 mars 1822. — (*Moniteur du* 30 *décembre* 1834.)

Voy. *le National de* 1834 (2e partie).

305. — SCHMITT (François-Antoine), gérant de la *Gazette du Lyonnais*, journal publié à Lyon.

Condamné à un mois de prison et à 2,000 fr. d'amende, par arrêt de la Cour d'assises du Rhône, du 24 décembre 1834. — Excitation, dans son journal, à la haine et au mépris du gouvernement du roi. — (*Moniteur du* 23 *avril* 1837.)

Voy. *Gazette du Lyonnais* (2e partie).

306. — SCHUBART (Alexandre), homme de lettres.

Acquitté par arrêt de la Cour royale de Paris, du 26 juin 1825, de la prévention d'outrage à la morale publique et religieuse en coopérant à la traduction d'un ouvrage, sur le fondement des retranchements par lui faits dans cet ouvrage. Néanmoins, destruction ordonnée de l'ouvrage par le même arrêt. — (*Moniteur du* 26 *mars* 1825.)

Voy. *Mémoires sur la cour de Louis XIV* (4e partie).

307. — SEISSON (Anaclet-Eugène), gérant de *la Gazette du Midi*, journal publié à Marseille.

Condamné :

1° A un mois de prison et à 1,000 fr. d'amende, par arrêt de la Cour d'assises des Bouches-du-Rhône, du 19 septembre 1835. — Publication d'un article contenant excitation à la haine et au mépris du gouvernement du roi. — (*Moniteur du* 26 *juin* 1836.)

Voy. *Gazette du Midi* (2e partie).

2° A trois mois de prison et à 2,000 fr. d'amende, par arrêt de la même Cour, du 9 novembre 1835. — Publication d'un arti-

cle contenant attaques contre la dignité royale, l'ordre de successibilité au trône, etc. – (*Moniteur du 26 juin* 1836.)
Voy. *Gazette du Midi* (2e partie).

308. — SENS (Henry-Augustin).
Condamné à de prison et à d'amende, par arrêt de la Cour royale de Lyon, du 22 décembre 1822.—Diffamation, dans un écrit composé et publié par lui, envers l'autorité administrative. – (Point d'insertion au Moniteur.)

309. — SIMON (Claude), gérant du *Charivari*, journal publié à Paris.
Condamné :

1° A deux mois de prison et à 2,000 fr. d'amende, par arrêt de la Cour d'assises de la Seine, du 30 juin 1834. — Infidélité et mauvaise foi dans un compte-rendu de séances. — (*Moniteur 30 décembre* 1834.)
Voy. *le Charivari* (2e partie).

2° A six mois de prison et à 2,000 fr. d'amende, par arrêt de la même Cour, du 15 avril 1835. — Offense envers la personne du roi. — (*Moniteur du 7 août* 1835.)
Voy. *le Charivari* (2e partie).

3° A deux mois de prison et à 5,000 fr. d'amende, par arrêt de la même Cour, du 28 octobre 1835. — Publication d'un article intitulé : *Catacombes monarchiques*, contenant excitation à la haine et au mépris du gouvernement du roi. — (*Moniteur du 26 juin* 1836.)
Voy. *le Charivari* (2e partie).

310. — SOUCHET (Jean-Baptiste-Mathurin), chanoine titulaire de l'église cathédrale de St-Brieuc.
Condamné à quinze jours de prison et à 100 fr. d'amende, par arrêt de la Cour d'assises du Calvados, du 15 février 1845.— Publication d'un écrit tendant à troubler la paix publique en excitant la haine et le mépris des citoyens contre une classe de personnes. — (*Moniteur du 30 mars* 1835.)
Voy. *Avertissement aux catholiques*, etc. (2e partie).

311. — SOULÉ (Pierre), homme de lettres.
Condamné à quatre mois de prison et à 300 fr. d'amende, par arrêt de la Cour royale de Paris, du 23 juin 1825. — Composition et publication d'un article dans un journal, contenant outrage à la morale publique et religieuse.—(*Moniteur du 30 novembre* 1825.)
Voy. *le Nain* et *le Cardinal et le Capucin* (4e partie).

312. — SPONY, dit *Eslons*, marchand colporteur.

Condamné à un an de prison et à 500 fr. d'amende, par arrêt de la Cour royale de Douai, du 1er septembre 1837. — Mise en vente du *Bon Sens du curé Meslier*, et de *la Vie du chevalier de Faublas*, ouvrages immoraux condamnés. — (*Moniteur du 18 mai* 1838.)

313. — TAILLARD (Etienne-Constant), homme de lettres.

Condamné à 25 fr. d'amende, par jugement du tribunal correctionnel de la Seine, du 22 août 1826. — Diffamation, dans un article, intitulé : *Armand Gouffé*, publié dans un recueil biographique. — (*Moniteur du 7 novembre* 1826.)

Voy. *Biographie* (petite) *des gens de lettres* (1re partie), et *Ledoux*.

314. — TANDÉ (Jean), gérant de *l'Hermine*, journal publié à Nantes.

Condamné :

1° A 3 mois de prison et à 3,000 fr. d'amende, par arrêt de la Cour d'assises de la Loire-Inférieure, du 10 juin 1836. — Publication d'un article contenant le délit d'attaque contre les droits de l'autorité des Chambres. — (*Moniteur du 18 janvier* 1837.)

Voy. *l'Hermine* (2e partie).

2° A deux mois de prison et à 4,000 fr. d'amende, par arrêt de la même Cour, du 11 juin 1836. — Publication d'un article contenant excitation à la haine et au mépris du gouvernement du roi. Le même arrêt a ordonné que la publication de *l'Hermine* ne pourrait avoir lieu que par un gérant autre que Tandé. — (*Moniteur du 26 juin* 1836.)

Voy. *l'Hermine* (2e partie).

315. — TANDON (Casimir), gérant de *la Démocratie pacifique*, journal publié à Paris.

Condamné à un an de prison et à 5,000 fr. d'amende, par arrêt de la Cour d'assises de la Seine, du 22 juin 1849. — Publication d'un article contenant excitation à la haine et au mépris du gouvernement de la république. — (*Moniteur du 7 décembre* 1849.)

Voy. *Démocratie pacifique* et *la Veille de la guerre civile* (3e partie).

316. — TARDIEU (André-Ambroise), éditeur à Paris.

Condamné seulement aux dépens, par jugement du tribunal correctionnel de la Seine, du 16 décembre 1835. — Mise en vente d'un ouvrage immoral. — (*Moniteur du* 9 *février* 1826.)

Voy. *Vie du Chevalier de Faublas* (4e partie).

317. — TENON, libraire à Paris.

Condamné à un mois de prison et à 100 fr. d'amende par jugement du tribunal correctionnel de la Seine, du 2 avril 1820. — Mise en vente d'un libelle diffamatoire pour la famille de la Rochejaquelein. — (Point d'insertion au Moniteur.)

Voy. *Duel* (le), ou *l'Homme*, etc. (1re partie), et *Eliçagaray*.

318. — TERSON (Jean), prêtre catholique et journaliste.

Condamné, par arrêt de la Cour d'assises de la Seine, du 26 novembre 1845, à quatre mois de prison et à 200 fr. d'amende. — Publication d'une revue mensuelle contenant, en mai, juin, juillet et août 1845, les délits d'excitation à la haine et au mépris du gouvernement du roi, et de provocation à la haine entre les diverses classes de la société. — (*Moniteur du* 9 *juin* 1846.)

Voy. *Droits du peuple* (2e partie).

319. — TESSON.

Acquitté, par arrêt de la Cour d'assises de la Seine, du 8 décembre 1837, de la prévention d'outrage aux bonnes mœurs, à raison d'une brochure saisie chez lui. — (*Moniteur du* 7 *novembre* 1837.)

Voy. *Fastes, ruses et intrigues de la galanterie* (2e partie), *Baudouin* et *Therry*.

320. — THERRY (Jean-François), libraire à Paris.

Condamné à six mois de prison et à 1,000 fr. d'amende, par arrêt de la Cour d'assises de la Seine, du 31 mars 1822. — 1° Attaques contre l'ordre de successibilité au trône, l'inviolabilité de la personne du roi, son autorité constitutionnelle; provocation à la guerre civile non suivie d'effet, etc., par la vente d'un ouvrage; 2° outrages à la morale publique et religieuse, par la distribution d'un autre ouvrage. — (*Moniteur des* 11 *avril* 1822 *et* 26 *mars* 1825.)

Voy. *Chansons de Béranger* (supplément), *Pie VI et Louis XVIII* (1re partie).

Le même. — Acquitté, par arrêt de la même cour, du 8 décembre 1835, de la prévention d'outrages aux bonnes mœurs, à raison d'une brochure trouvée chez lui. — (*Moniteur du* 7 *novembre* 1837.)

Voy. *Fastes*, *Ruses* (4e partie), etc., *Baudouin* et *Tesson*.

321. — THORÉ (Théophile), journaliste.

Condamné à un an de prison et à 1,000 fr. d'amende, par arrêt de la Cour d'assises de la Seine, du 8 janvier 1841. — Apologie, dans un écrit par lui, de faits qualifiés crimes par la loi pénale, etc. — (*Moniteur du 12 mars* 1843.)

Voy. *Vérité démocratique* (2e partie).

322. — THOURET (Antony), gérant de *la Révolution de* 1830, jounal publié à Paris.

Condamné à trois mois de prison et à 6,000 fr. d'amende, par arrêt de la Cour d'assises de la Seine, du 14 avril 1831.— Injures, dans son journal, envers la garde nationale. — (Point d'insertion au Moniteur.)

Voy. *Révolution de* 1830 (2e partie).

Le même.—Condamné à quatre mois de prison et à 6,000 fr. d'amende, par arrêt de la même Cour, du 25 août 1831. — Attaque, dans son journal, contre l'autorité constitutionnelle de la Chambre des députés. — (Point d'insertion au Moniteur.)

Voy. *Révolution de* 1830 (2e partie).

323. — TRINITÉ (Louis), gérant du *Patriote*, journal publié à Lisieux.

Condamné à dix mois de prison et à 200 fr. d'amende, par arrêt de la Cour d'assises du Calvados, du 23 novembre 1834. —Diffamation envers le commandant de la garde nationale d'Orbec, à raison de faits relatifs à ses fonctions. — (*Moniteur du 7 août* 1835.)

Voy. *le Patriote* (2e partie).

324. — VAGNER (Nicolas), imprimeur-libraire, propriétaire-gérant de *l'Espérance*, journal publié a Nanci.

Condamné à 200 fr. d'amende, par arrêt de la Cour d'assises de la Meurthe, du 9 mai 1845. — Publication, dans son journal, d'une lettre contenant diffamation envers le préfet de la Meurthe, pour des actes relatifs à ses fonctions. —(*Moniteur du 15 décembre* 1845.)

Voy. *l'Espérance* (2e partie).

325. — VALADE (Louis-Véronique), tabletier-garnisseur.

Condamné à quatre mois de prison et à 500 fr. d'amende, par arrêt de la Cour d'assises de la Seine, du 29 avril 1845. —

Outrages à la morale publique et aux bonnes mœurs, commis en 1844, par la vente d'imprimés de dessins, de gravures, lithographies et cartonnages à sujets obscènes.—(*Moniteur du 9 juin 1845.*)

326. — VASBENTER, gérant du *Représentant du peuple*, journal publié à Paris.

Condamné à huit mois de prison et à 2,000 fr. d'amende, par arrêt de la Cour d'assises de la Seine, du 12 décembre 1848, — Excitation, dans son journal, à la haine et au mépris des citoyens les uns contre les autres. — (*Moniteur du 26 mars 1849.*)

Voy. *le Représentant du peuple* (3e partie).

327. — VAUGRIGNEUSE (Ancelin-Joseph-Edouard de), gérant de *la Quotidienne*, journal publié à Paris.

Condamné à un an de prison et à 8,000 fr. d'amende, par arrêt de la Cour d'assises de la Seine, du 9 janvier 1845. — Publications d'articles contenant offenses envers la personne du roi; adhésion publique à une autre forme du gouvenement, etc. — (*Moniteur du 23 juin 1845.*)

Voy. *la Quotidienne* (2e partie).

328. — VERMASSE (Aimé-Casimir).

Condamné à un an de prison et à 3,000 fr. d'amende, par arrêt de la Cour d'assises de la Seine, du 13 avril 1847. — Vente, distribution et exposition publique, en 1847, d'un écrit contenant outrage envers une religion légalement reconnue en France; excitation à la haine et au mépris des citoyens contre une ou plusieurs classes de personnes. — (*Moniteur du 9 novembre 1847.*)

Voy. *A mitraille*, etc. (2e partie).

329. — VERTEUIL DE FEUILLAS (Marie-Benjamin-Théodore), gérant de *la France*, journal publié à Paris.

Condamné :

1° A trois mois de prison et à 300 fr. d'amende, par arrêt de la Cour d'assises de la Seine, du 26 novembre 1836. — Attaques contre l'ordre de successibilité au trône et les droits que le roi tient du vœu de la nation, dans un article intitulé : *Mort de Charles X*. — (*Moniteur du 23 avril 1837.*)

Voy. *la France* (2e partie).

2° A trois mois de prison et à 1,500 fr. d'amende, par arrêt de la même Cour, du 9 janvier 1837. — Attaques contre l'ordre de successibilité au trône et les droits constitutionnels du roi, dans un article inséré dans son journal.—(*Moniteur du 12 mai 1837.*)

Voy. *la France* (2e partie).

3° A un mois de prison et à 100 fr. d'amende, par arrêt de la même Cour, du 6 mars 1837. — Publication d'un article contenant attaque contre le respect dû aux lois. — (*Moniteur du 12 mai 1837.*)

Voy. *la France* (2e partie).

4° A un an de prison et à 3,000 fr. d'amende, par arrêt de la même Cour, du 27 octobre 1838. — Publication d'articles contenant offenses envers la personne du roi. — (*Moniteur du 9 juin 1839.*)

Voy. *la France* (2e partie).

330. — VEUILLOT (Louis-François-Victor), rédacteur en chef de *l'Univers religieux*, journal publié à Paris.

Condamné à un mois de prison et à 3,000 fr. d'amende, par arrêt de la Cour d'assises de la Seine, du 11 mai 1844. — Provocation à la désobéissance aux lois; attaque contre le respect qui leur est dû ; apologie de faits qualifiés délits par la loi pénale, en publiant une brochure sur la liberté d'enseignement.—(*Moniteur du 23 juin 1845.*)

Voy. *Liberté d'Enseignement*, etc., *Univers religieux* (2e partie), et *Barrier*.

331. — VEYRON-LACROIX (Prosper-Frédéric), gérant du *Peuple constituant*, journal publié à Paris.

Condamné à un mois de prison et à 500 fr. d'amende par arrêt de la Cour d'assises de la Seine, du 26 octobre 1848. — Provocation, non suivie d'effet, au changement de gouvernement, par la voie de son journal. —(*Moniteur du 26 mars 1849.*)

Voy. *le Peuple constituant* (3e partie).

332. — VIGOUROUX, gérant du *Bon Sens*, journal publié à Paris.

Condamné à trois mois de prison et à 3,000 fr. d'amende, par arrêt de la Cour d'assises de la Seine, du 8 août 1836. — Publication d'un feuilleton contenant l'apologie de l'attentat d'Alibaud sur la personne du roi et des outrages à la morale publique.—(*Moniteur du 18 janvier 1837.*)

Voy. *le Bon Sens* et *Encore une tête* (2e partie).

333. — VOILLET DE SAINT-PHILBERT (Pierre), gérant de *la Mode*, journal publié à Paris.

Condamné :

1° A six mois de prison et à 4,000 fr. d'amende, par arrêt de la Cour d'assises de la Seine, du 4 août 1836. — Publication d'un article contenant offense envers la personne du roi. — *Moniteur du* 26 *juin* 1836.)

Voy. *la Mode* (2e partie).

2° A six mois de prison et à 4,000, d'amende, par arrêt de la même Cour, du 21 mars 1838. — Publication d'un article contenant offenses envers la personne du roi. — (*Moniteur du* 18 *mai* 1838.)

Voy. *la Mode* (2e partie).

3° A un an de prison et à 15,000 fr. d'amende, par arrêt de la même Cour, du 21 mars 1838. — Publication d'un article contenant des offenses envers la personne du roi, des attaques contre ses droits constitutionnels et une adhésion publique à une autre forme du gouvernement. — (*Moniteur du* 18 *mai* 1838.)

Voy. *la Mode* (2e partie).

4° A deux ans de prison et à 6,000 fr. d'amende, par arrêt de la même Cour, du 31 janvier 1842. — Publication de deux articles contenant adhésion à une autre forme de gouvernement, attaques contre les droits constitutionnels du roi, excitation à la haine et au mépris du gouvernement, offenses envers les membres de la famille royale. — (*Moniteur du* 12 *novembre* 1842.)

Voy. *la Mode* (2e partie), et *Proux*.

5° A deux mois de prison et à 2,000 fr. d'amende, par arrêt confirmatif d'un jugement du tribunal correctionnel de la Seine, du 12 mars 1842. Complicité en assistant Walsh, en février 1842, dans l'annonce publique d'une souscription ayant pour but d'indemniser *la Mode* de l'amende prononcée contre ce journal, le 31 janvier 1842, par la Cour d'assises de la Seine. — (*Moniteur du* 12 *novembre* 1842.)

Voy. *Walsh*.

334. — WALSH (Edouard-Joseph de), directeur de *la Mode*, journal publié à Paris.

Condamné à trois mois de prison et à 3,000 fr. d'amende, par arrêt confirmatif d'un jugement du tribunal correctionnel de la Seine, du 12 mars 1842. — Souscription par lui ouverte en février 1842, ayant pour but d'indemniser *la Mode* de l'amende prononcée contre elle par la Cour d'assises de la Seine, du 31 janvier 1842. — (*Moniteur du 12 novembre 1842.*)

Voy. *Voillet de St-Philbert.*

333. — WILSON (Henri-Crondaele), militaire, né en Irlande, domicilié à Saint-Omer.

Condamné à 200 fr. d'amende, par arrêt de la Cour royale de Douai, du 22 novembre 1826. — Publication et composition d'un ouvrage contenant des diffamations contre des Anglais. — (*Moniteur du 16 mai 1827.*)

Voy. *English-Society in Brussels described* (1re partie).

FIN.

# TABLE.

Imprimé par Pillet fils aîné, rue des Grands-Augustins, 5.

BIBLIOTHEQUE NATIONALE DE FRANCE
3 7502 04262382 9

www.ingramcontent.com/pod-product-compliance
Ingram Content Group UK Ltd.
Pitfield, Milton Keynes, MK11 3LW, UK
UKHW021056230726
13926UKWH00004B/1885

9 782014 435382